MBA

MBA CLASSICS

MBA精品系列

MBA CLASSICS
MBA精品系列

MBA

APPLIED STATISTICS

应用统计学

（第4版）

谭英平／编著

中国人民大学出版社
·北 京·

前　言

回望本书第 1 版的面世，一晃已是十余年，在感叹时间都去哪儿了的同时，更感恩挑剔的读者们能对本书抬爱有加，让本书经历两次修订之后，有机会以全新的面貌与读者们再次邂逅。

远古时期，原始人在树木上刻痕计算家畜及其他财产，这种方法可以被看做统计思想的萌芽。而人类从游牧群居转为定居后，收集数据、记录信息就成为一种必要。然而，我们的先人可能很难想象，今天的数据以惊人的速度大量聚集而产生质变，拥有不可估量的价值。人们透过数据可以描绘出每个人、每个企业乃至每个国家的“自画像”。用信息时代、大数据时代这样的辞藻似乎已不足以描述当今世界风起云涌的颠覆性变革，无论你我是否愿意，移动互联技术已经裹挟着各行各业乃至我们的日常生活进入数据洪流中。如果不具备处理和分析数据的基本能力，我们就可能被数据的洪流淹没，被其他高效率的个体淘汰，甚至无法正确理解充斥在我们生活中的大量信息。

因此，作为一门以各个领域的数据为研究对象的独特学科，统计学在经历了数百年的发展后，靠自己的实力晋升为备受瞩目的“顶流”。商业预测、民意调查、医学诊断、疫情防控、犯罪分析……统计学应用的领域之广让人眼花缭乱。然而，要把这样一门内容庞杂的学科尽可能简单直观地展现在读者面前，并不是一件易事。我们意识到，应用是统计学的根本，统计学正是在人们面对各种现实问题努力寻求解决途径的过程中产生和发展起来的，也正是应用不断赋予统计学新的内涵和责任，让这门学科历久弥新。因此，本书的撰写和修订始终以如何更好地让读者理解统计方法的原理，培养基本的统计思维，掌握实用的分析技能为最终目标，来安排章节结构和知识体系。

早在 2010 年，人们就拍摄了纪录片《统计的乐趣》(*The Joy of Stats*)。兴趣永远是学习的最强动力，为吸引读者透过数字、符号的枯燥外壳领略到统计学清新脱俗的内涵，本版教材结合人们生活中耳熟能详的事物更新了几乎所有案例，进一步删减不必要的公式推导，从解决实际问题出发，引导读者主动思考。本书在系统介绍重要统计概念、基础知识的前提下，结合例题和数据，循序渐进演示统计方法的应用过程，绝大部分计算工作由软件完成，并在各章附录给出具体实现步骤，让读者在动手的过程中体验统计应用的快乐和满足感，“沉浸式”理解相关统计知识。

一直以来本书作为 MBA 精品教材得到了很多读者的认可，这对于作者本人而言是莫大的幸福。实际上，本书通俗易懂，知识体系清晰，即使不具备任何统计基础的读者，也不会有阅读障碍。所以，本书既可以作为高等院校大专和本科统计学课程的教材，也可以作为非统计专业研究生和 MBA 的教材，还可以作为各领域的广大实际工作者应用各类统计方法的参考书。希望本书未来有幸捧在更多有意愿探寻统计乐趣的新读者手中。

感谢尊敬的贾俊平老师引领我参与本书第 1 版的撰写和第 2 版、第 3 版的修订工作，并最终给予我莫大的信任，让我独立完成对本版教材大刀阔斧的修订。感谢中国人民大学出版社编辑的辛勤付出，让本书能够顺利付梓。尽管严于治学的初心始终未变，但囿于本人水平和经验有限，对于书中欠妥甚至错误之处，恳请各位读者不吝指正。

谭英平

目录

CONTENTS

第1章 统计能为你做什么

统计思维总有一天会像读与写一样成为一个有效率公民的必备能力。

——韦尔斯（H. G. Wells）

1.1 统计无处不在

1.1.1 数据是未来无人驾驶的新“石油”

2016年11月，英特尔前首席执行官布莱恩·科兹安尼克（Brian Krzanich）发表题为《数据是未来无人驾驶的新“石油”》的文章，列出了一系列数字：通过使用PC、手机和可穿戴设备，平均每人每天产生的数据量是650MB；每位互联网用户每天产生的数据量是1.5GB；一家智能医院每天产生的数据量是3TB。用信息时代这样的辞藻似乎已不足以描述当今世界风起云涌的颠覆性变革，无论你我是否愿意，移动互联技术已经裹挟着各行各业乃至人们的日常生活进入数据洪流时代，就像石油在过去一个世纪改变我们的世界一样，数据或在未来几百年甚至更远的将来改变世界。

中国已成为世界数据资源大国，各个领域都在爆炸式地创造数据。2019年，天猫“双11”仅一天成交额就达2 684亿元，物流订单量达12.92亿个，交易覆盖全球220多个国家和地区；2018年，微信每个月有10.82亿用户保持活跃，每天有450亿次信息发送；截至2020年1月5日，抖音日活跃用户数已突破4亿，全年打卡6.6亿次，遍及全世界233个国家和地区。数据隐含着人们的消费特征、兴趣爱好、行为习惯，数据因为大量的聚集而产生质变，可以描绘出每个人的“自画像”，从而拥有不可估量的价值。然而，如果不经处理和有效分析，数据本身只是一堆看上去杂乱无序的枯燥符号，如果不具备处理和分析数据的基本能力，我们就可能被数据的洪流淹没，被其他高效率的个体淘汰，甚至无法正确理解充斥在我们生活空间中的大量信息。

- 吸烟对健康是有害的，吸烟的男性寿命减少 2 250 天。
- 不结婚的男性寿命会减少 3 500 天，不结婚的女性寿命会减少 1 600 天。
- 身体超重 30%会使寿命减少 1 300 天。
- 每天摄取 500 毫升维生素 C，生命可延长 6 年。
- 男性通常认为自己的驾驶技术比女性好，但男性的交通事故死亡率几乎是女性的两倍。
- 女性比男性能感受到更多的爱，也更容易有愧疚感；男性比女性更容易自我感觉良好，但也更容易感觉孤独。
- 随着年龄的增长，人们会感觉更快乐。而且，年轻人更多地将幸福和刺激联系在一起，年长者则更多地认为平淡是福。
- 瑞典成年男性的平均身高为 1.779 米，成年女性的平均身高为 1.646 米。

看懂上面这些结论并不难，但这些结论是怎样得出来的？你相信这些结论吗？学点统计知识或许你就能更好地回答这些问题。如果你是政策的制定者或企业的管理者，掌握一些基本的统计知识就显得更为重要。

某国健康部门的一位官员看到一个统计学者提供的报告，报告中提到，去年由于某种疾病，平均 1 000 人中死亡人数为 3.2 人。这位官员对该数字产生了兴趣，他问他的私人秘书，3.2 个人是如何死法？秘书说：“先生，当一个统计学家说死了 3.2 个人时，意味着 3 个人已经死了，两个人正要死。”显然，如果有点统计知识就不会闹出这样的笑话来。一位学者曾写道：“假定你是市场部的新任经理，一次广告活动的统计结果摆到了你面前，声称某个结果是‘统计显著’的。你如何解释这份报告而又不暴露你对该术语的无知？赶快学点统计，这对你和你的事业都非常有用。”①

纪录片《统计的乐趣》（The Joy of Stats）指出，想要深刻正确地理解数据背后的含义，需要一个强大的科学分支，那就是统计学。有了统计学，我们才能真正懂得世间万物的规律，利用统计学，我们可以解读所谓的“数据洪流”，从而更加深入地理解我们的地球，以至无垠的宇宙。

1.1.2 几乎所有的领域都要用统计

统计学（statistics）提供的是一整套用于数据收集、整理、分析，并从数据中得出结论的方法和原则②，是一门关于数据的科学。

现代统计学诞生于 200 多年前，瑞典作为世界上第一个系统收集统计资料的国家，从

---

① Gudmund R. Iversen，Mary Gergen. 统计学：基本概念和方法．北京：高等教育出版社，2000.

② 同上．

1749 年开始收集记载该国公民出生、结婚、死亡的数据，从而使瑞典政府成为世界上第一个客观了解人民的政府。之后，统计学不断发展，19 世纪的整个欧洲都开始为数据着迷，学者们统计了所有可以统计的数据。然而，数据本身所具有的意义并不大，分析数据才是最重要的，而这恰恰是统计学的核心。如今，统计学已经成为适用于所有学科领域的通用数据分析方法，只要有数据的地方就可以用到统计学。这里，我们不想一一列举统计的应用领域，只想通过几个简单的例子说明统计的“神奇力量”。

【例 1.1】用统计探究霍乱的源头①。霍乱曾是世界性传染病，前两次爆发分别发生于 1817—1823 年和 1826—1837 年，最初在印度爆发，后来逐渐蔓延到阿拉伯国家、中国、日本乃至欧洲各地，引起全球的极度恐慌。直到 1846—1863 年第三次世界性爆发，人们对霍乱的认识和预防才取得突破性进展，其中做出重大贡献的是英国医生约翰·斯诺(John Snow)。斯诺通过认真访问有霍乱患者的家庭，详细记录了患者的姓名、年龄、疾病发作时间、卫生条件以及是否喝过疑似污染水源的百老汇街区的水，并对相关信息进行分门别类的整理，绘制成数据表格进行统计分析，最终得出结论：霍乱是通过饮用水传播的。斯诺基于对霍乱爆发时原始数据的统计分析，探究了霍乱患者和污染水源的相关性，为控制疫情指明了科学方向。1866 年第四次世界性霍乱爆发时，政府官员和统计学家正是根据斯诺的研究成果，检查水源并及时阻止被污染池塘的使用，令疫情迅速得到控制。

【例 1.2】用统计进行产品质量管理。统计在企业产品质量管理中的应用是统计应用的一个重要方面。在统计中，符号 σ 表示总体标准差，它反映了数据之间的差异程度。例如，在企业生产的产品中，同一种产品没有两个是完全一样的，因为在生产过程中，受各种因素的影响，产品质量会产生波动。产品的这种差异称为质量的波动性，也正是由于波动性的存在才需要进行质量管理。6σ 是质量管理中使用的一个专业术语，它的含义是偏离正态分布的中心 6 个标准差。用 6σ 来控制生产过程中的缺陷率不超过百万分之三点四，通俗地说，如果生产 100 万个产品，不合格产品平均不超过 3.4 个。显然，这样的缺陷率非常低，质量控制的标准是非常严格的。近年来，6σ 质量管理已成为一些著名国际大企业的质量管理方法，并且使企业受益匪浅，包括美国通用电气公司（GE）、宝利来（Polaroid）和得州仪器（Texas Instruments）等。GE 的前 CEO 杰克·韦尔奇 1999 年 4 月曾说过这样一段话：“6σ 培训计划是 GE 下一个世纪领导层得以繁衍的园地，6σ 是我们曾经尝试过的最重要的管理培训方法，它胜过到哈佛商学院就读，也胜过到 GE 克劳顿管理学院（GE 公司内部的质量培训部）进修，它教会你一种完全与众不同的思维方式。”在推广 6σ 质量管理不到 10 年的时间里，GE 的总市值从世界排名第 10 位跃升到第 2 位。

【例 1.3】用统计分析在海难中幸存的原因。泰坦尼克号是英国白星航运公司下辖的一艘奥林匹克级游轮，也是当时世界上最豪华、最先进的巨型游轮，其规模相当于一艘现代航空母舰，号称“永不沉没”。然而，由于人为失误，泰坦尼克号于 1912 年 4 月首航时撞上冰山而沉没，船上 2 224 名人员中，仅有 707 人生还，成为 20 世纪最严重的海难事件。

① 聂淑媛．统计学历史上的经典数据挖掘案例．中国统计，2014 (10).

那么，存活的人是随机性（运气）较大，还是与某些特征相关？为了研究泰坦尼克号幸存者能够存活下来的原因，人们对存活者的数据进行了统计分析，包括其身份（船员/乘客）、年龄（婴儿/成人）、舱位（头等舱/二等舱/三等舱）等，发现妇孺生还概率明显高于男性，并且在各个舱位中，女性的存活概率都远大于男性。毫无疑问，拯救弱者、女士优先、让位给妇女老弱而牺牲自己是一种文明与教养的象征，更是一种男性气概的体现，这成为历史佳话。而瑞典经济学教授麦克·伊兰德（Mikael Elinder）和奥斯卡·埃里克森（Oscar Erixson）进一步研究分析了在和平时期全世界发生的18场海难，其结论是在这18场海难中，有11次妇孺生还概率远低于男性，而妇孺生还概率明显高于男性的只有两次，分别是1852年的博肯黑德号和1912年的泰坦尼克号，这更加凸显了泰坦尼克号上男性的高贵情操，让“泰坦尼克”一词在某段时间内成为英国优雅绅士和男性高尚品德的象征。

上述例子表明，统计不仅在许多领域都有广泛应用，而且在生产、生活、科学研究等各个方面都发挥着日趋重要的作用。

1.1.3 统计的误用与滥用

马克·吐温（Mark Twain）有一句名言：“有三种谎言：谎言、该死的谎言和统计数据。”历史学家安德鲁·朗（Andrew Lang）说，一些人使用统计“就像喝醉酒的人使用街灯柱——支撑的功能多于照明”。统计常常被人们有意或无意地滥用，例如错误的统计定义、错误的图表展示、不合理的样本、数据的遗漏或逻辑错误等等。这些误用有些是常识性的，有些是技术性的，有些则是故意的。作为从数据中寻找事实的科学，统计却被有些人变成了歪曲事实的工具。你也许常常看到这样的产品质检报告：某某产品的抽样合格率是80%。乍看上去没什么问题，但实际上报告者可能只抽查了5件产品，有4件合格，这样的合格率能说明什么问题呢？在路边随便采访几个人，他们的看法能代表大多数人的观点吗？是随机调查的吗？样本是怎样选取的？“调查结果表明……”看上去是在用事实说话，实际上可能反而成了统计陷阱。

此外，实践中人们往往出现两种极端。一个极端是，不懂或不太懂统计的人认为统计没什么用，他们因为不懂统计而瞧不起统计，他们不用或几乎不用统计方法分析数据，即使做些统计分析，往往也是表面上的。走入这一极端的人，他们的决策依据就是自己的大脑，一些杂乱无章的信息组合出的某种直觉。如果他们的决策是正确的，更增加了他们的自信，更加感到不用统计也挺好；如果他们的决策出了毛病，他们会找出一大堆开脱理由：市场难测，环境突变，竞争激烈，等等。另一个极端则是把简单问题复杂化，特别是在管理领域，一些管理者把本来可以用简单方法解决的问题故意复杂化，他们不用简单的分析方法，而是用复杂的分析方法；他们为证明管理的科学性，建立一个别人看不懂的模型，编一大堆程序，输出了一大堆数字和符号；他们得出用统计语言陈述的结论，提出一些似是而非的建议，这样的分析往往脱离了管理问题，对实际决策也未必有用。在工商管理中，这两个极端都是不可取的。管理决策中不用统计几乎不可想象，而把简单问题复杂化对管理决策也未必有用。从统计的实际应用来看，简单的方法不一定没用，复杂的方法也不一定有用。统计应该恰当地应用到它能起作用的地方。不能把统计神秘化，不能歪曲统计，更不能把统计作为掩盖事实的陷阱。

曲解统计是一种常见的现象。在有些人的心目中，使用统计就是寻找支持：他们的心目中可能有了某种“结论”性的东西，或者说他们希望看到符合他们需要的某种结论，而后去找些数据来支持他们的结论。如果数据分析的结果与他们预期的结论一致，他们就会声称自己是用科学方法得到的结论；如果与预期的不一致，他们要么篡改数据，要么对统计弃而不用。这恰恰歪曲了数据分析的本质。数据分析的真正目的是从数据中找出结论、从数据中寻找启发，而不是寻找支持。真正的数据分析事先是没有结论的，通过对数据的分析才得出结论。

1.2　统计学研究数据

1.2.1　有数据的地方就需要统计学

统计学是一门独立的学科，这似乎没人怀疑。但统计学究竟研究什么，人们可能会有不同的看法。物理学研究的是像热、光、电等这类自然现象的运动规律；化学家测定物质的组成及化学元素之间的交互作用；生物学家研究植物和动物的生活；数学家则在给出的假定之下推演各种命题。这些学科都有它们自己特定研究的问题，而且各自有解决这些问题的方法。和物理学、化学、生物学、数学相比较，统计学的确显得有些与众不同。它似乎没有固定的研究对象，它的产生和发展似乎一直都是“依附于”解决人们所面临的其他领域的各类问题。

统计学研究的是来自各领域的数据，靠解决其他领域的问题而存在和发展。按统计学家萨维奇（L. J. Savage）的说法：“统计学基本上是寄生的。靠研究其他领域内的工作而生存。这不是对统计学的轻视，这是因为对很多寄主来说，如果没有寄生虫就会死。对有的动物来说，如果没有寄生虫就不能消化它们的食物。因此，人类奋斗的很多领域，如果没有统计学，虽然不会死亡，但一定会变得很弱。”① 看上去统计似乎被边缘化了，实际上这也正说明了统计在各学科领域的独特地位和作用，同时表明统计作为一门独立存在的学科而具有的特点。

统计学研究的是数据，只要有数据的地方，就需要用统计方法进行分析。一堆数字没有被分析，它也仅仅是数字而已，没什么价值。要分析这些数据，就一定要用到统计方法。没有数据，统计学就没有存在的必要。

① C. R. Rao. 统计与真理：怎样运用偶然性. 北京：科学出版社，2004.

1.2.2 统计学提供研究数据的方法

我国著名统计学家陈希孺院士在其出版的《数理统计学简史》中写道："统计学不只是一种方法或技术，还含有世界观的成分——它是看待世界上万事千物的一种方法。"[①]统计学家劳（C. R. Rao）认为："今天，统计学已发展成为一门媒介科学，它研究的对象是其他学科的逻辑和方法论——做出决策的逻辑和试验这些决策的逻辑。统计学的未来依赖于向其他学习领域内的研究者正确传授统计学的观点；依赖于如何能够在其他知识领域内将其主要问题模式化。"[②]因此，在他看来，统计学是一门科学、一种工艺和一门艺术。

统计学是一门科学。它提供一套方法和技术，这些方法和技术并不是一成不变的，使用者在给定的情况下必须根据所掌握的专门知识选择使用这些方法，而且，如果需要，还要进行必要的修正。统计方法是通用的数据分析方法，这些方法不是为某个特定的问题领域而构造的。

统计学是一种工艺。如同工业生产过程中的质量控制程序一样，统计方法是在为保证产品达到所希望的质量和保持其稳定性的管理系统中建立起来的。统计方法也能用于控制、减少和考察不确定性。

统计学是一门艺术。它提供一种归纳推理的方法，推理就是一种艺术。既然是归纳推理，就不能保证结论百分之百正确，就不能没有争议。怎样让别人看懂并理解统计结论，就要看表达这些结论的技巧和艺术性了。

统计学提供的是一套通用于所有学科领域的数据方法。它是为自然科学、社会科学的多个领域发展起来的，它为多个学科提供了一种通用的数据分析方法。从某种意义上说，统计仅仅是一种数据分析的方法。与数学一样，统计学是一种工具，是一种数据分析的工具。

统计研究数据所使用的方法通常分为描述统计（descriptive statistics）和推断统计（inferential statistics）两大类。描述统计研究的是数据收集、处理、汇总、图表描述、概括与分析等统计方法；推断统计研究的是利用样本数据来推断总体特征的统计方法。如何划分其实并不重要，重要的是当你面对所研究的数据时，如何选择适当的统计方法进行分析，并对结果做出合理解释。

1.2.3 统计方法不是万能的

无论是作为一个企业管理人员，还是一个研究人员，甚至一个普通消费者，在当今的信息社会中，你都会面对大量的数据，也都需要分析这些数据，通过分析找到隐藏在数据里面的有用信息，才能做出更加合理高效的决策。例如，商业中，统计方法被用来预测商品的未来需求量，制订生产计划和发展有效的管理技术以获得最大的利润；医学中，统计方法被用于药效的鉴定及临床检验，大量生物化学提供的数据信息经过统计评估用于疾病

① 陈希孺．数理统计学简史．长沙：湖南教育出版社，2002.

② C. R. Rao. 统计与真理：怎样运用偶然性．北京：科学出版社，2004.

的诊断和预测；犯罪学中，统计方法被用于探索犯罪原因，研究犯罪现象与种族、职业、经济状况、年龄、性别甚至气候条件之间的联系，进而探索犯罪规律和趋势；等等。

但是，统计并不是万能的，它不能解决你面临的所有问题。吸烟能引起肺癌，这是一个统计结论，但吸烟为什么能引起肺癌，就不是统计所能回答的问题。统计能帮助你进行数据分析，并从分析中得出某种结论，但对统计结论做进一步解释，则需要你的专业知识。对于你所面对的数据，统计并不能告诉你应该用什么方法去分析，而是你自己选择你认为适合的方法。这就需要你除了具备统计知识外，还应具备你所研究问题领域的专业知识。用灵活的头脑分析数据，是统计方法所一贯强调的。

大多数统计方法都有一定的前提。有些人在使用统计方法时，往往忽视这些前提，特别是在社会科学领域，多数数据都是非实验性的，不一定能满足统计的假定。教条地使用统计方法，往往不能得到预期的结果。这不是统计方法的错，而是你的数据不满足统计方法使用的前提。不好的数据，再好的统计方法也无济于事；再好的数据，错误地选择统计方法，也可能得到荒谬的结论。

统计不能提供你想要的一切技巧和方法。当你把它用到自己的研究领域时，统计能做的和你所需要的之间或许还有差距。针对你所研究问题的特殊性，你需要灵活使用统计方法，而不是教条地照搬。必要时你需要对统计方法做出修正，以适应你所研究的问题。

统计是一种分析数据的工具。当你不需要这种工具时，它对你就是没有用的；当你需要它时，它也只能帮你做它能做的事情，你不能指望统计成为你解决问题的灵丹妙药。就像一个笑话所提到的，某个美国人由于害怕患上心脏病，所以研究了不同国家人们的饮食习惯。他发现，日本人的饮食脂肪含量很低，而且几乎不喝葡萄酒，日本人患心脏病的概率远远低于美国人；但同时他又发现，法国人的脂肪摄入量和美国人一样多，酒喝的比美国人还要多，患病率却同样很低。纠结的美国人最后得出一个“统计结论”：说英语是导致心脏病的主要原因。显然，统计替滥用统计方法的人背了锅。

1.3　怎样获得数据

1.3.1　变量与数据

政府通过统计调查观察每年的人口总数、国内生产总值（gross domestic product，GDP）、进出口总额，以便制定更为合理有效的宏观政策；企业通过观察每个月的生产量、成本支出、销售额，以便筹划最优的投入产出安排；投资者观察某只股票每日的成交量、开盘价和收盘价，以便决定未来的买入卖出计划。这里的“人口总数”“GDP”“进出口总额”“生产量”“成本支出”“销售额”“成交量”“开盘价”“收盘价”等就是**变量**（variable），它们的特点是从一次观测到下一次观测会出现不同结果。把观测到的结果记录下来就是**数据**（data）。

上述变量都可以用阿拉伯数字来记录其观测结果，这样的变量称为**数值变量**（metric

variable）或**定量变量**（quantitative variable）。定量变量的观测结果称为**数值数据**（metric data）或**定量数据**（quantitative data）。不同的是，“人口总数”“生产量”“成交量”等变量只能取离散的数值，其取值可以一一列举，这是定量变量中的**离散变量**（discrete variable）；而“GDP”“进出口总额”“成本支出”“销售额”“开盘价”和“收盘价”等变量可以在一个或多个区间内取任何可能的值，其取值是连续不断的，不能一一列举，这是定量变量中的**连续变量**（continuous variable）。

但你要观测人的性别、企业所属的行业、学生所在的学院等，这些变量的观测结果就不是数字，而是表现为不同的类别。例如，“性别”表现为“男”或“女”；“企业所属的行业”表现为“制造业”“零售业”“旅游业”等等；“学生所在的学院”则可能是“商学院”“法学院”等等。这些观测结果为不同类别的变量称为**类别变量**（categorical variable）。类别变量的观测结果就是**类别数据**（categorical data）。由于上述类别数据在坐标轴上的位置是任意的（没有固定的先后顺序），因此也称为无序类别数据，对应的类别变量称为**无序类别变量**。如果类别具有一定的顺序，这样的类别变量就称为**顺序变量**或**有序类别变量**（rank variable），相应的观测结果就是**顺序数据**（rank data），也称为有序类别数据。例如，考试成绩按等级分为优、良、中、及格、不及格；学历分为本科以下、本科、研究生。这里的“考试成绩等级”“学历”等就是顺序变量。类别变量也称为**定性变量**（qualitative variable）。

图1-1显示了变量的基本分类。

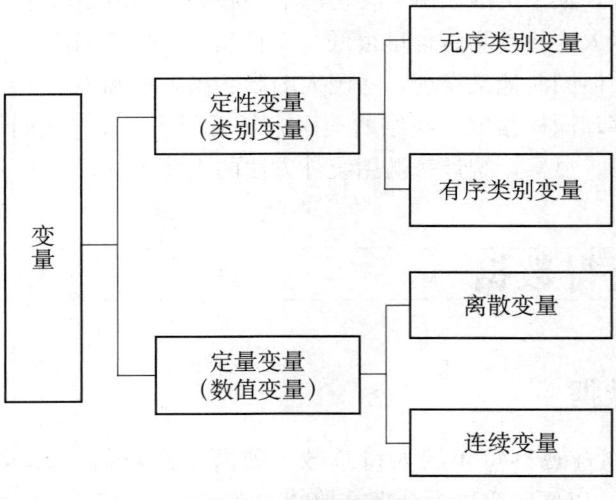

图1-1　变量的基本分类

1.3.2　怎样得到一个样本

从哪里取得所需的数据呢？对大多数人来说，研究社会科学问题，可以使用已有的数据。例如，公开出版或公开报道的数据；统计部门公开出版的各种统计年鉴；分布在各种报纸、杂志、图书、广播、电视传媒中的数据；其他管理部门已有的数据；等等。值得一提的是，随着计算机技术和电子商务的快速发展，很多数据被自动收集保存到特定的数据库当中，成为当今“大数据”的主要来源。例如，超市 POS 机、银行 ATM 机、网上购物平台的购物系统记录下的客户交易信息，乘坐出租车时记录下的乘客行程信息，旅游景点购票系统实时记录的游客信息，等等。这些数据正成为现代企业最重要的“无形财富”。

当已有的数据不能满足需要时，可以亲自去调查。例如，你想了解全校所有学生的生活费支出状况，可以从中抽出一个样本获得样本数据。这里“全校所有学生”是你所关心的**总体**（population），它是包含所研究的全部个体（数据）的集合。从全校学生中抽取 200 人进行调查，这就是一个**样本**（sample），它是从总体中抽取的一部分元素组成的子集合。构成样本的元素的数目称为**样本量**（sample size）。总体中的每个个体也称为**总体单位或单元**（element），它可以是一个人，一棵植物，一块土地或一个国家，取决于研究的目的和数据收集的适用性。

怎样获得一个样本呢？要在全校学生中抽取 200 人组成一个样本，如果全校学生中每一个学生被抽中与否完全是随机的，而且每个学生被抽中的概率是已知的，这样的抽样方法称为**随机抽样**（random sampling）或**概率抽样**（probability sampling）。常见的概率抽样方法有简单随机抽样、分层抽样、整群抽样、系统抽样等。

简单随机抽样（simple random sampling）是从含有 N 个元素的总体中，抽取 n 个元素组成一个样本，使得总体中的每一个元素都有相同的机会（概率）被抽中。采用简单随机抽样时，如果抽取一个个体记录下数据后，再把这个个体放回到原来的总体中参加下一次抽选，叫做**重复抽样**或**有放回抽样**（sampling with replacement）；如果抽中的个体不再放回，再从剩下的个体中抽取第二个元素，直到抽取 n 个个体为止，这样的抽样方法叫做**不重复抽样**或**无放回抽样**（sampling without replacement）。由简单随机抽样得到的样本称为**简单随机样本**（simple random sample）。

分层抽样（stratified sampling）也称分类抽样，它是在抽样之前先将总体的元素划分为若干层（类），然后从各个层中抽取一定数量的元素组成一个样本。例如，要研究学生的生活费支出，可先将学生按地区进行分类，然后从各类中抽取一定数量的学生组成一个样本。分层抽样的优点是可以使样本分布在各个层内，从而使样本在总体中的分布比较均匀。

整群抽样（cluster sampling）是先将总体划分成若干群，然后以群作为抽样单元从中抽取部分群组成一个样本，再对抽中的每个群中包含的所有元素进行观测，没有被抽中的群则不做调查。例如，可以把每一个学生宿舍看作一个群，在全校学生宿舍中抽取一定数量的宿舍，然后对抽中的宿舍中的每一个学生进行调查。

系统抽样（systematic sampling）是先将总体各元素按某种顺序排列，并在规定的范围内确定一个随机起点，然后按照事先确定的规则依次抽取其他元素，直至抽取 n 个元素组成一个样本。其中，每隔相同间隔抽取剩余单元的抽样方法称为等距抽样，是较为典型的系统抽样方法之一。例如，要从全校学生中抽取一个样本，可以找到全校学生的花名册，按花名册中的学生顺序，用随机数找到一个随机起点，然后按照固定的间隔依次抽取下一个学生直到获得所需人数的样本。

软件应用

1. Excel【数据分析】工具的安装（Office 2016）

第1步：在Excel工作表界面中点击【文件】→【选项】。

第2步：在弹出的对话框中选择左侧的【加载项】，并在右侧对话框中选择下方的【转到】，如下图所示。

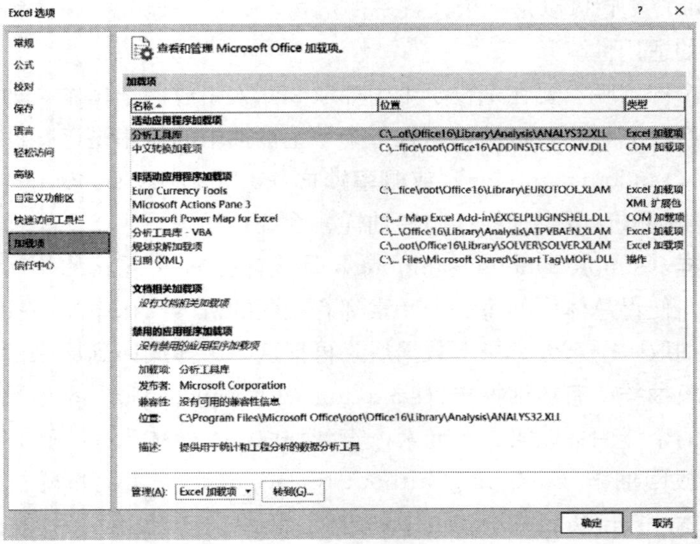

第3步：在弹出的对话框中勾选【分析工具库】，单击【确定】按钮，如下图所示。

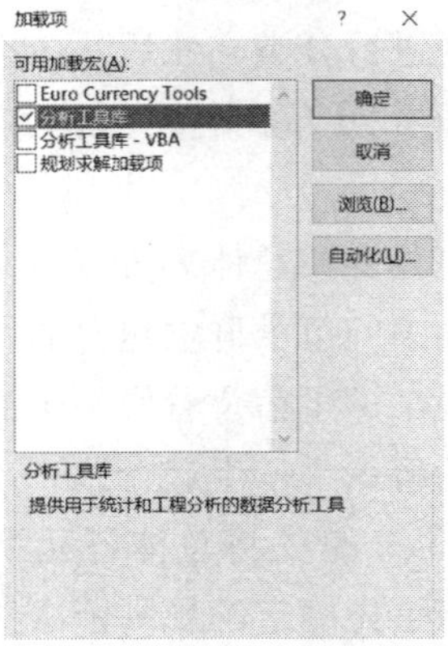

安装完成后，在Excel工作表界面的【数据】菜单项下，将出现【数据分析】这一新的选项。

2. 用 Excel 中的【数据分析】工具抽取随机样本

如果用于抽取样本的元素是类别数据，比如学生名单，需要先将类别数据用数字代码来表示（数值数据不用指定代码）。然后按下列步骤操作：

第 1 步：点击【工具】，并点击【数据分析】，在【数据分析】选项中选择【抽样】。

第 2 步：在【抽样】对话框中的【输入区域】中输入代码区域（数值数据直接输入数据区域）；在【抽样方法】中选择【随机】；在【样本数】中输入需要抽取的样本量；在【输出区域】中选择抽样结果放置的区域；单击【确定】后即得到要抽取的一个随机样本。

3. 用 Excel 中的【随机数发生器】模拟产生指定分布的样本数据

第 1 步：在 Excel 工作表界面中点击【数据】→【数据分析】。

第 2 步：在弹出的对话框中选择【随机数发生器】，单击【确定】按钮，如下图所示。

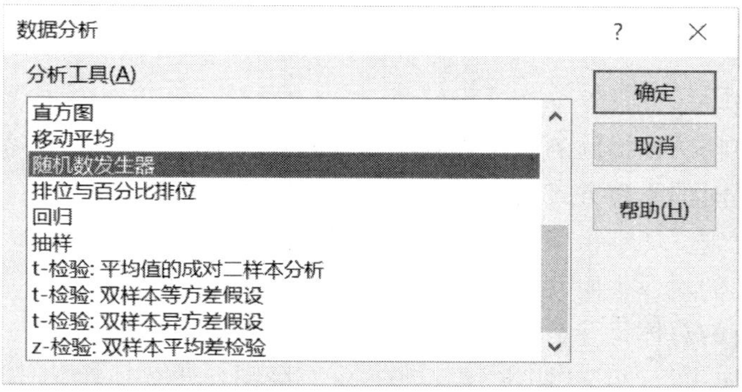

第 3 步：在弹出的对话框【变量个数】中输入需要产生的随机变量个数；【随机数个数】中输入每个变量需要模拟产生的样本数据量；【分布】和【参数】中指定变量服从的分布形态及相关参数；在【输出选项】中选择模拟数据显示的方式；最后单击【确定】按钮。如下图所示。

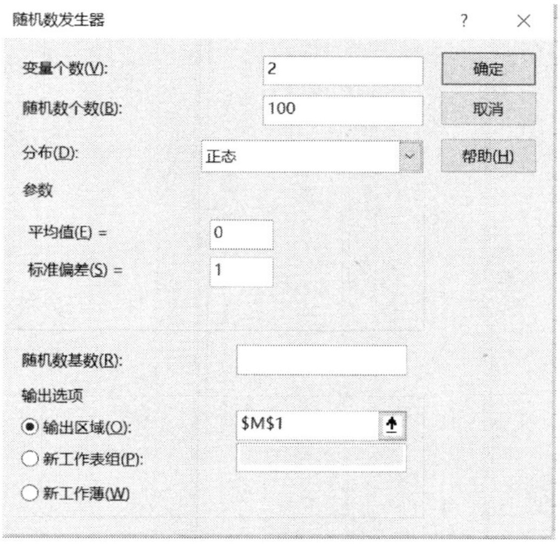

习　题

1.1　请举出统计的一些应用领域。

1.2　尝试列举一些定量变量（离散变量、连续变量）和定性变量（有序类别变量和无序类别变量）的例子。

1.3　你怎样理解统计的研究对象？

1.4　简单随机抽样的优点和缺点分别是什么？

1.5　分层抽样和整群抽样的区别是什么？分别适用于什么情形？

1.6　指出下列变量的类型：

（1）体温。

（2）毕业院校。

（3）确诊人数。

（4）公民对疫情防控措施的满意程度（非常满意、满意、一般、不满意）。

（5）购买商品时的支付方式（现金、银行卡、微信、支付宝）。

1.7　为了解2020届本科毕业生的就业情况，某咨询机构随机调查了2 000名应届毕业生，记录下他们的就业去向（行业）、职位和入职工资。

（1）这一研究的总体是什么？样本是什么？总体单位是什么？

（2）“就业去向（行业）”“职位”“入职工资”分别是什么变量？

1.8　一项调查表明，消费者每月在网上购物的平均花费是200元，他们选择在网上购物的主要原因是价格便宜。

（1）这一研究的总体是什么？

（2）“每月网上购物的平均花费”“网上购物的主要原因”分别是什么变量？

第2章 用图表和统计量看数据

图并没有说谎，是说谎者在画图。

——本杰明·迪斯雷利（Benjamin Disraeli）

当你获得了一个地区各年的GDP数据，如何观测其经济的走势？当你有全球不同国家公民的预期寿命数据，如何评估人们的健康状况？如果你是企业的管理者，如何根据已有的职工个人信息和工资数据，进行合理的薪酬设计？要回答这些问题，首先需要弄清楚你要用这些数据做什么，你关心这些数据的哪些特征，当我们收集得到一大堆数据，如果不加任何整理和分析，往往会觉得眼花缭乱，很难形成任何直观的印象或结论。当你把这些数据用图形展示出来或计算几个简单的统计量，就可能有令人惊喜的发现。本章的内容会告诉你怎样对数据做初步的描述性统计分析。

2.1 用图表描述数据

把数据汇总在一张表格里面，用它来看一组数据的分布状况，这就是**频数分布表**（frequency distribution table）。当然，你也可以把数据画成图，通过图形来看数据的分布。

2.1.1 用图表展示定性数据

1. 用频数分布表看数据

如果你想知道不同品牌饮料的市场占有率、一所大学不同学院或专业的学生比例、一个国家不同收入水平的人数、一个地区不同类型企业的数量等等，这很容易，只要把各个类别（即类别变量的不同取值）列出来并统计出各类别出现的次数，即频数就可以了，这就是一张频数分布表。当然，我们还可以计算不同类别的频数在全部数据个数中所占的比例。如果希望分析两个甚至更多个类别变量交叉分类的取值情况，则需要制作交叉表，也称**列联表**（crosstab）。通过频数分布表可以看出不同类型数据的分布状况，一组数据的分布包含了很多有用的信息。频数分布表可以通过不同的软件自动生成并加以整理得到。

【例 2.1】为研究消费者对各类地方小吃的选择偏好，一家咨询机构随机调查了 100 名消费者，记录下每位消费者的性别及最爱买的小吃。下面的表 2－1 就是记录的原始数据，试制作该数据的频数分布表，从不同角度观察数据的分布特征。

表 2－1　100 名消费者的性别及最爱买的小吃

性别	小吃	性别	小吃	性别	小吃	性别	小吃
女	麻辣烫	女	麻辣烫	女	酸辣粉	女	麻辣烫
女	麻辣烫	男	酸辣粉	女	麻辣烫	男	螺蛳粉
女	凉皮	女	螺蛳粉	男	麻辣烫	男	酸辣粉
男	螺蛳粉	女	煎饼果子	男	煎饼果子	男	煎饼果子
女	酸辣粉	女	麻辣烫	女	煎饼果子	女	煎饼果子
男	煎饼果子	男	煎饼果子	男	螺蛳粉	男	煎饼果子
男	煎饼果子	男	螺蛳粉	女	麻辣烫	男	麻辣烫
女	麻辣烫	女	酸辣粉	女	麻辣烫	女	凉皮
女	酸辣粉	女	凉皮	女	凉皮	女	酸辣粉
男	麻辣烫	女	麻辣烫	男	酸辣粉	男	麻辣烫
女	凉皮	女	酸辣粉	男	煎饼果子	男	煎饼果子
女	煎饼果子	女	煎饼果子	男	煎饼果子	男	煎饼果子
女	麻辣烫	女	麻辣烫	女	螺蛳粉	男	螺蛳粉
女	螺蛳粉	男	凉皮	女	麻辣烫	女	凉皮
男	煎饼果子	男	麻辣烫	女	麻辣烫	女	螺蛳粉
男	酸辣粉	男	煎饼果子	男	麻辣烫	女	酸辣粉
男	麻辣烫	男	酸辣粉	男	凉皮	女	麻辣烫
女	麻辣烫	女	凉皮	女	凉皮	女	麻辣烫
女	酸辣粉	女	麻辣烫	女	酸辣粉	男	煎饼果子
男	煎饼果子	男	煎饼果子	女	螺蛳粉	女	麻辣烫
女	麻辣烫	女	螺蛳粉	女	煎饼果子	男	煎饼果子
女	凉皮	男	凉皮	女	麻辣烫	女	凉皮
男	螺蛳粉	男	麻辣烫	女	麻辣烫	男	凉皮
女	麻辣烫	女	煎饼果子	女	酸辣粉	女	酸辣粉
男	煎饼果子	男	煎饼果子	男	煎饼果子	女	麻辣烫

该调查收集得到的数据包含两个类别变量：性别和小吃。首先，可以分别对这两个变量制作频数分布表，了解受访者的性别构成和对五种小吃的偏好情况。由 SPSS 生成的结果如表 2－2 和表 2－3 所示[①]。

表 2－2　受访者性别频数分布表

		频率	百分比	有效百分比	累积百分比
有效	男	42	42.0	42.0	42.0
	女	58	58.0	58.0	100.0
	合计	100	100.0	100.0	

表 2－3　受访者最爱买的小吃频数分布表

		频率	百分比	有效百分比	累积百分比
有效	煎饼果子	26	26.0	26.0	26.0
	凉皮	14	14.0	14.0	40.0
	螺蛳粉	12	12.0	12.0	52.0
	麻辣烫	32	32.0	32.0	84.0
	酸辣粉	16	16.0	16.0	100.0
	合计	100	100.0	100.0	

表 2－2 统计了 100 条有效数据，男性和女性受访者的人数即表中的“频率”[②]，不同性别受访者在总人数中占的比例即表中的“百分比”。类似地，表 2－3 则统计了 100 名受访者中分别选择五种小吃的人数及所占百分比。由于不存在缺失值，两个表格中的百分比和有效百分比完全相同。可以清晰地看出，在这 100 名受访者中，42 人为男性，58 人为女性；按照选择频数由高到低，五种小吃受欢迎的顺序为：麻辣烫、煎饼果子、酸辣粉、凉皮、螺蛳粉。

需要注意的是，由于“性别”和“小吃”都是无序类别变量，表 2－2 和表 2－3 中输出的“累积百分比”通常没有太多的实际意义，可在整理最终的频数分布表时予以删除。

接下来，我们可能会猜想不同性别的消费者对于小吃的偏好是否存在差异？制作“性别”和“小吃”两个变量的交叉频数分布表可以帮助我们直观地判断一下。SPSS 生成的（默认）结果如表 2－4 所示。

---

① Excel 同样可以制作频数分布表，但输出结果并不是规范的表格形式，因此本书仅以 SPSS 输出结果为例进行说明。Excel 和 SPSS 实现步骤均在附录部分给出，供读者自行参考。此外，SPSS 默认的百分比输出结果均自动保留一位小数，由于四舍五入的处理可能导致个别合计项不严格等于 100，以下同。

② SPSS 输出的频数分布表中，因翻译的差别，“频率”即为频数，以下同。

表 2-4　受访者的性别和最爱买的小吃的交叉频数分布表（默认选项）

		性别		合计
		男	女	
小吃	煎饼果子	19	7	26
	凉皮	4	10	14
	螺蛳粉	6	6	12
	麻辣烫	8	24	32
	酸辣粉	5	11	16
合计		42	58	100

表 2-4 中的数据验证了我们的猜想，在男性受访者和女性受访者中，五种小吃的受欢迎程度是不一样的。男性消费者最爱买的是煎饼果子，而女性消费者则更偏爱麻辣烫。如果希望进一步了解不同性别和不同小吃的交叉百分比构成情况，也可以在软件中通过选择相应的选项来实现（详见附录部分），读者可自行练习和解读。

2. 用图形看数据

利用图形来看数据的分布更直观和形象。定性数据的常用图示方法主要有条形图（或称柱形图）、饼图、环形图等。

条形图（bar chart）是用宽度相同的条形来表示数据中不同类别出现频数的高低[①]。类别变量既可以放在横轴（此时也称为柱形图），也可以放在纵轴，相应的另一个坐标轴则为频数（也可以是百分比）。沿用例 2.1 中的数据，我们可以分别绘制受访者的性别和最爱买的小吃的条形图，如图 2-1 所示。

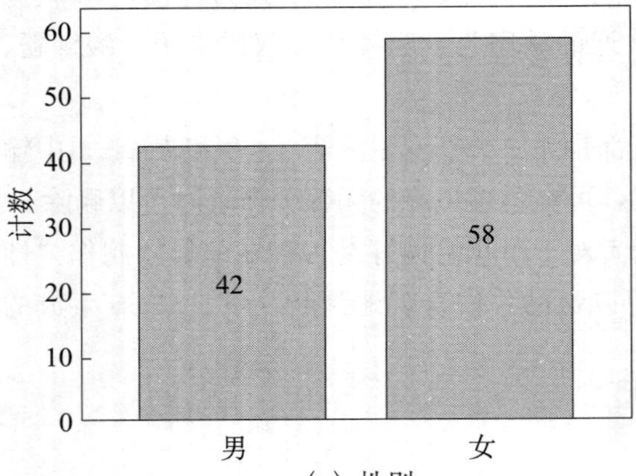

(a) 性别

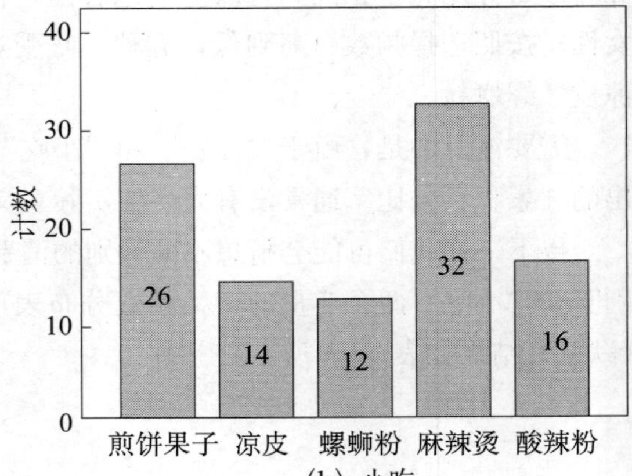

(b) 小吃

图 2-1　受访者的性别和最爱买的小吃的条形图

① 理论上也可以绘制高度相同但宽度不同的条形图，用条形的宽度表示不同类别的频数，但其应用相对较少，在此不做重点介绍。

显然，条形图在保留频数分布表中的具体数字之外，更加直观地展示了不同类别频数的高低差异。我们还可以根据分析需要将上述两个类别变量绘制在同一个条形图中进行交叉比较，这就是复式条形图。图 2－2 展示了例 2.1 中数据的两种复式条形图。

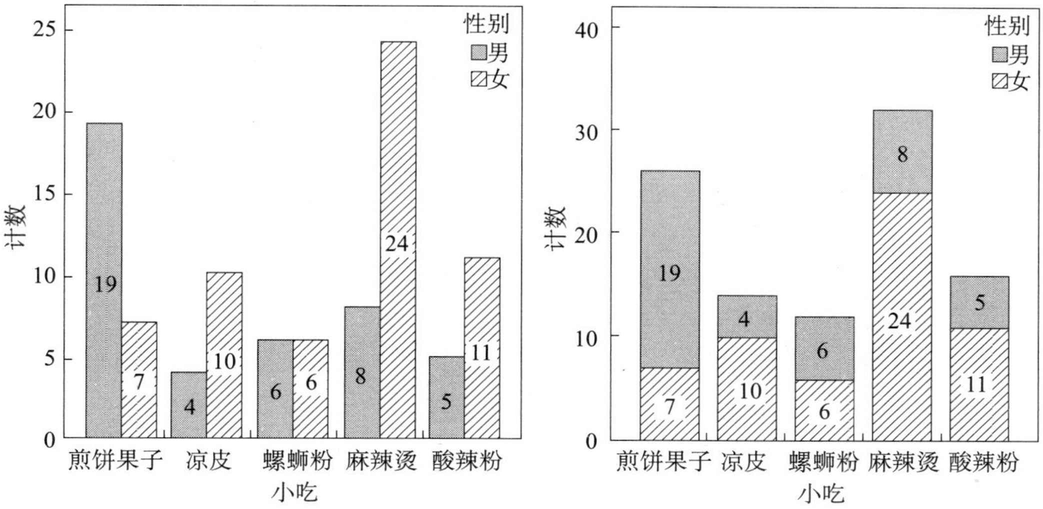

图 2－2　受访者的性别和最爱买的小吃的复式条形图

饼图（pie chart）是将一个圆划分成多个扇形，用每个扇形的面积（角度）大小代表不同类别的频数在总频数中所占的百分比。图 2－3 展示了例 2.1 中受访者的性别和最爱买的小吃的饼图。

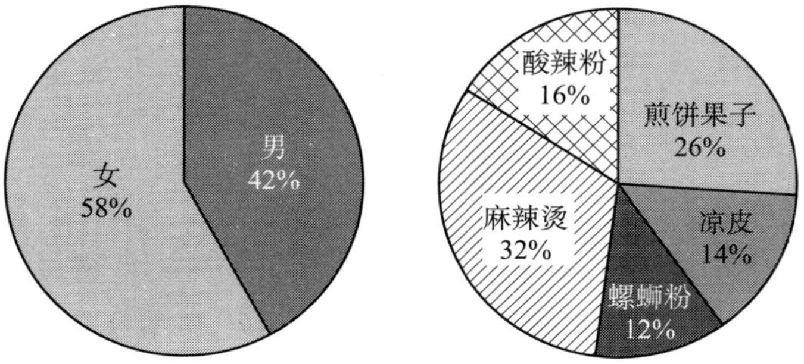

(a) 性别　　　(b) 小吃

图 2－3　受访者的性别和最爱买的小吃的饼图

从饼图中我们可以更加直观地考察一组数据中不同类别个体的结构构成和相对频数大小（当然也可以在图中标注出每一类别的绝对频数值），进一步地，我们还可以对比分析不同性别的消费者对五种小吃的偏好结构差异，如图 2－4 所示。

在某些情况下，饼图可能会存在一定的局限性。例如，把一个地区的人口按高收入、中等收入和低收入划分成三部分，如果要比较五个地区的人口收入构成，你就需要绘制五个饼图，这种做法显然既不经济也不便于比较。能否用一个图形比较多个样本的类别构成呢？把饼图叠在一起，挖去中间的部分就可以了，这就是环形图。**环形图**（doughnut chart）用每一个环形代表不同的样本，同一个样本（同一个环）的不同构成部分则用环上的不同分段来表示。

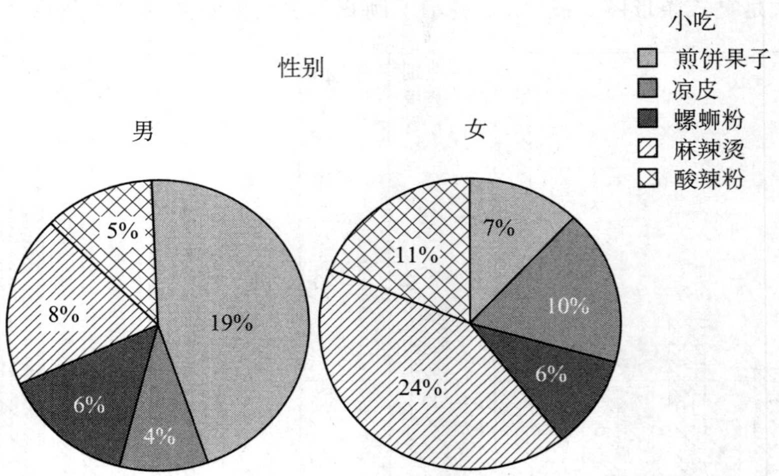

图 2-4　男性受访者和女性受访者最爱买的小吃的饼图

图 2-5 展示了例 2.1 中男性受访者（内环）和女性受访者（外环）最爱买的小吃的环形图，显然，其构成比例与图 2-4 一致。

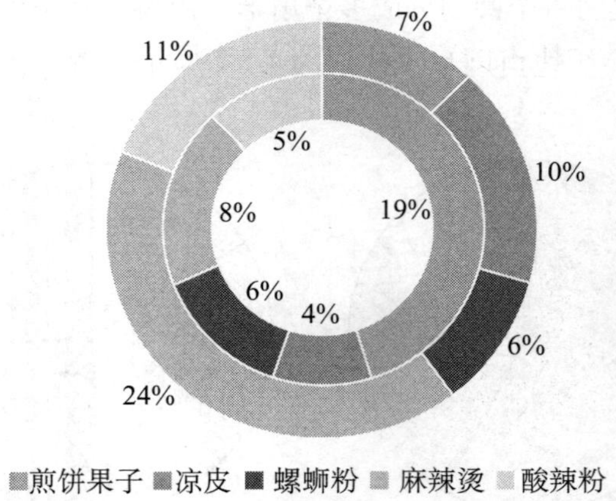

图 2-5　男性受访者（内环）和女性受访者（外环）最爱买的小吃的环形图

环形图与饼图的基本功能类似，但如果需要同时对比多个样本数据的构成结构，环形图将更为直观和简洁。

2.1.2　用图表展示定量数据

1. 用频数分布表看数据

与定性数据略有不同，制作定量数据的频数分布表需要先将原始数据按照某种标准分成不同的组别，然后再统计出各组别的数据个数（频数）和所占百分比。在第 1 章我们已经学习到，按照定量变量具体取值形式的不同，又可以将其分为离散变量和连续变量两类。如果离散变量只有少数几个可能的取值，例如大学受教育年数，通常的可能取值为 4 到 10 年的整数，那么对这样的离散数据可以直接采取与定性数据类似的方法制作频数分布表，即分别统计样本数据中每一个取值出现的次数和所占的百分比，有的文献也将这种方式称为单变量值分组。但是，大多数情况下，离散变量的可能取值往往较多，而连续变量是在区间范围内取值，均不适合对每一个可能的取值直接进行频数统计，因此，对此类数据首先需要进行组距分组，再制作频数分布表。下面我们结合具体的例子说明定量数据频数分布表的制作过程。

【例 2.2】一家咨询机构随机调查了某高校 150 名本科应届毕业生的入职薪酬（月薪），如表 2－5 所示。试对该数据进行分组，并制作频数分布表。

表 2－5　某高校 150 名本科应届毕业生入职薪酬　　单位：元

4 785	7 395	5 190	5 430	7 980	4 245	6 195	3 105	6 660	6 390
3 960	7 650	9 225	5 475	5 325	6 270	4 935	4 725	6 585	6 690
5 310	8 250	6 750	5 190	7 650	5 865	7 740	5 670	7 050	6 795
5 265	8 790	5 175	5 700	5 760	7 140	6 510	4 695	3 030	6 000
5 355	6 285	6 390	5 535	6 915	4 020	6 525	6 240	3 390	5 445
3 755	9 570	5 310	7 305	6 015	3 135	6 495	6 810	6 360	5 415
9 570	5 850	5 880	5 325	4 530	8 535	8 745	6 885	6 315	4 335
5 625	6 120	7 125	8 190	4 485	5 760	6 930	5 235	5 550	7 200
6 540	8 580	3 765	6 465	4 440	5 235	3 600	7 125	6 795	5 655
8 790	5 010	7 920	7 740	7 380	4 965	5 865	7 335	5 490	7 950
4 815	7 410	4 635	6 030	9 900	4 905	5 265	5 400	4 785	3 825
5 250	5 505	5 805	5 475	6 495	5 820	5 865	6 885	5 910	4 455
3 855	6 055	6 480	4 545	5 715	6 495	4 755	6 270	5 895	6 870
7 920	5 400	7 500	4 095	3 600	5 880	6 045	6 705	4 785	4 500
7 515	8 025	6 300	4 710	6 705	5 895	6 645	6 945	10 470	4 905

首先，确定组数。一组数据分多少组合适呢？由于分组的主要目的是观察数据分布的基本特征，因此分组的组数一般与数据本身的特点及数据的多少有关。如果组数太少，数据的分布就会过于集中，而组数太多，数据分布又会过于分散，这都不便于观察数据分布的特征和规律。一般情况下，一组数据所分的组数 K 应不少于 5 组且不多于 15 组，即 $5\leqslant K\leqslant 15$。实际应用时，可根据数据的多少和特点及研究目的来确定。考虑到数据量和分析需要，我们可以将本例中分组的组数确定为 10 组。

然后，确定各组的组距。组距是每一组的区间范围，即组上限与组下限的差值。如果每一组的组距都相等，称为等距分组，否则为不等距分组。等距分组是最常见的分组方式，组距可根据全部数据的最大值和最小值及所分的组数来确定，即组距＝（最大值－最小值）÷组数。对于本例数据，最大值为 10 470，最小值为 3 030，则组距＝（10 470－

3 030）÷10＝744，为便于理解和计算，可取750。遵循“不重不漏”的基本原则，第一组的组下限应低于数据的最小值，最后一组的组上限应高于数据的最大值，二者最终分别确定为3 000和10 500，并且每一组的区间以（a，b］的形式划分。

最后，我们可以利用软件统计出各组的数据个数，制作频数分布表，SPSS生成的结果如表2-6所示。

表2-6　某高校150名本科应届毕业生入职薪酬频数分布表

		频率	百分比	有效百分比	累积百分比
有效	3 000～3 750	6	4.0	4.0	4.0
	3 750～4 500	13	8.7	8.7	12.7
	4 500～5 250	22	14.7	14.7	27.3
	5 250～6 000	37	24.7	24.7	52.0
	6 000～6 750	30	20.0	20.0	72.0
	6 750～7 500	20	13.3	13.3	85.3
	7 500～8 250	12	8.0	8.0	93.3
	8 250～9 000	5	3.3	3.3	96.7
	9 000～9 750	3	2.0	2.0	98.7
	9 750～10 500	2	1.3	1.3	100.0
	合计	150	100.0	100.0	

从表2-6可以清晰地看到，调查的150名本科应届毕业生中，入职薪酬主要集中在5 250元至6 000元之间，共有37人，占总人数的24.7%。其他应届毕业生的入职薪酬也较为集中地分布在该区间附近，有少数应届毕业生的入职薪酬偏高或偏低。

2. 用图形看数据

（1）观察单个变量的分布特征。

要更加直观地展示定量数据的分布特征，同样可以绘制图形。直方图和箱线图是用于展示单个定量变量分布特征最常用的两类图形。

直方图（histogram）是用矩形的宽度和高度（面积）来表示定量数据的频数分布。横坐标是定量变量的取值，每一个矩形的宽度对应的是定量数据分组后每一组的区间，纵坐标可以是频数也可以是百分比。

沿用例2.2中的数据及分组结果，绘制得到的直方图如图2-6所示[①]。基于此图，我们不仅可以一眼看出本科应届毕业生入职薪酬最为集中的取值区间，还可以进一步观察其分布形状，例如是否左右对称，数据分布的疏密程度以及是否存在长尾等。关于数据的具体分布特征，将在后续章节做进一步的探讨，此处先不予展开。

---

① 需要注意的是，SPSS绘制直方图时默认每一组的区间是以［a，b）的形式划分，因此统计得到的各组频数可能与前文按照（a，b］形式分组制作的频数分布表结果略有不同。在此种情形下，如果想要保持完全一致，只需按照相同的［a，b）分组形式制作频数分布表即可。

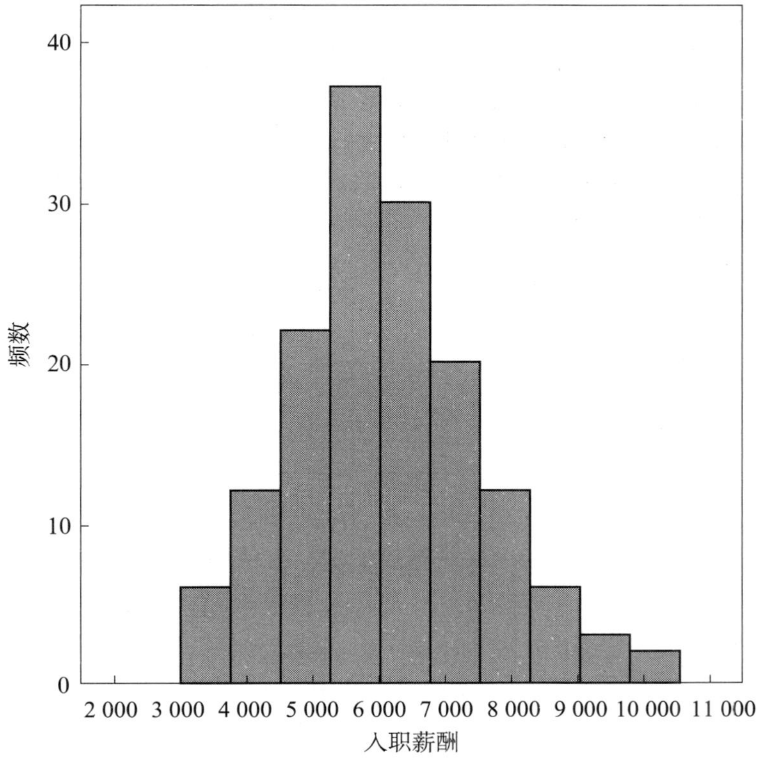

图 2-6　某高校 150 名本科应届毕业生入职薪酬的直方图

箱线图（box plot）是用于展示未分组的定量数据分布特征的另一类常用图形，它不仅可用于反映一组数据分布的特征，还可以对多组数据的分布特征进行比较。

绘制箱线图的步骤大致如下：

首先，找出一组数据的三个四分位数①（quartiles），并画出箱子。将一组数据由小到大排序，分别位于 25%、50%和 75%位置上的三个数将该组数据等分为四份，即称为下四分位数、中位数和上四分位数，分别用 $Q_{25\%}$、$Q_{50\%}$和 $Q_{75\%}$表示。上、下四分位数构成封闭箱子的边界，中位数位于箱子内部，箱子的长度即为上四分位数与下四分位数的差值，称为四分位差或四分位距（interquartile range），用 IQR 表示，代表了中间 50%数据变动的范围。

然后，计算出内围栏和相邻值，并画出须线。内围栏（inner fence）是与 $Q_{75\%}$和 $Q_{25\%}$的距离等于 1.5 倍四分位差的两个点，其中，$Q_{25\%}-1.5\times$IQR 称为下内围栏，$Q_{75\%}+1.5\times$IQR 称为上内围栏。上下内围栏一般不在箱线图中显示，只是作为确定离群点的界限②。然后找出上下内围栏之间的最大值和最小值（即非离群点的最大值和最小值），称为相邻值

① 这些统计量将在 2.2 节详细介绍。

② 也可以设定 3 倍的四分位差作为围栏，称为外围栏（outer fence），其中，$Q_{25\%}-3\times$IQR 称为下外围栏，$Q_{75\%}+3\times$IQR 称为上外围栏。外围栏也不在箱线图中显示。外围栏之外的数据称为极值（extreme），在 SPSS 中用“*”单独标出。

(adjacent value)，其中，$Q_{25\%}-1.5\times IQR$ 范围内的最小值称为下相邻值，$Q_{75\%}+1.5\times IQR$ 范围内的最大值称为上相邻值。用直线将上下相邻值分别与箱子连接，称为须线（whiskers），代表了除离群点之外的所有数据的变动范围。

最后，找出离群点，并在图中单独标出。如前所述，离群点（outlier）是大于上内围栏或小于下内围栏的数值，也称外部点（outside value），在图中用"○"单独标出。

箱线图的一般形式如图 2－7 所示①。

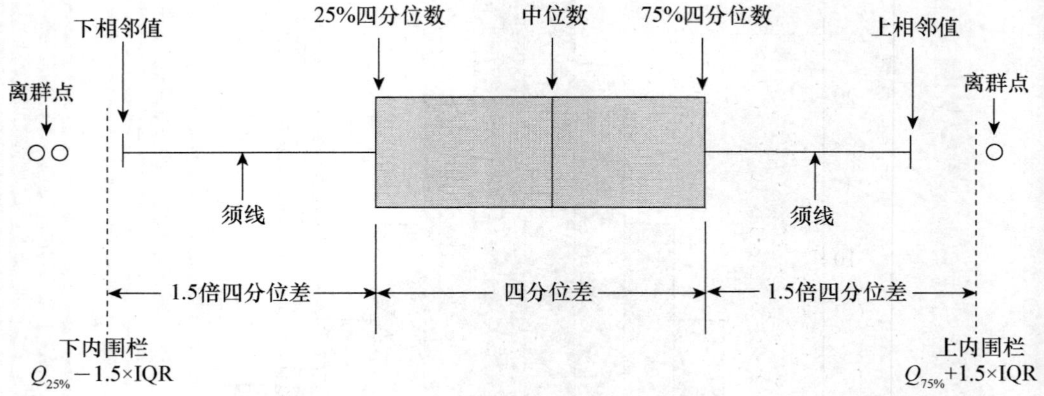

图 2－7　箱线图的示意图

沿用例 2.2 中的原始数据，我们可以绘制得到 150 名本科应届毕业生入职薪酬的箱线图，如图 2－8 所示。

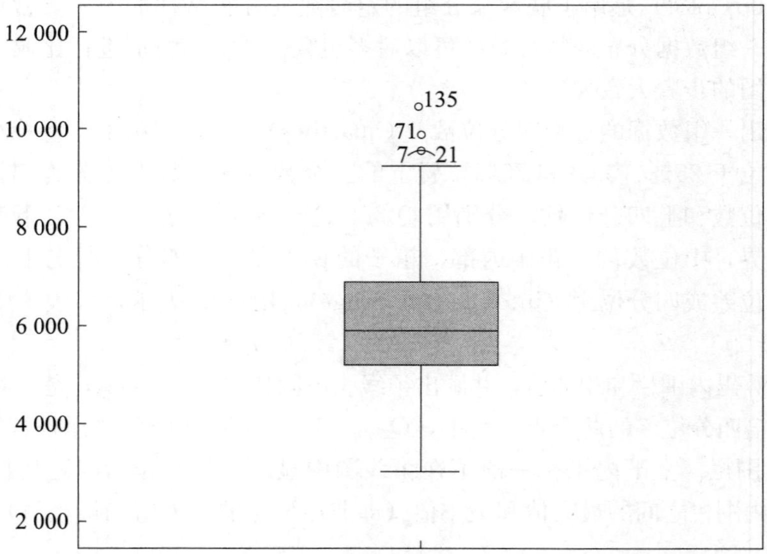

图 2－8　某高校 150 名本科应届毕业生入职薪酬的箱线图

① SPSS 绘制的箱线图为竖直结构，此处为展示方便将其调整为横向结构。

显然，箱线图既可以用于观察数据的分布形态和离散程度，还可以用于识别异常值（图中“○”旁边是异常值对应的序号）。箱线图的另一个重要用途是，对于多组数据，可以同时绘制其箱线图，从而方便进行分布特征的比较。

【例 2.3】从某大学经济管理专业二年级学生中随机抽取 11 人，对 8 门主要课程的考试成绩进行调查，所得结果如表 2－7 所示。试比较不同科目和不同学生考试成绩的分布特征。

表 2－7　某大学经济管理专业 11 名学生 8 门主要课程的考试成绩　　单位：分

课程名称	学生编号										
	1	2	3	4	5	6	7	8	9	10	11
英语	76	90	97	71	70	93	86	83	78	85	81
经济数学	65	95	51	74	78	63	91	82	75	71	55
西方经济学	93	81	76	88	66	79	83	92	78	86	78
市场营销学	74	87	85	69	90	80	77	84	91	74	70
财务管理	68	75	70	84	73	60	76	81	88	68	75
基础会计学	70	73	92	65	78	87	90	70	66	79	68
统计学	55	91	68	73	84	81	70	69	94	62	71
计算机应用基础	85	78	81	95	70	67	82	72	80	81	77

为分析各科考试成绩的分布特征，可以绘制箱线图如图 2－9 所示。

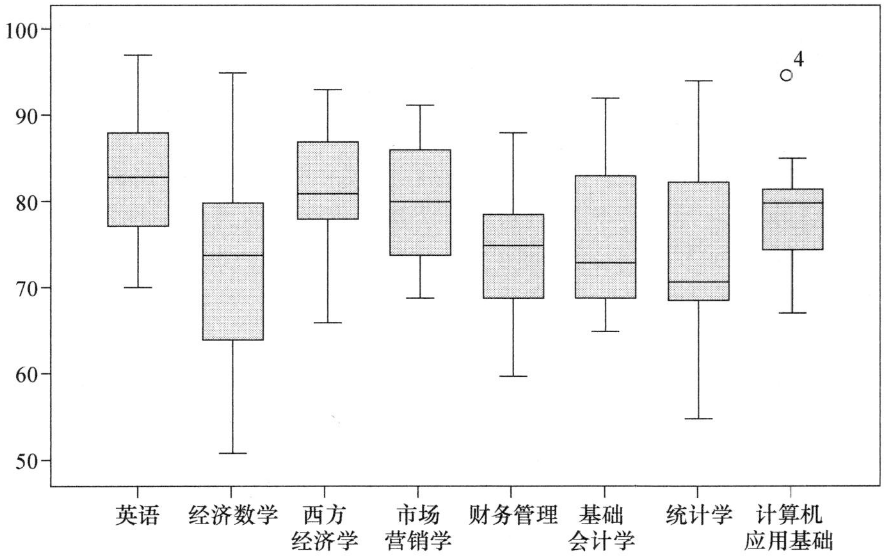

图 2－9　8 门课程考试成绩的箱线图

由图 2－9 可以看出，在 8 门课程中，平均考试成绩较高的是英语和西方经济学（中位数较高），较低的是基础会计学和统计学；从考试成绩的离散程度来看，英语、西方经济学、财务管理和计算机应用基础的考试成绩比较集中（箱子较短），且英语和市场营销学大体上为对称分布（中位数在箱子的中间位置），而经济数学、基础会计学和统计学课程的考试成绩则比较分散。

如果我们关心的是每个学生考试成绩的分布，则可以把每个学生的考试成绩作为一个变量来同时绘制箱线图，如图 2-10 所示。

从图 2-10 可以看出，在 11 名学生中，2 号学生各科的平均考试成绩最高，而且各科成绩之间的差异（离散程度）也较小；1 号学生的平均考试成绩最低，而且各科考试成绩的差异也较大；各科考试成绩之间差异最大的是 3 号学生。

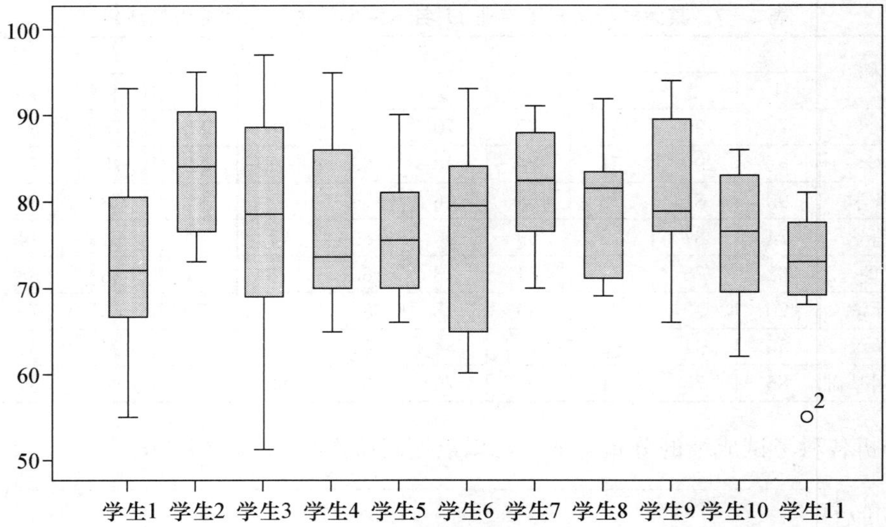

图 2-10　11 名学生考试成绩的箱线图

(2) 观察两个变量之间的关系。

当我们尝试探索两个不同变量之间可能存在的关系时，如何利用图形来初步判断呢？**散点图**（scatter diagram）就是用于展示两个定量变量之间关系的一种常用图形。绘制散点图时，用横轴代表变量 x，纵轴代表另一个变量 y，每对数据（x_i，y_i）在坐标系中用一个点表示，n 对数据在坐标系中形成的 n 个点即为散点图。

【例 2.4】 表 2-8 给出了 2019 年我国 31 个地区的地区生产总值和教育经费数据，试绘制散点图并观察二者之间的关系。

表 2-8　2019 年我国 31 个地区的地区生产总值和教育经费数据

地区	地区生产总值（亿元）	教育经费（万元）	地区	地区生产总值（亿元）	教育经费（万元）
北京	35 371.28	13 525 400	湖北	45 828.31	14 578 340
天津	14 104.28	6 351 712	湖南	39 752.12	16 300 603
河北	35 104.52	17 389 625	广东	107 671.07	42 684 258
山西	17 026.68	9 134 205	广西	21 237.14	12 836 618
内蒙古	17 212.53	7 759 014	海南	5 308.93	3 777 479

续表

地区	地区生产总值（亿元）	教育经费（万元）	地区	地区生产总值（亿元）	教育经费（万元）
辽宁	24 909.45	9 759 379	重庆	23 605.77	10 216 274
吉林	11 726.82	6 866 495	四川	46 615.82	20 767 987
黑龙江	13 612.68	7 612 173	贵州	16 769.34	12 732 768
上海	38 155.32	13 412 840	云南	23 223.75	14 543 783
江苏	99 631.52	28 276 374	西藏	1 697.82	2 562 958
浙江	62 351.74	24 009 012	陕西	25 793.17	11 375 081
安徽	37 113.98	15 011 779	甘肃	8 718.30	7 404 892
福建	42 395.00	12 547 951	青海	2 965.95	2 640 309
江西	24 757.50	13 152 969	宁夏	3 748.48	2 346 978
山东	71 067.53	26 349 273	新疆	13 597.11	9 522 617
河南	54 259.20	24 293 502			

资料来源：中国统计年鉴 2020. 北京：中国统计出版社，2020.

将“地区生产总值”作为横坐标变量 x，“教育经费”作为纵坐标变量 y，SPSS 绘制的散点图如图 2－11 所示。可以看出，整体上而言，不同地区教育经费表现出随地区生产总值增长而增加的趋势，并且二者之间具有较为明显的线性关系，不同地区的数据点均在直线附近波动。

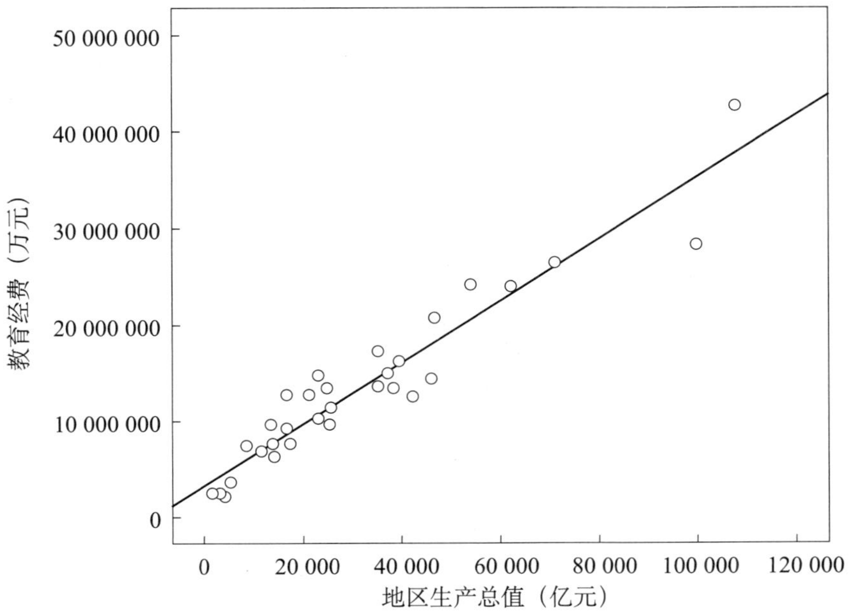

图 2－11　2019 年我国 31 个地区的地区生产总值和教育经费的散点图

（3）比较多个样本多个变量的相似性。

实践中，我们还经常获得多个样本的多个指标数据。例如，3 家上市公司都有包括资产净利率、净资产收益率、利息保障倍数、净利润增长率、总资产增长率等财务指标数据，如果你想比较这 3 家上市公司在上述几个变量上的差异或相似程度，该用什么图形进行展示呢？这里涉及 3 个样本的 5 个变量，显然无法用普通的二维坐标进行图示了，这时可以绘制雷达图。**雷达图**（radar chart）是从一个点出发，用不同方向的射线分别代表不同的变量，将同一个样本各个变量的取值落在射线上的点连接成一个“蜘蛛网”，多个样本则形成多个“蜘蛛网”。因此，雷达图也称蜘蛛网图或星图。

【例 2.5】 表 2-9 给出了 2018 年我国三大房地产上市公司主要财务指标数据，试绘制雷达图并比较三家公司的财务状况特征。

表 2-9　2018 年我国三大房地产上市公司主要财务指标数据

公司	财务指标				
	资产净利率（%）	净资产收益率（%）	利息保障倍数	净利润增长率（%）	总资产增长率（%）
保利地产	3.390	16.521	17.969	20.98	21.54
万科 A	3.658	23.418	7.546	20.39	31.17
绿地控股	1.700	17.152	9.872	25.86	22.16

资料来源：数据整理自各上市公司 2018 年财务年报。

Excel 绘制的上述三家房地产公司财务指标的雷达图如图 2-12 所示。可以看出，三家公司的资产净利率都相对较低，万科 A 的收益性和成长性指标普遍高于其他两家公司，保利地产的偿债能力明显优于其他两家公司。整体来看，保利地产和绿地控股两家公司的财务状况更为相似。

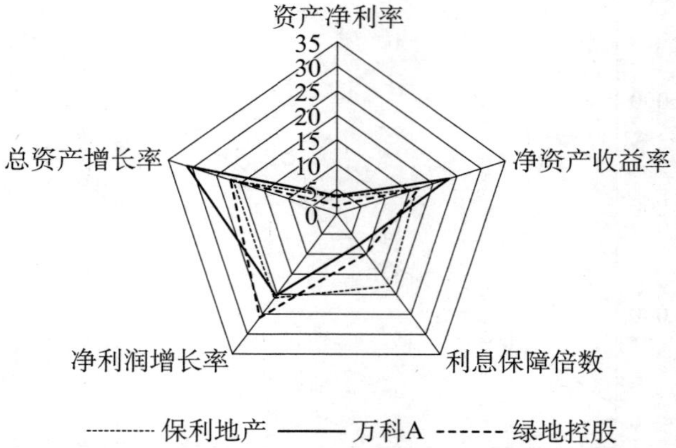

图 2-12　2018 年我国三大房地产上市公司财务指标雷达图

2.2　用统计量描述数据

用图表展示数据可以对变量的分布特征有一个大致的了解，比较直观，但有的时候可能不够全面和精确，因此，人们往往还希望用一两个数字更加简洁地概括出一组数据的基本特征。这些数字是由样本数据计算得到，实质上就是样本的函数，并且不包含总体的任何未知参数①，称为**统计量**（statistic）。不同的统计量可以从不同的角度描述数据的分布特征，主要包括三个方面：一是数据的“平均”水平；二是数据之间的差异；三是数据的分布形状。

2.2.1　用一个值概括一组数据

找到一组数据“中心点”所在的位置，以它来代表这一组数据，就是对这组数据平均水平的概括性度量。这样的描述统计量主要有均值、中位数和众数。

1. 一组数据的平均数是多少

均值（mean）是大家最熟悉也最常用的平均数，它是一组数据相加后除以数据的个数得到的结果。设一组样本数据为 x_1，x_2，…，x_n，样本量为 n，均值用 $\bar{x}$（读作 x-bar）表示，则计算公式②为：

$$\bar{x}=\frac{x_1+x_2+\cdots+x_n}{n}=\frac{\sum_{i=1}^{n}x_i}{n} \tag{2.1}$$

根据式（2.1）计算得到的平均数也称为简单平均数或算术平均数。

【例 2.6】 某富豪榜排名前 10 位富豪的财富值如表 2－10 所示。

表 2－10　排名前 10 位富豪的财富值　　单位：亿元

排名	1	2	3	4	5	6	7	8	9	10
财富	4 377.2	3 683.2	3 596.5	2 335.4	2 148.5	2 148.5	2 041.8	1 901.7	1 848.3	1 808.2

试计算这 10 位富豪的平均财富值。

如果用均值来反映这 10 位富豪的平均财富水平，根据式（2.1）计算得到③

① 关于随机变量的概率分布及参数将在后面的章节予以详细介绍。

② 尽管软件都可以方便地计算各类统计量，为说明其含义，本章仍给出几个重要统计量的计算公式和例题演示。软件实现过程参见本章后面的“软件应用”部分。如果有总体的全部数据 x_1，x_2，…，x_N，则总体均值用 μ 表示，其计算公式为：$\mu=\frac{1}{N}\sum_{i=1}^{N}x_i$。

③ 为便于读者自行练习比较，全书精确值的计算结果以及软件默认输出结果均按实际结果保留小数位，其他约值大部分按惯例四舍五入保留至 2 位小数，概率值由于取值较小（均小于 1），统一四舍五入保留至 3 位小数。

$$\bar{x}=\frac{4\ 377.2+3\ 683.2+\cdots+1\ 808.2}{10}=2\ 588.93(\text{亿元})$$

由于均值用到了原始数据的所有信息，相当于是一组数据的“重心”位置，因此，在现实中应用非常广泛。但也正是因为均值的这一特点，如果参与计算的任何一个数据发生变化，均值也会随之改变。例如，把表 2-10 中排名第 10 位的富豪替换成排名第 100 位的富豪，其财富值将由 1 808.2 亿元降至 335.6 亿元，那么，仍然根据式（2.1）计算得到的 10 位富豪的财富均值为 2 441.67 亿元，缩水超过 147 亿元。可以想象，如果一组数据中存在极端值（极大值或极小值），作为“重心”的均值就会向极端值倾斜，该组数据平均水平的代表性可能就会受到较大影响。此时，或许需要谨慎考虑采用其他更合适的统计量来度量数据的平均水平了。

2. 一组数据中间的值是多少

在绘制箱线图时，我们已经接触到了四分位数。根据定义，四分位数就是将一组数据由小到大排序后等分为四份的三个数，其中，位于 25%和 75%位置上的分别称为下四分位数和上四分位数，而**中位数**（median）恰好是处于中间位置上的数值。显然，中位数相当于用一个点将全部数据等分成两部分，每部分包含 50%的数据，因此，中位数也是用来度量数据“中心位置”的一种平均数。

如果一组数据 x_1，x_2，…，x_n 的个数 n 是奇数，那么能够找到正好对应中间位置的数值即为中位数；如果 n 是偶数，中位数就等于中间两个数值的简单平均数。设排序后的数据依次为 $x_{(1)}$，$x_{(2)}$，…，$x_{(n)}$，用 M_e 表示样本中位数，其计算公式为：

$$M_e=\begin{cases}x_{(\frac{n+1}{2})}, & n\text{ 为奇数}\\ \frac{1}{2}\left(x_{(\frac{n}{2})}+x_{(\frac{n}{2}+1)}\right), & n\text{ 为偶数}\end{cases}\tag{2.2}$$

类似地，上下四分位数所在的位置分别为：

$$Q_{25\%}\text{位置}=\frac{n+1}{4}，Q_{75\%}\text{位置}=\frac{3(n+1)}{4}\tag{2.3}$$

如果根据式（2.3）计算得到的位置是整数，四分位数就是该位置对应的数值，否则就要对该位置左右两个数值进行相应的线性插值①。

【例 2.7】沿用例 2.6 的数据，试计算 10 位富豪财富值的中位数。

表 2-10 已经给出了按照财富值排序后的 10 位富豪，由于 n 是偶数，位于中间的是排名第 5 和第 6 的两位富豪，其财富值均为 2 148.5 亿元，因此，根据式（2.2）很容易计算得到，10 位富豪财富值的中位数也为 2 148.5 亿元。

进一步地，如果同样把表 2-10 中排名第 10 位的富豪替换成排名第 100 位的富豪，

---

① 不同软件用于计算上下四分位数位置的具体公式略有差异，因此得到的结果也可能有所不同，当数据个数较多时，该差异不会太明显，并不影响对问题的分析。SPSS 的计算方法与式（2.3）相同，Excel（函数 QUARTILE.INC）给出的四分位数位置的确定方法是：$Q_{25\%}$位置＝（n+3）/4，$Q_{75\%}$位置＝（3n+1）/4。

其财富值由 1 808.2 亿元降至 335.6 亿元，由于数据整体排序和位于中间位置的两位都未发生变化，计算得到的中位数仍为 2 148.5 亿元。

可见，中位数主要由一组数据的大小顺序和位于中间位置的数值决定，并没有充分利用每一个数据的取值信息。但也正因为如此，相对于均值，中位数对数据中可能存在的极端值并不敏感，即使其他所有数据的取值都发生变化，只要位于中间位置的数值不变，中位数就将保持不变。

3. 哪个数据出现得最多

众数（mode）是一组数据中出现频数最多的数值。一般来说，只有在变量为离散变量或定性变量且数据量较多的情况下，众数才有意义。众数的确定十分简单，也不会受极端值的影响。众数是一组数据分布的峰值，如果数据的分布没有明显的峰值，众数就不存在；如果有两个或多个峰值，也可以有两个或多个众数。显然，众数只告诉我们一组数据中哪个数值出现的次数最多，却同样掩盖了其他数据的具体取值。

4. 用哪个值代表一组数据的平均水平

均值、中位数和众数是概括一组数据平均水平的三个主要统计量，要理解它们并不困难，但要合理使用则需要了解它们的不同特点和应用场合。均值易被多数人理解和接受，在实际中用得也较多，但主要缺点是易受极端值的影响，对于偏态分布的数据，均值的代表性较差。中位数和众数提供的信息不像均值那样多，但它们也有优点，例如，不受极端值的影响，具有统计上的稳健性。当数据为偏态分布，特别是当偏斜程度较大时，可以考虑选择中位数，这时它的代表性要比均值好。而对于无序类别数据，使用众数则是一种必然。

例如，某研究机构发布的 2020 年 3 月全国一线城市的平均房价数据，深圳、北京、上海分别以 64 085 元/建筑平方米、51 841 元/建筑平方米和 46 590 元/建筑平方米分列前三位，这里的“平均房价”指的就是房价中位数。因为不同城市不同区域的房价差异较大，存在极端值，均值可能无法很好代表该城市房价的一般水平。

2.2.2　找出数据彼此之间的差别

现实生活中你可能会发现，豆瓣评分相同的两部影片，如果随机调查不同的观众，每一个人的具体评分却可能千差万别。设想一种较为极端的情形，随机采访 3 位观众，其评分结果为：（第一部）2 分，6 分，10 分；（第二部）6 分，6 分，6 分。很容易计算得到，3 位观众对这两部影片的评分无论是均值还是中位数都是 6 分，似乎没有差异。然而，仔细分析我们会发现，3 位观众对第一部影片的评价各不相同，两极分化；对第二部影片的评价则完全一致。这说明，无论选择哪种平均数，都无法反映出数据内部的这种重要变动信息。数据之间的这种差异用统计语言来说就是数据的离散程度。一组数据的离散程度越小，平均数对该组数据的代表性才会越好，否则平均数可能很难代表其中任何一个数值。

描述数据离散程度的常用统计量有极差、四分位差、方差和标准差等。

1. 最大值和最小值相差多少

一种最简单的度量数据离散程度的方法是找出最大值与最小值之差，这就是**极差**(range)，也称**全距**。显然它太容易受极端值影响，很难全面反映一组数据的离散程度。如果就中间的50%数据计算极差，则称为四分位差或四分位距，它是上四分位数与下四分位数之差，反映了中间50%数据的离散程度。其数值越小，说明中间50%的数据越集中；数值越大，说明中间50%的数据越分散。由于中位数处于数据的中间位置，因此，四分位差的大小在一定程度上也说明了中位数对一组数据的代表程度。在箱线图中，箱子的长度就等于四分位差。

2. 一组数据与均值的平均偏差有多少

如果想知道数据间差异的更多信息，可以将每个值与均值比较，看看它们与均值相差多少。先计算出每个值与均值的差值，然后再进行平均。由于所有数据与均值的差值之和等于0，因此应消除差值的正负号。

一种方法是将差值取绝对值，然后再计算其算术平均数，这一结果称为**平均差**(mean deviation)。它以均值为中心，反映了每个数据与均值的平均偏差程度，能全面准确地反映一组数据的离散状况。平均差越大，说明数据的离散程度越大；反之，则说明数据的离散程度越小。

另一种方法是通过取差值的平方来消除正负号，再计算所有差值平方的算术平均数，这一结果称为**方差**（variance）。

设一组样本数据为 x_1，x_2，…，x_n，样本方差为 s^2，其计算公式①为：

$$s^2=\frac{\sum_{i=1}^{n}(x_i-\bar{x})^2}{n-1} \tag{2.4}$$

方差的平方根称为**标准差**（standard deviation)。方差和标准差是实际中应用最广泛的反映数据离散程度的统计量。与方差不同的是，标准差是有量纲的，它与原始数据的计量单位相同，其实际意义要比方差更加清楚。因此，在对实际问题进行分析时更多地使用标准差。

3. 数据的相对位置有多远

2020年7月23日，湖南省高考成绩发布，理科类人均文化成绩为453.57分，而2019年的理科类人均文化成绩为437.12分。假定两位理科考生小东和小西分别参加了2019年和2020年的高考，考试成绩均为600分，如何比较他们的表现？如果只是单独考虑个人的成绩，小东和小西的表现似乎没有差别。但我们很快会想到，由于2019年和2020年的全省平均成绩不同，小东的600分要比437.12分高出162.88分，而小西的600

---

① 如果计算的是总体方差，式（2.4）中的分母则为 N。但由于总体方差往往是未知的，通常需要用样本方差对其进行估计，可以证明，按照式（2.4）计算得到的样本方差（分母为 $n-1$ 而不是 n）作为估计量，具有很多优良的性质。

分只比 453.57 分高出 146.43 分，那么，小东的表现是否比小西更好呢？我们很快又会想到，如果这两年参加高考的所有同学成绩在平均成绩附近的离散程度不同，也会影响到小东和小西的最终排名。假定 2019 年湖南省高考成绩的标准差是 60 分，而 2020 年湖南省高考成绩的标准差是 50 分，说明相较于 2019 年，2020 年湖南省考生的成绩更为集中，离散程度更小，此时仅仅计算个人成绩与全省平均成绩的绝对距离可能无法客观反映这一信息。

因此，实践中，对于均值和标准差不同的两组（或多组）数据，需要将其进行标准化处理之后才能对比，而常用的一种标准化方法就是计算标准分数。**标准分数**（standard score）是一组数据中的某个数值与该组数据均值之差再除以该组数据标准差之后的结果，又称标准得分或 z 得分，反映了一组数据中的某个数值距离均值有几倍标准差远，测度了每个数值在该组数据中的相对位置。设一组样本数据为 x_1，x_2，…，x_n，用 z_i 表示 x_i 对应的标准分数，其计算公式为：

$$z_i = \frac{x_i - \bar{x}}{s} \tag{2.5}$$

根据式（2.5）很容易计算得到，小东成绩的标准分数是（600－437.12）/60≈2.71，而小西成绩的标准分数是（600－453.57）/50≈2.93，小西超出当年全省平均成绩的相对位置更远！

将不同的原始数据转换为标准分数，实际上是将其统一转换到均值为 0、方差为 1 的“新”尺度下，这样就可以进行“公平”的比较。当然，转换后的标准分数只有相对意义，没有绝对意义。

标准分数还可以用来判断一组数据是否有离群点。

根据切比雪夫不等式，对于任意分布形态的数据，至少有（$1-1/k^2$）的数据落在均值加减 k 个标准差的范围之内，其中 k 是大于 1 的任意值。对于 $k=2$，3，4，该不等式的含义分别是：至少有 75%的数据落在均值加减 2 个标准差的范围之内；至少有 88.89%的数据落在均值加减 3 个标准差的范围之内；至少有 93.75%的数据落在均值加减 4 个标准差的范围之内。

特别地，对于单峰对称分布的数据，经验法则表明：约有 68.27%的数据在均值加减 1 个标准差的范围之内；约有 95.45%的数据在均值加减 2 个标准差的范围之内；约有 99.73%的数据在均值加减 3 个标准差的范围之内。也就是说，正常情况下，来自同一总体的一组样本数据的标准分数应该大部分在－2 到 2 之间变化，否则就有些“不同寻常”；而一个数值距离一组数据均值超过 3 个标准差的概率更是不到 0.3%，这显然是一个小概率事件，因此，如果一个数值的标准分数大于 3 或小于－3，人们常常会怀疑这可能是一个离群点。

4. 如何比较不同数据的离散程度

在前文我们直接通过标准差对比了湖南省 2019 年和 2020 年所有考生高考成绩的离散程度，因为这是同一个地区的高考成绩，其单位相同，量级相差也不大。但有的时候，直接对比标准差可能就无法客观反映不同数据的离散程度的高低了。例如，2020 年，北京市平均工资为12 160元/月，标准差为1 500元；沈阳市平均工资为4 866元/月，标准差为800元，你认为哪个城市的工资差异更大？再比如，一个班级里学生身高的标准差是5厘米，体重的标准差是5千克，你能说身高和体重的离散程度一样吗？显然，当不同数据的计量单位不同时，我们无法直接比较其标准差，而不同数据的量级相差较大时，也不能直接通过标准差准确反映其离散程度的相对大小。那么，在这些情况下，该如何来比较不同数据的离散程度呢？很简单，只要把数据大小（平均水平）和计量单位的影响剔除，就可以了。由此引入统计上的**离散系数**（coefficient of variation），它是一组数据的标准差与其相应的均值之比，也称**变异系数**，通常用CV表示，其计算公式为：

$$CV=\frac{s}{\bar{x}} \tag{2.6}$$

由于标准差与均值计量单位相同，而均值又在一定程度上代表了原始数据取值大小的一般水平，因此，离散系数消除了二者对标准差的影响，反映了一组数据的相对离散程度，可用于不同数据的比较。

【例2.8】某集团公司抽查了所辖的8家企业，其产品销售数据如表2-11所示。试比较这8家企业产品销售额与销售利润的离散程度。

表2-11　8家企业的产品销售数据

企业编号	销售额（万元）	销售利润（万元）
	x_1	x_2
1	170	8.1
2	220	12.5
3	390	18.0
4	430	22.0
5	480	26.5
6	650	40.0
7	950	64.0
8	1 000	69.0

由表2-11可以看出，这8家企业销售额与销售利润的数据水平存在较大差异，不能直接用标准差比较其离散程度，需要计算离散系数。分别用$\bar{x}_1$和$\bar{x}_2$表示8家企业销售额与销售利润的均值，s_1和s_2表示各自的标准差，cv_1和cv_2表示各自的离散系数，计算结果如下：

$$\bar{x}_1=536.25\text{（万元）}\qquad s_1=309.19\text{（万元）}\qquad cv_1=\frac{309.19}{536.25}\approx 0.58$$

$$\bar{x}_2=32.512\,5\text{（万元）}\qquad s_2=23.09\text{（万元）}\qquad cv_2=\frac{23.09}{32.512\,5}\approx 0.71$$

可以看到，虽然销售额的标准差远大于销售利润，但实际上$cv_1<cv_2$，说明这8家企

业销售额的离散程度小于销售利润的离散程度，出现这种相反结果的主要原因就是销售额的量级远高于销售利润。这也再次验证了比较不同数据时，离散系数的有用性。

2.2.3 数据分布的形状

数据分布的形状直接决定了不同统计量对原始数据的代表性。要合理选择恰当的统计量用于描述数据的一般特征，就必须了解数据分布是左右对称的还是有偏斜的，是陡峭的还是扁平的。

通过前面的学习我们已经知道，借助直方图（或箱线图）可以初步地观察数据的分布形状。如果数据的直方图只有一个“最高峰”，就是单峰分布。图 2 - 13 给出了三种常见的数据单峰分布形状，从图中可以直观地看出，图 2 - 13 中的（a）、（b）、（c）分别为对称分布、左偏分布和右偏分布。而要更加客观地度量数据的分布形状，则需要计算相应的统计量。

1. 多数数据比均值大还是小

测量数据分布对称程度的统计量是**偏度系数**（coefficient of skewness），通常用 SK 表示。设一组样本数据为 x_1，x_2，…，x_n，偏度系数的计算公式①为：

$$SK=\frac{n}{(n-1)(n-2)}\sum_{i=1}^{n}\left(\frac{x_i-\bar{x}}{s}\right)^3 \tag{2.7}$$

如果一组数据的分布是对称的，则偏度系数等于 0；如果偏度系数明显不等于 0，表明分布是非对称的。若偏度系数大于 1 或小于 −1，则视为严重偏斜分布；若偏度系数在 0.5～1 或 −1～−0.5 之间，则视为中等偏斜分布；若偏度系数为 −0.5～0.5（不等于 0），视为轻微偏斜分布。其中，偏度系数为负值表示数据呈左偏分布，对应图 2 - 13（b），分布曲线的左侧有一个长尾，说明数据中存在个别的极小值（均值偏小），导致多数数据大于均值；偏度系数为正值则表示数据呈右偏分布，对应图 2 - 13（c），分布曲线的右侧有一个长尾，说明数据中存在个别的极大值（均值偏大），导致多数数据小于均值。沿用例 2.2 的数据，可以计算得到 150 名本科应届毕业生入职薪酬的偏度系数约为 0.42，说明其分布为轻微右偏，数据中存在个别极大值，这与图 2 - 6 所表现出来的特征是一致的。

2. 是否多数数据都集中在某个值的附近

测量数据分布峰值高低的统计量是**峰度系数**（coefficient of kurtosis），通常用 K 表示。设一组样本数据为 x_1，x_2，…，x_n，峰度系数的计算公式②为：

$$K=\frac{n(n+1)}{(n-1)(n-2)(n-3)}\sum_{i=1}^{n}\left(\frac{x_i-\bar{x}}{s}\right)^4-\frac{3(n-1)^2}{(n-2)(n-3)} \tag{2.8}$$

由于标准正态分布的峰度系数为 0，因此一组数据的峰度通常是与其相比较。如果峰度系数大于 0，说明数据的峰值更陡峭，分布更集中；如果峰度系数小于 0，则说明数据的

---

① 关于样本数据峰度系数的计算公式并不唯一，此处给出的是 Excel 中【SKEW】函数的计算公式。

② 关于样本数据峰度系数的计算公式并不唯一，此处给出的是 Excel 中【KURT】函数的计算公式。

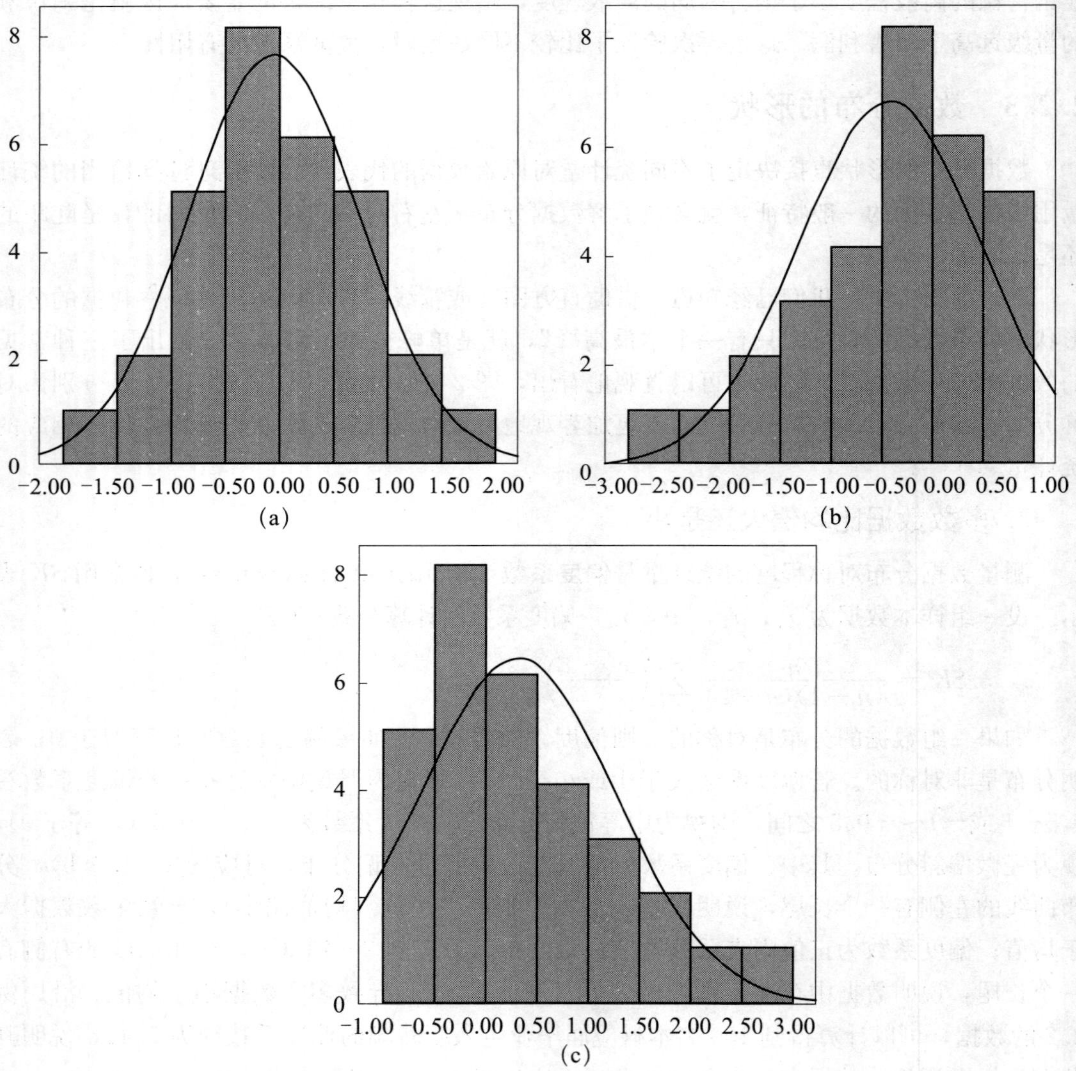

图 2 - 13　三种常见的数据单峰分布形状

峰值更扁平，分布更分散。继续沿用例 2.2 的数据，可以计算得到 150 名本科应届毕业生入职薪酬的峰度系数约为 0.3，说明相对于标准正态分布，该数据的峰值更高，分布更集中。

软件应用

1. 用 Excel 制作定性数据的频数分布表

第 1 步：将定性数据转换为数字代码，如例 2.1 中的五种小吃，分别指定 1＝麻辣烫，2＝凉皮，3＝螺蛳粉，4＝酸辣粉、5＝煎饼果子，并将代码单独录入一列单元格，作为频数统计对应的“接收区域”。

第 2 步：点击【数据】→【数据分析】。

第 3 步：在弹出的对话框中选择【直方图】，单击【确定】按钮。

第 4 步：在弹出的对话框【输入区域】中输入转换为代码的定性数据；在【接收区域】中选择第 1 步中单独录入的代码；在【输出选项】中选择结果显示的方式；根据需要选择【柏拉图】、【累积百分率】和【图表输出】选项；最后单击【确定】按钮。

第 5 步：把输出结果整理为规范的频数分布表。将代码还原为对应的类别，输出结果中的“接收”修改为定性变量的名称，“其他”改为“合计”，并在对应的单元格中输入频数总和。

2. 用 Excel 制作定量数据的频数分布表

第 1 步：将原始数据按照升序排列，然后确定组数和组距，并将每一组的组上限值单独录入到一列单元格，作为频数统计对应的“接收区域”。

第 2 步：点击【数据】→【数据分析】。

第 3 步：在弹出的对话框中选择【直方图】，单击【确定】按钮。

第 4 步：在弹出的对话框【输入区域】中输入排序后的定量数据；在【接收区域】中选择第 1 步中单独录入的各组组上限值；在【输出选项】中选择结果显示的方式；根据需要选择【柏拉图】、【累积百分率】和【图表输出】选项；最后单击【确定】按钮。

第 5 步：把输出结果整理为规范的频数分布表。

3. 用 Excel 计算描述统计量

(1) 使用【数据分析】工具中的【描述统计】选项。

(2) 使用统计函数。对于【数据分析】工具中未给出的一些描述统计量，可利用 Excel 中的统计函数求得，下表给出了一些常用的统计函数。

函数名	语法	功能
AVEDEV	AVEDEV (number1, number2, …)	计算平均差
AVERAGE	AVERAGE (number1, number2, …)	计算平均数
GEOMEAN	GEOMEAN (number1, number2, …)	计算几何平均数
HARMEAN	HARMEAN (number1, number2, …)	计算简单调和平均数
KURT	KURT (number1, number2, …)	计算峰度系数
MODE	MODE (number1, number2, …)	计算众数
MEDIAN	MEDIAN (number1, number2, …)	计算中位数
QUARTILE	QUARTILE (array, quart)	计算四分位数
SKEW	SKEW (number1, number2, …)	计算偏度系数
STDEV	STDEV (number1, number2, …)	计算样本标准差
STDEVP	STDEVP (number1, number2, …)	计算总体标准差
TRIMMEAN	TRIMMEAN (array, percent)	计算切尾均值

4. 用 SPSS 制作定性数据的频数分布表

第1步：选择【分析】→【描述统计】→【频率】。

第2步：在弹出的对话框中将需要分析的定性变量从左侧选入右侧【变量】框内，单击【确定】按钮（若需要进一步计算相关描述统计量或绘制图形，点击进入【统计量】或【图表】，选择相应选项）。

5. 用 SPSS 制作定量数据的频数分布表

第1步：选择【转换】→【可视分箱】。

第2步：在弹出的对话框中将需要分组的定量变量从左侧【变量】框内选入右侧【要离散的变量】框内，单击【继续】按钮。

第3步：进入主对话框，在【离散的变量】右侧框内输入分组后的新变量名称。

第4步：点击进入右下角【生成分割点】，按照确定好的组数和组距，在【等宽度间隔】下分别输入【第一个分割点的位置】（第一组的组上限）、【分割点数量】（组数减去1）和【宽度】（组距），单击【应用】按钮。

第5步：回到主对话框，点击右下角【生成标签】，单击【确定】按钮。

SPSS 数据文件中将自动生成一个新的定性变量（取值为数字代码），用于保存每一个原始数据按照指定分组方式分组后所归属的组别。对新生成的变量参照前述定性数据的操作步骤，生成频数分布表即可。

6. 用 SPSS 绘制箱线图

第1步：选择【图形】→【旧对话框】→【箱图】。

第2步：在弹出的对话框中上半部分选择【简单】图示，下半部分选择【各个变量的摘要】，单击【定义】按钮。

第3步：进入主对话框，将需要绘制图形的定量变量（可选择单个变量，也可同时选择多个变量）从左侧框内选入右侧【框的表征】内。如果定量数据有对应的标识变量，将其选入【标签个案依据】（未选则默认为每一行的数据序号）。单击【确定】按钮。

7. 用 SPSS 计算描述统计量

（1）使用【分析】→【描述统计】→【描述】选项。

（2）使用【分析】→【描述统计】→【探索】选项。

本章主要公式

名称	公式
样本均值	$\bar{x}=\frac{1}{n}\sum_{i=1}^{n}x_i$
样本方差	$s^2=\frac{1}{n-1}\sum_{i=1}^{n}(x_i-\bar{x})^2$

续表

名称	公式
样本标准差	$s=\sqrt{\frac{1}{n-1}\sum_{i=1}^{n}(x_i-\bar{x})^2}$
平均差	$M_d=\frac{1}{n}\sum_{i=1}^{n}\lvert x_i-\bar{x}\rvert$
标准分数	$z_i=\frac{x_i-\bar{x}}{s}$
离散系数	$cv=\frac{s}{\bar{x}}$
偏度系数	$SK=\frac{n\sum(x_i-\bar{x})^3}{(n-1)(n-2)s^3}$
峰度系数	$K=\frac{n(n+1)\sum(x_i-\bar{x})^4-3\left[\sum(x_i-\bar{x})^2\right]^2(n-1)}{(n-1)(n-2)(n-3)s^4}$

习　题

2.1　条形图和直方图各自的用途是什么？图形含义有什么区别？

2.2　箱线图是如何构成的？怎样利用箱线图观察数据的分布特征？

2.3　如何将多变量数据展示在二维平面上？应绘制什么图形？

2.4　说明均值、中位数和众数的特点及应用场合。

2.5　标准分数有哪些用途？

2.6　为什么要计算离散系数？

2.7　为研究国庆假期人们对不同旅游城市的选择偏好，随机调查了 50 名消费者，记录下每个人最想去的旅游城市，如下所示。

三亚	成都	北京	三亚	三亚	三亚	上海	上海	其他	上海
上海	上海	三亚	三亚	成都	成都	上海	成都	成都	成都
北京	成都	成都	北京	成都	其他	北京	上海	三亚	北京
成都	其他	北京	成都	三亚	北京	成都	成都	北京	其他
北京	成都	其他	三亚	其他	北京	北京	上海	三亚	三亚

（1）为该数据制作一张频数分布表。哪一个城市最受欢迎？

（2）为该数据绘制一幅条形图，比较消费者对不同旅游城市的选择差异。

（3）为该数据绘制一幅饼图，比较不同旅游城市受欢迎的“市场份额”。

2.8　为了确定灯泡的使用寿命（单位：小时），在一批灯泡中随机抽取 100 只进行测试，所得结果如下：

700	716	728	719	685	709	691	684	705	718
706	715	712	722	691	708	690	692	707	701
708	729	694	681	695	685	706	661	735	665
668	710	693	697	674	658	698	666	696	698
706	692	691	747	699	682	698	700	710	722
694	690	736	689	696	651	673	749	708	727
688	689	683	685	702	741	698	713	676	702
701	671	718	707	683	717	733	712	683	692
693	697	664	681	721	720	677	679	695	691
713	699	725	726	704	729	703	696	717	688

（1）以10为组距进行等距分组，整理成频数分布表。

（2）根据分组数据绘制直方图，说明数据分布的特点。

（3）对未分组的数据绘制箱线图，观察数据的分布特征。

（4）计算有关的描述统计量并进行分析。

2.9　一种袋装食品用生产线自动装填，每袋重量大约为50克，但由于某些原因，每袋重量不会恰好是50克。随机抽取100袋食品，测得的重量（单位：克）数据如下：

57	46	49	54	55	58	49	61	51	49
51	60	52	54	51	55	60	56	47	47
53	51	48	53	50	52	40	45	57	53
52	51	46	48	47	53	47	53	44	47
50	52	53	47	45	48	54	52	48	46
49	52	59	53	50	43	53	46	57	49
49	44	57	52	42	49	43	47	46	48
51	59	45	45	46	52	55	47	49	50
54	47	48	44	57	47	53	58	52	48
55	53	57	49	56	56	57	53	41	48

（1）自行确定组数和组距，制作数据的频数分布表。

（2）绘制分组数据的直方图，观察数据分布的特征。

（3）绘制未分组数据的箱线图，说明数据分布的特征。

（4）计算有关的描述统计量并进行分析。

2.10　下表是2020年上海6个月的PM2.5日平均浓度（单位：微克/立方米）数据，试绘制各月份的箱线图并计算相关统计量，用于比较空气质量的分布特征。

日期	1 月	3 月	5 月	8 月	10 月	12 月
1	14	16	38	11	26	25
2	23	23	29	13	21	14
3	39	21	50	9	12	50
4	62	29	59	8	10	29
5	42	21	27	8	11	26
6	23	21	22	20	11	24
7	33	59	25	29	9	37
8	41	18	16	21	12	51
9	34	12	43	26	11	19
10	16	29	75	22	15	65
11	28	60	84	16	18	86
12	108	52	24	16	17	155
13	121	24	18	20	24	139
14	121	22	19	26	10	16
15	39	43	30	13	12	20
16	10	16	67	17	13	40
17	39	29	69	24	25	33
18	67	51	37	28	21	46
19	84	34	26	24	13	43
20	127	14	39	22	19	16
21	100	33	20	22	41	39
22	71	39	19	21	72	61
23	36	13	22	22	25	46
24	43	24	37	15	18	93
25	14	16	55	11	15	31
26	15	34	16	18	16	16
27	22	14	38	33	20	65
28	81	8	60	16	21	92
29	68	8	66	20	16	20
30	70	12	10	32	14	17
31	51	15	53	13	17	30

2.11　假定甲、乙两个班各有 40 名学生，“统计学”期末考试成绩的频数分布如下：

考试成绩	人数	
	甲班	乙班
优	3	6
良	6	15
中	18	9
及格	9	8
不及格	4	2

（1）根据上面的数据，画出两个班考试成绩的环形图，比较两个班考试成绩分布的特点。

（2）画出雷达图，比较两个班考试成绩的分布是否相似。

2.12　下表是 2019 年北京和上海全年不同空气质量的天数数据（单位：天）：

空气质量	城市	
	北京	上海
优	85	80
良	155	229
轻度污染	92	48
中度污染	29	7
重度污染	4	1

（1）为该数据绘制一幅环形图，比较两个城市全年不同空气质量天数的构成情况。

（2）为该数据绘制一幅雷达图，观察两个城市空气质量的差异。

2.13 下表列出了 16 种食物每百克中的脂肪含量和热量，试绘制两个变量的散点图，观察二者之间的关系具有什么特征。

食物	脂肪（克）	热量（千卡）
乐事薯片	30.67	521
甜甜圈	14.68	227
原味手指饼干	22.70	494
玉米饼	2.40	151
炸薯条	11.01	201
炸鸡翅	10.97	224
巧克力	40.10	589
冰激凌	5.30	127

续表

食物	脂肪（克）	热量（千卡）
辣条	23.70	357
鸭脖子	5.80	206
士力架	23.60	489
香辣豆腐干	11.30	197
酸辣粉	3.87	97
三明治	11.84	219
鸡蛋饼	7.58	151
沙琪玛	30.40	505

2.14 某报道称，当代美国的平均人是女人，她们平均有 2.1 个孩子，住在平均价值为 10 万美元的住房中。你能识别出这三个平均数分别是什么吗？

2.15 假设随机抽取了甲、乙两家基金公司的 10 款理财产品，其年均收益率（单位:%）如下表所示。

甲	5.6	5.7	6.3	6.9	7.2	6.5	7.8	8.2	8.9	9.5
乙	5.6	4.8	6.2	6.4	7.0	6.0	7.3	8.0	8.3	9.0

（1）试计算两家基金公司 10 款理财产品收益率的均值和标准差。

（2）如果你要选择一家公司购买理财产品，你会选择哪一家？为什么？

2.16 一项关于大学生体重状况的研究发现，男生的平均体重为 60 千克，标准差为 5 千克；女生的平均体重为 50 千克，标准差为 5 千克。请回答下面的问题：

（1）是男生的体重差异大还是女生的体重差异大？为什么？

（2）粗略地估计一下，男生中有百分之几的人体重在 55～65 千克之间？

（3）粗略地估计一下，女生中有百分之几的人体重在 40～60 千克之间？

2.17 正常情况下，某企业一条生产线平均每天的产量为 3 700 件，标准差为 50 件。下面是随机抽查的某一周各天的产量（单位：件），你认为生产线是否出现过“异常”？为什么？

日期	周一	周二	周三	周四	周五	周六	周日
产量	3 850	3 670	3 690	3 720	3 610	3 590	3 700

第3章

用概率分布描述随机变量

数学定律不能百分之百确切地用在现实生活里；能百分之百确切地用数学定律描述的，就不是现实生活。

——阿尔伯特·爱因斯坦（Albert Einstein）

当你去购买彩票时，希望自己中大奖，但你一定知道，能否中奖是极不确定的；当你去投资股票时，期望得到较高的收益率，但你也一定知道，股价可能上升也可能下跌。在现实生活中，有很多类似的事件，其可能的结果不止一种，哪一种结果会最终发生具有不确定性。人们经常称这类事件是随机的，受诸多因素的限制，无法百分之百准确预测其结果。但是，这种不确定性的大小却可以用概率来度量。利用概率我们可以更加客观地分析随机事件，做出合理决策。因此，概率是统计学中最重要的量化工具，也是统计推断过程中的重要理论基础。

3.1 度量事件发生的可能性

概率（probability）是在0到1之间取值的数，用来描述某个特定事件发生的可能性大小。获得一个事件发生的概率有几种途径。

如果某一试验[①]的所有可能结果数是 n，而每种结果是等可能发生的，那么每种结果

① 概率理论中将所要观察的随机现象定义为"试验"。

在一次试验中出现的概率就是 $1/n$。例如，我们知道，如果一枚硬币是均匀的，抛掷后正面或反面朝上的概率都是 1/2，因为抛掷硬币的结果只有 2 种可能（正面朝上或反面朝上），而每种可能结果的发生概率是相等的；类似地，如果一枚骰子是均匀的正六面体，每一面分别是 1～6 点，那么抛掷后得到任一点数的概率都是 1/6。这些发生概率相等的事件就是**等可能事件**（equally likely event）。

但是，如果人们对于某一事件发生的可能性事先并无了解，或者所观察的不是等可能事件，往往会通过重复试验来估计概率。一般地，当试验的次数很多时，事件 A 发生的概率 $P(A)$ 可以由所观察到的事件 A 发生的频率 p 来逼近。假定在相同条件下，重复进行 n 次试验，事件 A 发生了 m 次，则事件 A 发生的概率可估计为：

$$P(A)=\frac{\text{事件 } A \text{ 发生的次数}}{\text{重复试验次数}}=\frac{m}{n}=p \tag{3.1}$$

比值 m/n 越大，表示事件 A 发生得越频繁，也就意味着在一次试验中事件 A 发生的可能性（概率）越大。当然，可以想象，当试验次数发生改变时，所观察的特定事件出现的频率可能不同。幸运的是，理论上认为，随着试验次数 n 的增大，比值 m/n 将围绕某一频率 p 上下波动，并且其波动的幅度将随着试验次数 n 的增大而减小，进而趋于稳定，这个稳定的频率 p 就是事件 A 发生的概率。如前所述，抛掷一枚硬币，如果定义事件 $A=$“出现正面”，这一事件发生的概率 $P(A)=1/2$。这里的 $P(A)=1/2$ 并不意味着每次重复抛掷硬币时，恰好都会有一半结果正面朝上，而是指随着抛掷的次数不断增多，可以认为出现正面的次数会越来越接近一半并保持稳定。

除此以外，现实生活中还有很多事件既不是等可能的，也无法进行重复试验。例如，流行性传染病暴发的可能性；你和恋人结婚的可能性；修建新机场的过程中发生意外事故的可能性；等等。显然，上述事件都不可能通过重复试验来估计其发生的概率，但人们可以结合已经掌握的一些信息、相关因素或专业知识，基于自己的主观判断，给出一个概率，这就是**主观概率**（subjective probability）。流行病学家可能基于历史经验数据和当前的季节、环境等因素，判断流行性传染病暴发的概率是 0.05%；你可能根据自己目前恋爱的状态、对恋人的情感依赖程度以及两人未来的规划等，判断与对方结婚的概率是 80%；工程师们可能基于建设方案的设计、以往的建设经验等因素，判断修建机场的过程中发生意外事故的概率是 0.01%。

3.2　随机变量的概率分布

在第 1 章我们已经学习了“变量”的概念，它实际上是人们希望研究的特定对象某方面的特征或属性，例如，国家的人口数，企业的销售额，公民的预期寿命，等等。由于每次观测这些变量的结果都有可能不同，而且无法事先准确预测，因此也将其称为**随机变量**（random variable）。进一步地，对于变量观测结果记录为数字的定量变量，又可以划分为离散变量和连续变量。离散变量（也称**离散型随机变量**，discrete random variable）只能取离散的数值，其取值可以一一列举；连续变量（也称**连续型随机变量**，continuous random variable）可以在一个或多个区间内取任何可能的值，其取值是连续不断的，不能一一列举。

尽管我们无法百分之百准确预测随机变量的每次观测结果，但如果能够掌握随机变量取任一可能值或在任一区间内取值的**概率分布**（简称分布，probability distribution），我们就可以计算任一随机事件（任一可能结果）发生的概率，进而做出合理的决策。

3.2.1 离散变量概率分布

1. 离散变量概率分布的一般形式和概括性度量

用 $x_1, x_2, \cdots$ 表示离散型随机变量 X 所有可能的取值，相应地，用 $p(x_i)$ $(i=1,2,\cdots)$ 表示该变量取值为 x_i 的概率。因此，将 X 的所有可能取值和对应的取值概率列在一张表格中，就是该离散型随机变量的概率分布，如表 3-1 所示。

表 3-1　离散型随机变量的概率分布

取值	x_1	x_2	…
概率	$p(x_1)$	$p(x_2)$	…

基于概率的含义可知，离散型随机变量的概率分布应满足

$$\sum_i p(x_i) = 1,\ p(x_i) \geqslant 0, \quad i = 1,2,\cdots \tag{3.2}$$

在第 2 章中我们用均值和方差等统计量来描述样本数据的平均水平和离散程度，而如果有了概率分布，就等于掌握了随机变量的总体取值规律，可以直接计算反映总体分布特征的上述概括性度量，其中最重要的为总体均值、总体方差和总体标准差。在不致引起误解的情况下，以下分别简称为均值、方差和标准差。

离散型随机变量 X 的均值也称**期望值**（expected value），是 X 所有可能取值与其相应的概率乘积之和，通常用 μ 或 $E(X)$ 表示，即

$$\mu = E(X) = \sum_i x_i p(x_i), \quad i = 1,2,\cdots \tag{3.3}$$

离散型随机变量 X 的方差等于每一个可能取值与均值的差值求平方，再与相应的取值概率的乘积之和，通常用 σ^2 或 $D(X)$ 表示，即

$$\sigma^2 = D(X) = \sum_i (x_i - \mu)^2 p(x_i), \quad i = 1,2,\cdots \tag{3.4}$$

类似地，随机变量 X 的标准差等于其方差的算术平方根，用 σ 或 $\sqrt{D(X)}$ 表示。

2. 常见的离散型概率分布

日常生活中，有很多事物的特征都可以表示成离散型随机变量，例如，新生婴儿的性别（用数字记录为男或女），商场抽奖的现金礼券金额（50 元，100 元，…），咖啡馆每小时接待的消费者人数，产品抽检的次品数，等等。而只要确知上述离散型随机变量的概率分布，就能根据这一分布计算出随机变量取任意值的概率。常用的离散型概率分布有二项

分布、泊松分布以及超几何分布等。

（1）二项分布。

二项分布是建立在伯努利（Bernoulli）试验基础上的。n 重伯努利试验满足下列条件：

- 一次试验只有两种可能结果，即“成功”和“失败”。这里的“成功”可以根据研究需要定义为感兴趣的某种结果。例如，产品分为“合格品”与“不合格品”，如果对“合格品”感兴趣，则“成功”就表示“合格品”。
- 一次试验“成功”的概率为 p，“失败”的概率为 $q=1-p$，而且 p 对每次试验都相同。
- 试验是相互独立的，重复进行 n 次。

这样，在 n 重伯努利试验中，“成功”的次数是一个离散型随机变量 X，其概率分布就是**二项分布**（binomial distribution），记为 $X\sim B(n, p)$。具体地，n 次试验中成功次数为 x 的概率可表示为：

$$P(X=x)=C_n^x p^x q^{n-x}, \quad x=0, 1, \cdots, n \tag{3.5}$$

依据式（3.3）和（3.4）可以推导得到，二项分布的均值和方差分别为：

$$\mu=E(X)=np, \sigma^2=D(X)=npq \tag{3.6}$$

【例 3.1】已知一批产品的次品率为 4%，从中有放回地抽取 5 个产品。试计算：（1）5 个产品中没有次品的概率是多少？（2）恰好有 1 个次品的概率是多少？（3）有 3 个以下次品的概率是多少？

根据题意，每抽取一个产品相当于一次试验，因此 $n=5$。由于感兴趣的是“次品”的个数，因此将“次品”定义为“成功”，次品率即为成功的概率 p。而有放回地抽取使得每次试验是独立的，并且次品率在每次试验中保持不变，都是 4%，这就是 n 重伯努利试验。设 X 为抽到的次品数，显然 $X\sim B(5, 0.04)$。根据二项分布的概率公式（3.5）可计算 X 取任意值的概率。

使用 Excel【统计】函数中的【BINOM. DIST】函数可分别计算得：（1）$P(X=0)\approx 0.815$；（2）$P(X=1)\approx 0.170$；（3）$P(X<3)\approx 0.999$。

（2）超几何分布。

如前所述，二项分布要求 n 重伯努利试验之间是独立的，且每次试验成功的概率相等。因此，从理论上讲，二项分布只适用于有放回的抽样（也称重复抽样，即从总体中抽出一个个体观测完后放回总体，然后再抽取下一个个体）。但在实践中，很少采用重复抽样。显然，如果采用无放回抽样（不重复抽样），各次试验并不独立，成功的概率也互不相等。当总体的元素数目 N 很大而样本量 n 相对于 N 来说很小时，二项分布仍然适用；而当总体元素的数目很小或样本量 n 相对于 N 来说较大时，二项分布就不再适用。这时，样本中“成功”的次数则服从超几何分布（hypergeometric distribution），记作 $X\sim H(n, N, M)$。对于 $X=x$，有

$$P(X=x)=\frac{C_M^x C_{N-M}^{n-x}}{C_N^n}, \quad x=0, 1, \cdots, l \tag{3.7}$$

式中，$l=\min(M, n)$；n 为试验次数；N 为总体中元素个数；M 为总体中代表“成功”

的元素的个数。

为理解超几何分布中各个参数的含义，考虑一个从有限总体中进行不放回抽样的问题。设有一个包含 N 个同类产品的总体，已知其中 M 个为不合格品，现从中不放回地抽取 n 个产品，定义随机变量 X=“抽取的产品中含有的次品数”，这也是一个离散型随机变量。当 $n \leqslant M$ 时，X 可以取 0，1，…，n 中的任意一个数；当 $n > M$ 时，X 只能取 0，1，…，M 中的任意数。可以证明，X 的概率分布为超几何分布，n，N，M 为参数。

【例 3.2】假定有 10 只股票，其中有 3 只购买后可以获利，另外 7 只购买后将会亏损。如果你打算从 10 只股票中选择 4 只购买，但你并不知道哪 3 只是获利的，哪 7 只是亏损的。试计算：(1) 所有 3 只能获利的股票都被你选中的概率有多大？(2) 3 只可获利的股票中至少有 2 只被你选中的概率有多大？

根据题意，每选择一只股票相当于一次试验，由于感兴趣的是可以获利的股票，因此，将其定义为“成功”。这里的总体元素数 $N=10$，其中成功的次数 $M=3$，样本量 $n=4$。显然，这是无放回的抽样，所以你选择购买的 4 只股票中“成功”的次数 X 服从超几何分布 $H(4, 10, 3)$。

使用 Excel【统计】函数中的【HYPGEOM. DIST】函数可以分别计算得到：(1) $P(X=3)=1/30 \approx 0.033$；(2) $P(X \geqslant 2)=1/3 \approx 0.333$。

(3) 泊松分布。

1838 年，法国数学家泊松（D. Poisson）首次提出了泊松概率分布，它用于描述“一定时间段或一定空间区域或其他特定单位内某一事件出现的次数”。例如，一定时间段内，某航空公司接到的订票电话数；一定时间段内，到车站等候公共汽车的人数；一定路段内，路面出现损坏的次数；一匹布上发现的瑕疵个数；一定页数的书刊上出现的错别字个数；等等。这类只取非负整数的随机变量 X 服从的概率分布为**泊松分布**（Poisson distribution），记为 $X \sim P(\lambda)$。对于 $X=x$，有

$$P(X=x)=\frac{\lambda^x \mathrm{e}^{-\lambda}}{x!}, \quad x=0, 1, \cdots (\lambda>0) \tag{3.8}$$

式中，e=2.718 28。

同样可以推导得到，泊松分布的均值和方差均为 λ，即

$$\mu=E(X)=\lambda, \ \sigma^2=D(X)=\lambda \tag{3.9}$$

因此，λ 代表的就是单位时间或单位面积特定事件出现的平均次数。

【例 3.3】某航空公司订票处平均每小时接到 42 个订票电话，那么 10 分钟内恰好接到 6 个电话的概率是多少？

根据题意，感兴趣的是“10 分钟内”接到的订票电话个数，因此将“单位时间”定义为 10 分钟。如果我们有理由认为，在任意两段间隔相同的时间内航空公司接到一个订票电话的概率相等，并且不同时间段内是否接到电话相互独立，那么，由题意知道，每 60 分钟接到电话的平均个数是 42 个，所以 10 分钟内接到电话的平均个数应为 $\frac{10}{60} \times 42=7$ 个。定义随机变量 X= “10 分钟内航空公司订票处接到的电话个数”，它服从参数为 $\lambda=7$

的泊松分布，使用 Excel【统计】函数中的【POISSON. DIST】函数可以计算得到，$P(X=6)\approx 0.149$。

3.2.2　连续变量概率分布

1. 连续变量的概率密度函数和概括性度量

如果用横坐标表示离散变量的可能取值，纵坐标表示概率，那么任一离散变量的概率分布都可以绘制成相应的条形图（变量的每一个可能取值相当于一个“类别”）。而对于连续变量来说，由于横坐标的取值是连续的，就需要绘制直方图。可以想象，如果不断地细分连续变量取值的区间，直方图的矩形数目就会不断地增加，最终直方图的轮廓就会越来越接近一条光滑的曲线。由于纵坐标原本代表的是概率，所有矩形的高度和为 1，通过调整量纲，可以使得这条曲线下面的矩形面积总和为 1。图 3 - 1 直观展示了这一过程。

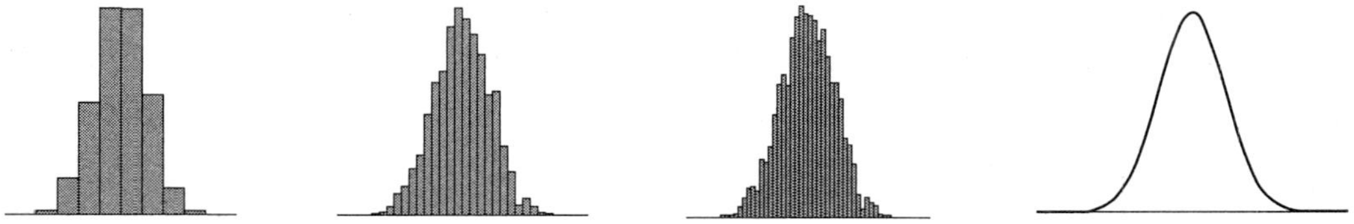

图 3 - 1　不断细分的直方图和逼近的曲线

上文描述的曲线即被称为连续变量的**概率密度函数**（probability density function，缩写为 pdf），简称**密度函数**（density function）或**密度**（density），通常记为 $f(x)$。从理论上很容易理解，连续变量在某个区间内取值的概率就是其密度曲线在该区间上覆盖的面积，也就是概率密度函数在该区间上的积分。显然，概率密度函数在某个点的积分为 0。因此，连续变量恰好等于某个特定数值的概率都是 0，通常只有计算连续变量在某个（或多个）区间内取值的概率才有实际意义。

与离散型随机变量类似，连续型随机变量的概率密度函数应满足

$$\int_{-\infty}^{\infty} f(x)\mathrm{d}x = 1,\ f(x) \geqslant 0 \tag{3.10}$$

同样，利用概率密度函数可以计算连续型随机变量的总体均值和总体方差，用于反映总体分布特征。

对于概率密度函数为 $f(x)$ 的连续型随机变量 X，其均值为①：

$$\mu = E(X) = \int_{-\infty}^{\infty} xf(x)\mathrm{d}x \tag{3.11}$$

方差为：

$$\sigma^2 = D(X) = \int_{-\infty}^{\infty} (x-\mu)^2 f(x)\mathrm{d}x \tag{3.12}$$

① 严格意义上，连续变量均值和方差的计算公式应为其合理取值区间上的积分，此处给出的是 $(-\infty,\infty)$ 上的一般表达式。

对于连续型随机变量我们还有必要定义分位数的概念。通常将满足 $P(X\leqslant x_\alpha)=\alpha$ 的数值 x_α 称为 α 下侧分位数（又称下 α 分位数）；而将满足 $P(X\geqslant x_\alpha)=\alpha$ 的数值 x_α 称为 α 上侧分位数（又称上 α 分位数）①。显然，对于连续型概率分布，α 上侧分位数等于（$1-\alpha$）下侧分位数。

常见的连续型概率分布有正态分布、均匀分布和指数分布等。其中，正态分布在统计中具有十分重要的地位，广泛应用于统计推断，很多其他重要的连续型概率分布也是由正态分布推导得到，因此本节首先对正态分布进行重点介绍。

2. 正态分布

正态分布（normal distribution）最初是由 C. F. 高斯（Carl Friedrich Gauss，1777—1855）用做描述误差相对频数分布的模型而提出来的，所以又称**高斯分布**（Gaussian distribution）。令人惊讶的是，这条曲线竟然为许多不同领域的数据分布提供了一个恰当的模型，因而得到广泛的应用。在现实生活中，有许多现象都可以由正态分布来描述，某些分布（如二项分布）可以利用正态分布做近似计算，而由正态分布还可以导出其他一些重要的分布，如 χ^2 分布、t 分布、F 分布等。

如果随机变量 X 的概率密度函数为：

$$f(x)=\frac{1}{\sqrt{2\pi}\sigma}\mathrm{e}^{-\frac{1}{2\sigma^2}(x-\mu)^2},\quad -\infty<x<\infty \tag{3.13}$$

则称 X 服从参数为 μ，σ^2 的正态分布，记作 $X\sim N(\mu,\sigma^2)$。其中，μ 是正态随机变量 X 的均值，可以为任意实数；σ^2 是 X 的方差，$\sigma>0$。

对应于不同的 μ 值和不同的 σ 值，正态分布的概率密度曲线（以下简称正态曲线）也不尽相同，如图 3-2 所示。

从图 3-2 可以看出正态曲线具有如下性质：

（1）正态曲线的图形是关于 $x=\mu$ 的对称钟形曲线，且峰值在 $x=\mu$ 处。

（2）正态分布的两个参数 μ 和 σ 一旦确定，正态分布的具体形态也就唯一确定，不同参数取值的正态分布构成一个完整的正态分布族。其中，均值 μ 可以是实数轴上的任意数值，它决定正态曲线的具体位置，标准差 σ 相同而均值不同的正态曲线在坐标轴上体现为水平位移（如图 3-2（a）所示）。标准差 σ 为大于零的实数，它决定正态曲线的陡峭或扁平程度，σ 越大，正态曲线越扁平；σ 越小，正态曲线越陡峭（如图 3-2（b）所示）。

（3）当 X 的取值向横轴左右两个方向无限延伸时，正态曲线的左右两个尾端也无限接近横轴，但理论上永远不会与之相交。

（4）与其他连续型随机变量相同，正态随机变量在特定区间上的取值概率由正态曲线下的面积给出，而且其曲线下的总面积等于 1。

① 由于连续变量 X 恰好等于某个特定数值的概率都是 0，因此 $P(X\leqslant x_\alpha)=P(X<x_\alpha)$，$P(X\geqslant x_\alpha)=P(X>x_\alpha)$。

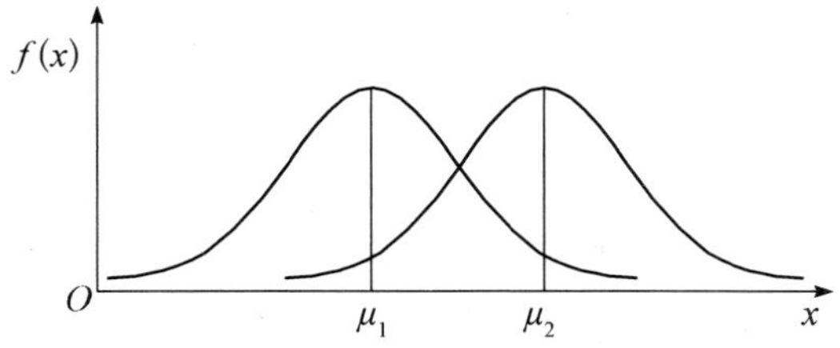

(a) 对应于不同 μ 的正态曲线

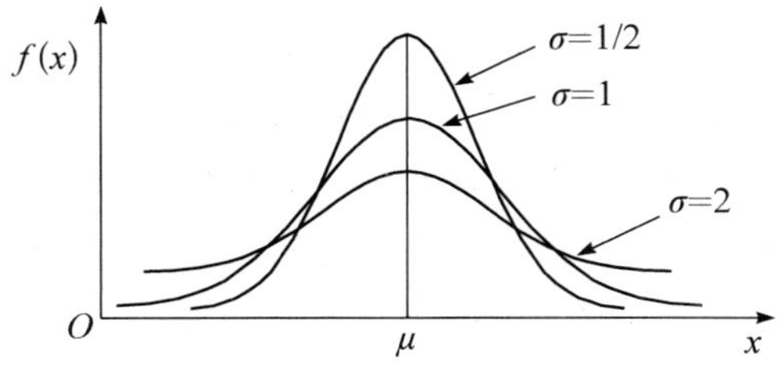

(b) 对应于不同 σ 的正态曲线

图 3-2　对应不同 μ 和 σ 的正态分布概率密度曲线

很容易证明，对于任一服从正态分布的随机变量 X，通过 $Z=(X-\mu)/\sigma$ 进行变量转换后得到的新随机变量 Z 将服从均值为 0、标准差为 1 的**标准正态分布**（standard normal distribution），记为 $N(0, 1)$。标准正态分布的概率密度函数通常表示为 $\varphi(x)$，即有

$$\varphi(x)=\frac{1}{\sqrt{2\pi}}e^{-\frac{1}{2}x^2}, \quad -\infty<x<\infty \tag{3.14}$$

下面通过一个例子说明如何计算正态分布的概率值以及如何根据已知的概率值求出相应的区间点。

【例 3.4】 试计算：(1) $X \sim N(50, 10^2)$，求 $P(X\leqslant 40)$ 和 $P(30\leqslant X\leqslant 40)$；(2) $Z\sim N(0, 1)$，求 $P(Z\leqslant 2.5)$ 和 $P(-1.5\leqslant Z\leqslant 2)$；(3) 标准正态分布的 5%下侧分位数。

(1) 利用 Excel【统计】函数中的【NORM. DIST】函数，可以计算给定均值为 μ、方差为 σ^2 的正态分布随机变量任意取值的概率。由该函数得

$$P(X\leqslant 40)\approx 0.159$$

$$P(30\leqslant X\leqslant 40)=P(X\leqslant 40)-P(X\leqslant 30)=0.158\,655-0.022\,75\approx 0.136$$

(2) 利用 Excel【统计】函数中的【NORM. S. DIST】函数，可以计算标准正态分布随机变量任意取值的概率。由该函数得

$$P(Z\leqslant 2.5)\approx 0.994$$

$$P(-1.5\leqslant Z\leqslant 2)\approx 0.910$$

(3) 依据分位数的定义，5%下侧分位数即为满足 $P(X\leqslant x_{0.05})=0.05$ 的数值 $x_{0.05}$，利用 Excel【统计】函数中的【NORM. S. INV】函数，可以计算已知概率为 α 时，标准正

态分布的 α 下侧分位数 x_α。由该函数得

$$x_{0.05}\approx-1.64$$

3. 数据的正态性评估

在后面几章中，我们将学习如何利用样本信息对总体进行推断，其中多数推断都是以总体服从正态分布这一假定为前提的。因此，在进行推断之前，判断样本数据是否来自正态分布的总体是很重要的。检验数据是否服从正态分布的描述性方法之一，就是画出数据频数分布的直方图，若数据近似服从正态分布，则图形的形状与正态曲线应该相似。另一种较常用的方法是对数据绘制**正态概率图**（normal probability plot）。

正态概率图有两种，一种称为 P-P 图，一种称为 Q-Q 图。P-P 图是根据观测数据计算得到的累积概率与理论分布（如正态分布）的累积概率绘制的；Q-Q 图则是根据观测值的实际分位数与理论分布（如正态分布）的分位数绘制的，有时也称为分位数-分位数图。

【例 3.5】 沿用第 2 章例 2.2 中的数据绘制正态概率图，判断本科应届毕业生入职薪酬是否服从正态分布。

由 SPSS 绘制得到的正态概率图如图 3－3 所示。

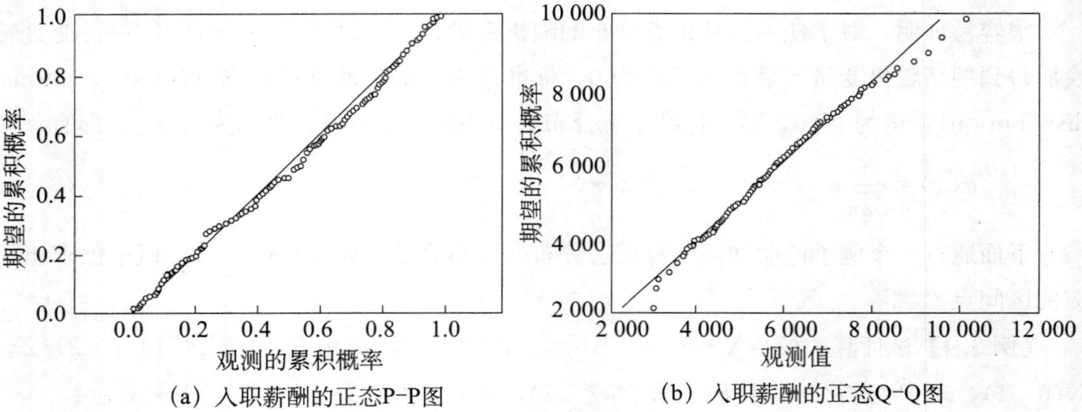

图 3－3　本科应届毕业生入职薪酬的 P-P 图和 Q-Q 图

图 3－3 中的直线表示理论正态分布线，各观测点越靠近直线，且呈随机分布，表明数据越接近正态分布。从图 3－3 可以看出，无论是 P-P 图还是 Q-Q 图，各观测点都大体上围绕在直线周围，略有波动，这与我们在第 2 章对该数据绘制的直方图等其他描述性工具分析的结论是一致的，可以说本科应届毕业生入职薪酬的数据基本上服从正态分布。当然，很难用严格的标准去要求任何一组数据恰好与直线吻合，要对数据进行更为严谨的正态性检验，则需要采用专门的统计推断方法，感兴趣的读者可参照其他相关教材。

3.3 由正态分布导出的几个重要分布

有些随机变量是统计学家为了分析的需要而构造出来的，例如，把样本均值标准化后形成一个新的随机变量 t，样本方差除以总体方差得到一个随机变量 χ^2，两个样本方差之比形成一个随机变量 F，等等。这些变量用 t，χ^2 和 F 来命名是因为它们分别服从 t 分布、χ^2 分布和 F 分布。这些分布都是由正态分布推导而来，它们在推断统计中具有独特的地位和作用。

3.3.1 χ^2 分布

χ^2 分布（chi-square distribution，也称**卡方分布**）是由阿贝（Abbe）于 1863 年首先提出的，后由海尔墨特（Hermert）和卡尔·皮尔逊（Karl Pearson）分别于 1875 年和 1900 年推导出来。

如果 n 个相互独立的随机变量 Z_1，Z_2，…，Z_n 均服从标准正态分布，那么随机变量 $\chi^2=\sum_{i=1}^{n}Z_i^2$ 服从自由度为 n 的 χ^2 分布，记作 $\chi^2\sim\chi^2(n)$。特别地，如果 $n=1$，即一个标准正态随机变量 Z 的平方得到的新变量 $X=Z^2$ 服从自由度为 1 的 χ^2 分布。

χ^2 分布具有如下性质和特点：

（1）χ^2 分布的变量值始终为正。

（2）χ^2 分布的密度曲线形状取决于其自由度 n 的大小，通常为不对称的右偏分布，但随着自由度的增大逐渐趋于对称，如图 3－4 所示。

（3）χ^2 分布的期望 $E(\chi^2)=n$；方差 $D(\chi^2)=2n$。

（4）χ^2 分布具有可加性。若 U 和 V 为两个独立的随机变量，$U\sim\chi^2(n_1)$，$V\sim\chi^2(n_2)$，则 $U+V$ 这一随机变量服从自由度为 (n_1+n_2) 的 χ^2 分布。

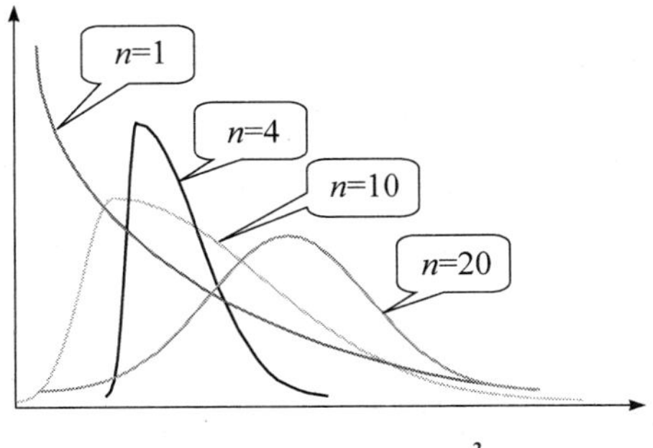

图 3－4 不同自由度的 χ^2 分布

【**例 3.6**】假设随机变量 X 服从自由度为 5 的 χ^2 分布，试计算：（1）$P(X\leqslant 10)$；（2）5%上侧分位数。

（1）根据题意，$X\sim\chi^2(5)$，使用 Excel 中的【CHISQ. DIST】函数可以计算得到：

$P(X\leqslant 10)\approx 0.925$

（2）依据分位数的定义，5%上侧分位数即为满足 $P(X\geqslant x_{0.05})=0.05$ 的数值 $x_{0.05}$，使用 Excel 中的【CHISQ. INV. RT】函数可以计算得到：

$x_{0.05}\approx 11.07$

3.3.2　*t* 分布

***t* 分布**（*t*-distribution）的提出者是威廉·戈塞特（William Gosset），由于他经常用笔名"student"发表文章，用 *t* 表示样本均值经标准化后（正态总体标准差未知时用样本标准差代替）的新随机变量，因此称为 *t* 分布，也称为学生 *t* 分布（student's *t*-distribution）。

t 分布是类似标准正态分布的一种对称分布，但其密度曲线通常要比标准正态分布平坦和分散。一个特定的 *t* 分布同样依赖于称为自由度的参数，随着自由度的增大，*t* 分布也逐渐趋于标准正态分布，如图 3-5 所示。

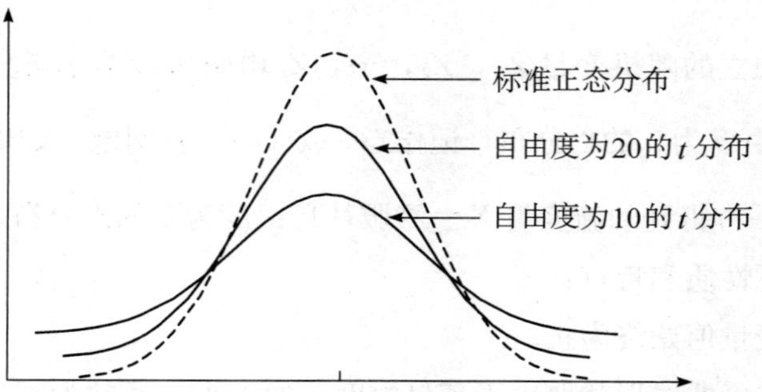

图 3-5　不同自由度的 *t* 分布与标准正态分布的比较

【例 3.7】 假设随机变量 $Z\sim N(0,\ 1)$，$X\sim t(10)$，$Y\sim t(30)$，试分别计算：（1）三个变量取值大于 2 的概率；（2）三个变量的 5%下侧分位数。

（1）根据题意，使用 Excel 中的【NORM. DIST】函数可以计算得到 $P(Z>2)=1-P(Z\leqslant 2)\approx 1-0.977=0.023$；

使用 Excel 中的【T. DIST】函数可以计算得到 $P(X>2)=1-P(X\leqslant 2)\approx 1-0.963=0.037$；$P(Y>2)=1-P(Y\leqslant 2)\approx 1-0.973=0.027$。

（2）根据题意，使用 Excel 中的【NORM. S. INV】函数可以计算得到 $z_{0.05}\approx -1.64$。

使用 Excel 中的【T. INV】函数可以计算得到 $x_{0.05}\approx -1.81$；$y_{0.05}\approx -1.70$。

3.3.3　*F* 分布

***F* 分布**（*F*-distribution）是为纪念著名统计学家费希尔（R. A. Fisher），以其姓氏的第一个字母命名的。它是两个 χ^2 分布随机变量的比值，即设 $U\sim\chi^2(n_1)$，$V\sim\chi^2(n_2)$，且 U 和 V 相互独立，则 $F=\dfrac{U/n_1}{V/n_2}$ 服从自由度为 n_1 和 n_2 的 F 分布，记为 $F\sim F(n_1,\ n_2)$。F 分布的密度曲线与 χ^2 分布类似，其形状取决于两个自由度 n_1 和 n_2，如图 3-6 所示。

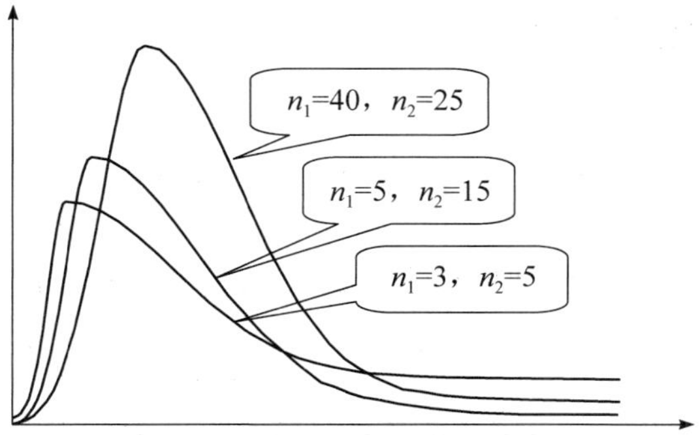

图 3－6　不同自由度的 *F* 分布

【例 3.8】 假设随机变量 X 服从自由度为 5 和 10 的 F 分布，试计算：(1) $P(X\leqslant 10)$；(2) 5%上侧分位数。

(1) 根据题意，$X\sim F(5, 10)$，使用 Excel 中的【F.DIST】函数可以计算得到 $P(X\leqslant 10)\approx 0.999$。

(2) 使用 Excel 中的【F.INV.RT】函数可以计算得到 $x_{0.05}\approx 3.33$。

3.4　样本统计量的抽样分布

至此，我们了解了各类常见的概率分布，可以用于描述不同随机变量的总体取值规律。其中，对总体分布特征的某些概括性度量，统称为总体参数，简称**参数**（parameter）。前文提到的总体均值、总体方差和总体标准差等都是人们经常关心的一些参数。然而，实践中，由于受各种因素的限制，无法获得总体的信息，参数往往是未知的，需要利用样本数据对其进行推断。例如，你可能关心某个地区所有家庭的平均收入是多少，但你不可能去调查每个家庭的收入，而只能抽取一部分家庭作为样本，获得样本家庭的收入数据，用样本平均收入去推断所有家庭的平均收入。当然，你也可能去推断所有家庭收入的方差是多少，低收入家庭的比例是多少，等等。这些就是后面章节要讨论的统计推断问题。而基于样本数据计算得到的用于推断总体参数的量就是我们在第 2 章学习的统计量，也称样本统计量。

总体参数是一个常数，尽管这个常数通常是未知的，但它不会随着样本的不同而变化。相反，由于样本统计量是样本的函数，如果重复多次抽样，样本的随机性将导致每次计算得到的统计量的值可能随着所抽取的样本不同而变化，正是由于这种变化使得用统计量推断总体参数具有某种不确定性。因此，统计量实际上也是一个随机变量，而统计量的概率分布就称为**抽样分布**（sampling distribution）。抽样分布描述了样本统计量的所有可能取值规律，提供了有关该统计量长远而稳定的信息，从而构成了推断总体参数的重要理论基础。

3.4.1 样本均值的抽样分布

理论上而言，要得到统计量的分布，必须从总体中抽出所有样本量为 n 的样本，计算出每个统计量的取值，画出其分布。

设总体共有 N 个元素，从中抽取样本量为 n 的随机样本，在重复抽样条件下，共有 N^n 个可能的样本，在不重复抽样条件下，共有 $C_N^n=\frac{N!}{n!(N-n)!}$ 个可能的样本。把所有的样本均值都算出来形成的分布就是样本均值的抽样分布。但在现实中通常不可能将所有的样本都抽出来，因此，统计量的抽样分布实际上是一种理论分布，幸运的是，统计学家经过研究能够证明它服从某种分布。样本均值 $\bar{x}$ 抽样分布的形式与样本所属总体的分布和样本量 n 的大小有关。统计研究表明，如果原有总体的分布是正态分布，那么，无论样本量大小，样本均值的抽样分布都是正态分布；如果原有总体的分布是非正态分布，样本均值的抽样分布就要看样本量的大小了。随着样本量 n 的增大，无论原来的总体是否服从正态分布，样本均值的抽样分布都将趋于正态分布，其分布的期望值为总体均值 μ，方差为总体方差的 $1/n$，这就是统计上著名的**中心极限定理**（central limit theorem）。这一定理可以表述为：从均值为 μ、方差为 σ^2 的总体中，抽取容量为 n 的随机样本，当 n 充分大时（通常要求 $n\geqslant30$），样本均值 $\bar{x}$ 的抽样分布近似服从均值为 μ、方差为 σ^2/n 的正态分布，即 $\bar{x}\sim N\left(\mu,\frac{\sigma^2}{n}\right)$。等价地，有 $\frac{\bar{x}-\mu}{\sigma/\sqrt{n}}\sim N(0,1)$。如果总体不是正态分布，当 n 比较小时（通常 $n<30$），样本均值的分布则不是正态分布。

3.4.2 其他统计量的抽样分布

如前所述，除了总体均值，总体中具有某一属性的元素所占的比例也是人们常常感兴趣的参数之一。例如，一个城市的人口按性别分为男、女两类，男性人数与总人数之比就是一个比例，女性人数与总人数之比也是一个比例。同样，产品可分为合格品与不合格品，合格品（或不合格品）与全部产品总数之比也是一个比例。一般地，就一个具有 N 个元素的总体而言，具有某种属性的元素个数为 N_0，具有另一种属性的元素个数为 N_1，如果具有前一种属性的元素在总体中所占比例用 π 表示，则有 $\pi=N_0/N$，而具有另一种属性的元素个数与总体全部元素个数之比则为 $N_1/N=1-\pi$。如果总体比例 π 是未知的，就需要通过抽样计算样本中具有该属性的元素所占的比例 p 来进行估计。

从一个总体中重复选取样本量为 n 的样本，由样本比例的所有可能取值形成的分布就是样本比例的抽样分布。统计研究表明，当样本量很大时（若 $np\geqslant5$ 和 $n(1-p)\geqslant5$，可以认为样本量足够大），样本比例 p 的抽样分布可用正态分布近似，p 的期望值 $E(p)=\pi$，方差 $\sigma_p^2=\frac{\pi(1-\pi)}{n}$，即 $p\sim N\left(\pi,\frac{\pi(1-\pi)}{n}\right)$。

此外，某些情况下，人们还可能利用样本方差估计未知的总体方差。作为统计量的样本方差又是如何分布的呢？统计研究证明，对于来自正态总体的简单随机样本，比值 $\frac{(n-1)s^2}{\sigma^2}$ 的抽样分布服从自由度为（$n-1$）的χ^2分布，即

$$\chi^2=\frac{(n-1)s^2}{\sigma^2}\sim\chi^2(n-1)$$

进一步地，如果要估计两个总体的参数，例如，两个总体均值之差（$\mu_1-\mu_2$），两个总体比例之差（$\pi_1-\pi_2$），两个总体的方差之比 σ_1^2/σ_2^2，则用于推断这些参数的统计量分别是两个样本均值之差（$\bar{x}_1-\bar{x}_2$），两个样本比例之差（p_1-p_2），两个样本方差之比 s_1^2/s_2^2。这些样本统计量的分布也有所不同，相关内容详见后文。

3.4.3　统计量的标准误差

显然，基于抽样分布同样可以计算样本统计量的均值和标准差，其中，样本统计量的标准差称为**标准误差**（standard error，简称**标准误**，缩写为 SE），它反映了根据不同样本数据计算得到的样本统计量取值的离散程度。

以样本均值为例，由于样本均值是一个随机变量，因样本的不同而取不同的值，用于衡量样本均值离散程度的量就是标准误差，通常用 SE 或$\sigma_{\bar{x}}$ 表示。如前所述，在大样本情况下，其计算公式为：$\sigma_{\bar{x}}=\frac{\sigma}{\sqrt{n}}$。

当总体标准差 σ 未知时，可用样本标准差 s 代替计算，这时的标准误差称为**估计标准误差**（standard error of estimation）。

类似地，样本比例的标准误差可表示为：$\sigma_p=\sqrt{\frac{\pi(1-\pi)}{n}}$。

同样，当总体比例的方差 $\pi(1-\pi)$ 未知时，可用样本比例的方差 $p(1-p)$ 代替。

软件应用

1. 用 Excel 中的【统计】函数计算不同分布的概率和相应概率的反函数值（分位数）

函数名称	语法	功能	说明
BINOM. DIST	BINOM. DIST (number _ s，trials，probability _ s，cumulative)	计算二项分布的概率。	number _ s 为试验成功的次数；trials 为独立试验的次数；probability _ s 为每次试验中成功的概率；cumulative 为一逻辑值，用于确定函数的形式。如果 cumulative 为 TRUE，返回结果为累积分布函数值，即至多有 number _ s 次成功的概率；如果 cumulative 为 FALSE，返回结果为概率密度函数值，即恰好有 number _ s 次成功的概率。

续表

函数名称	语法	功能	说明
CHISQ. DIST	CHISQ. DIST（x，deg _ freedom，cumulative）	计算χ^2值为x时χ^2分布的左尾概率。	x为用于计算χ^2分布函数值的区间点；deg _ freedom为χ^2分布的自由度；cumulative为一逻辑值，用于确定函数的形式。如果cumulative为TRUE，返回结果为累积分布函数值；如果cumulative为FALSE，返回结果为概率密度函数值。
CHISQ. INV	CHISQ. INV（probability，deg _ freedom）	计算给定左尾概率时χ^2分布的反函数值（下侧分位数）。	probability为给定χ^2分布的左尾概率；deg _ freedom为χ^2分布的自由度。
CHISQ. INV. RT	CHISQ. INV. RT（probability，deg _ freedom）	计算给定右尾概率时χ^2分布的反函数值（上侧分位数）。	probability为给定χ^2分布的右尾概率；deg _ freedom为χ^2分布的自由度。
F. DIST	F. DIST（x，deg _ freedom1，deg _ freedom2，cumulative）	计算F值为x时F分布的左尾概率。	x为用于计算F分布函数值的区间点；deg _ freedom1为分子自由度；deg _ freedom2为分母自由度；cumulative为一逻辑值，用于确定函数的形式。如果cumulative为TRUE，返回结果为累积分布函数值；如果cumulative为FALSE，返回结果为概率密度函数值。
F. INV	F. INV（probability，deg _ freedom1，deg _ freedom2）	计算给定左尾概率时F分布的反函数值（下侧分位数）。	probability为给定F分布的左尾概率；deg _ freedom1为分子自由度；deg _ freedom2为分母自由度。
F. INV. RT	F. INV. RT（probability，deg _ freedom1，deg _ freedom2）	计算给定右尾概率时F分布的反函数值（上侧分位数）。	probability为给定F分布的右尾概率；deg _ freedom1为分子自由度；deg _ freedom2为分母自由度。
HYPGEOM. DIST	HYPGEOM. DIST（sample _ s，number _ sample，population _ s，number _ population，cumulative）	计算超几何分布的概率。	sample _ s为样本中成功的次数；number _ sample为样本量；population _ s为总体中成功的次数；number _ population为总体中的元素总数；cumulative为一逻辑值，用于确定函数的形式。如果cumulative为TRUE，返回结果为累积分布函数值；如果cumulative为FALSE，返回结果为概率密度函数值。

续表

函数名称	语法	功能	说明
NORM. DIST	NORM. DIST（x，mean，standard _ dev，cumulative）	计算给定均值为 μ，方差为 σ^2 的正态分布的概率。	x 为用于计算正态分布函数值的区间点；mean 为分布的均值；standard _ dev 为分布的标准差；cumulative 为一逻辑值，用于确定函数的形式。如果 cumulative 为 TRUE，返回结果为累积分布函数值；如果 cumulative 为 FALSE，返回结果为概率密度函数值。
NORM. S. DIST	NORM. S. DIST（z，cumulative）	计算标准正态分布的概率。	z 为用于计算标准正态分布函数值的区间点；cumulative 为一逻辑值，用于确定函数的形式。如果 cumulative 为 TRUE，返回结果为累积分布函数值；如果 cumulative 为 FALSE，返回结果为概率密度函数值。
NORM. INV	NORM. INV（probability，mean，standard _ dev）	计算给定均值为 μ，方差为 σ^2 的正态分布概率时的反函数值（下侧分位数）。	probability 为给定正态分布的概率；mean 为分布的均值；standard _ dev 为分布的标准差。
NORM. S. INV	NORM. S. INV（probability）	计算给定标准正态分布概率时的反函数值 z。	probability 为给定标准正态分布的概率。
POISSON. DIST	POISSON. DIST（x，mean，cumulative）	计算泊松分布的概率。	x 为事件出现的次数；mean 为泊松分布的均值 λ；cumulative 为一逻辑值，确定所返回的概率分布形式。如果 cumulative 为 TRUE，返回结果为累积分布函数值；如果 cumulative 为 FALSE，返回结果为概率密度函数值。
T. DIST	T. DIST（x，deg _ freedom，cumulative）	计算 t 值为 x 时 t 分布的左尾概率。	x 为用于计算 t 分布函数值的区间点；deg _ freedom 为 t 分布的自由度；cumulative 为一逻辑值，用于确定函数的形式。如果 cumulative 为 TRUE，返回结果为累积分布函数值；如果 cumulative 为 FALSE，返回结果为概率密度函数值。
T. INV	T. INV（probability，deg _ freedom）	计算给定 t 分布左尾概率时的反函数值 t（下侧分位数）。	probability 为给定 t 分布的左尾概率；deg _ freedom 为 t 分布的自由度。

2. 用 SPSS 绘制正态概率图

第 1 步：选择【分析】→【描述统计】→【P-P】或【Q-Q】。

第 2 步：在弹出的主对话框中将需要绘制的变量选入【变量】，单击【确定】。

本章主要公式

名称	公式
离散型随机变量的期望值	$\mu = E(X) = \sum_i x_i p_i$
离散型随机变量的方差	$\sigma^2 = D(X) = \sum_i (x_i - \mu)^2 p_i$
连续型随机变量的期望值	$\mu = E(X) = \int_{-\infty}^{\infty} x f(x) \mathrm{d}x$
连续型随机变量的方差	$\sigma^2 = D(X) = \int_{-\infty}^{\infty} (x-\mu)^2 f(x) \mathrm{d}x$
n 次试验中成功次数为 x 的二项分布概率	$P(X = x) = C_n^x p^x q^{n-x}$，$x=0，1，\cdots，n$
随机变量 $X=x$ 时泊松分布概率	$P(X = x) = \frac{\lambda^x \mathrm{e}^{-\lambda}}{x!}$，$x=0，1，\cdots$（$\lambda>0$）
随机变量 $X=x$ 时超几何分布概率	$P(X = x) = \frac{C_M^x C_{N-M}^{n-x}}{C_N^n}$，$x=0，1，\cdots，l$
正态分布的概率密度函数	$f(x) = \frac{1}{\sqrt{2\pi\sigma^2}} \mathrm{e}^{-\frac{1}{2\sigma^2}(x-\mu)^2}$，$-\infty<x<\infty$
标准正态分布的概率密度函数	$\varphi(x) = \frac{1}{\sqrt{2\pi}} \mathrm{e}^{-\frac{1}{2}x^2}$，$-\infty<x<\infty$
样本均值的标准误差	$\sigma_{\bar{x}} = \frac{\sigma}{\sqrt{n}}$
样本比例的标准误差	$\sigma_p = \sqrt{\frac{\pi(1-\pi)}{n}}$

习　题

3.1　尝试列举一些离散型随机变量和连续型随机变量的例子。

3.2　描述正态分布曲线的特点。

3.3　判断数据正态性的方法主要有哪些？

3.4　解释中心极限定理的含义。

3.5　χ^2 分布和 F 分布的图形各有什么特点？

3.6　消费者协会经过调查发现，某品牌空调器有重要缺陷的产品出现次数的概率分布如下：

X	0	1	2	3	4	5	6	7	8	9	10
P	0.041	0.130	0.209	0.223	0.178	0.114	0.061	0.028	0.011	0.004	0.001

试根据这些数值，分别计算：

(1) 有 2～5 台（包括 2 台与 5 台）空调器有重要缺陷的可能性。

(2) 只有不到 2 台空调器有重要缺陷的可能性。

(3) 有超过 5 台空调器有重要缺陷的可能性。

3.7　某电子商务平台举办购物抽奖活动，用户每订购一笔商品即可点击转盘随机抽奖，每次点击的中奖概率均为 30%。假设活动期间你一共下单 3 次，试计算：

(1) 3 次都不会中奖的概率是多少？

(2) 恰好有 1 次中奖的概率是多少？

(3) 至少有 2 次中奖的概率是多少？

3.8　假设某电视购物频道平均每 10 分钟有 40 个顾客打进电话订购商品，试计算每分钟内至少有 3 个顾客打进电话订购的概率是多少。

3.9　试计算标准正态分布随机变量 Z 的以下取值概率：

(1) $P(0\leqslant Z\leqslant 1.2)$；(2) $P(-0.48\leqslant Z\leqslant 0)$；(3) $P(Z>1.33)$。

3.10　假设报名参加某英语夏令营的学生年龄服从均值为 12、标准差为 2 的正态分布，随机抽取一个报名的学生，试计算：

(1) 其年龄不小于 10 岁的概率是多少？

(2) 其年龄在 7～17 岁之间的概率是多少？

(3) 其年龄大于 18 岁的概率是多少？

3.11　从均值为 200、标准差为 50 的总体中，抽取 $n=100$ 的简单随机样本，用样本均值 $\bar{x}$ 估计总体均值。

(1) $\bar{x}$ 的数学期望是多少？

(2) $\bar{x}$ 的标准差是多少？

(3) $\bar{x}$ 的抽样分布是什么？

3.12　假定总体中“成功”个体所占比例为 $\pi=0.55$，从该总体中分别抽取容量为 100，200，500 和 1 000 的样本。

(1) 分别计算样本中“成功”个体所占比例 p 的标准差 σ_p。

(2) 当样本量增大时，样本比例的标准差有何变化？

3.13　假设一个总体共有 8 个数值：54，55，59，63，64，68，69，70。从该总体中按重复抽样方式抽取 $n=2$ 的随机样本。

(1) 计算总体的均值和方差。

(2) 一共有多少个可能的样本？

(3) 抽出所有可能的样本，并计算出每个样本的均值。

(4) 画出样本均值的直方图，说明样本均值抽样分布的特征。

(5) 计算所有样本均值的算术平均数和方差，并与总体的均值和方差进行比较，得到的结论是什么？

第 4 章 用样本推断总体

不像其他科学，统计从来不打算使自己完美无缺，统计意味着你永远不需要确定无疑。

——古德蒙·艾弗森（Gudmund R. Iversen）

一个水库里有多少条鱼？一片原始森林的木材储蓄量有多少？一批灯泡的平均使用寿命是多少？一批产品的合格率是多少？怎样才能知道这些问题的答案？显然，你不可能把一个水库的水抽干去数鱼的条数，不可能把森林伐完去量木材有多少，不可能把一批灯泡都用完去计算它们的平均寿命，也不可能把每一件产品都检测完来确定它的合格率，这样既不现实也没有意义。实际上，只要获得总体中一部分个体的样本数据，进而利用某些方法就可以将样本数据表现出来的特征推广到总体对象。这种利用样本信息来推断总体特征的过程，就称为**统计推断**（statistical inference），它包括参数估计和假设检验两部分重要内容。

4.1 统计推断的基础知识

通过前面的学习我们已经知道，总体参数是对总体分布特征的概括性度量。如果只考虑一个总体，人们所关心的参数主要有总体均值（μ）、总体比例（π）、总体方差（σ^2）等；如果考虑两个总体，所关心的参数主要有两个总体的均值之差（$\mu_1-\mu_2$）、两个总体的比例之差（$\pi_1-\pi_2$）、两个总体的方差之比 σ_1^2/σ_2^2 等。**参数估计**（parameter estimation）

就是用样本统计量估计未知的总体参数。

4.1.1　用估计量估计总体参数

要想知道全校学生的平均生活费支出是多少，随机抽出 200 个学生组成一个样本，可以计算出这 200 个学生生活费支出的样本均值 $\bar{x}$、样本中位数 M 等，这些都是样本统计量。当用某个统计量去估计总体参数时，这个统计量称为**估计量**（estimator）。例如，用 200 个学生的平均生活费支出（样本均值）估计全校学生的平均生活费支出（参数），样本均值就是总体均值的估计量。同样，样本比例（p）、样本方差（s^2）都可以是总体比例和总体方差的一个估计量。

而我们已经知道，估计量是样本的函数，如果重复多次抽样，根据每个样本计算出来的估计量取值都可能不一样，所以估计量本身也是一个随机变量，有自己的抽样分布。当然，实践中往往只能抽取一次样本，根据一个具体样本计算出来的估计量的值称为**估计值**（estimate）。例如，算出 200 个学生的平均生活费支出是 550 元/月，它就是全校学生平均生活费支出的一个估计值。

4.1.2　用什么方法进行估计

我们可以用 200 个学生的平均生活费支出 550 元/月直接作为全校学生平均生活费支出的估计值，这种直接将基于某个特定样本计算出来的估计量的取值作为总体参数的估计值的方法就叫**点估计**（point estimate）。

点估计的缺陷是没法给出点估计的可靠性，也没法说出点估计值与总体参数的真实值接近的程度。由于一个点估计量的可靠性是由它的抽样标准误差来衡量的，因此就不能完全依赖于一个点估计值，而应围绕点估计值构造总体参数的一个区间。

区间估计（interval estimate）是在点估计的基础上给出总体参数估计的一个估计范围。这个估计范围通常是由样本的点估计值加减估计误差得到的。以总体均值的区间估计为例，在重复抽样或无限总体抽样的大样本情况下，样本均值 $\bar{x}$ 近似服从正态分布，且分布的均值恰好等于总体均值 μ，标准误差为 $\sigma_{\bar{x}}=\sigma/\sqrt{n}$。由此很容易计算得到，样本均值 $\bar{x}$ 落在总体均值 μ 两侧各 1 个标准误差范围内的概率为 0.682 7，落在总体均值 μ 两侧各 2 个标准误差范围内的概率为 0.954 5，落在总体均值 μ 两侧各 3 个标准误差范围内的概率为 0.997 3，等等。但在实际估计时，情况恰好相反。$\bar{x}$ 是已知的，而 μ 是未知的。由于 $\bar{x}$ 与 μ 的距离是对称的，如果某个样本的均值落在 μ 的 2 个标准误差范围之内，反过来，μ 也被包括在以 $\bar{x}$ 为中心左右 2 个标准误差的范围之内。因此，约有 95%的由样本均值所构造的 2 个标准误差的区间会包括 μ。

在区间估计中，由样本统计量所构造的总体参数的估计区间称为**置信区间**（confidence interval），其中，区间的最小值称为置信下限，最大值称为置信上限，置信区间的宽度即为置信上限和置信下限的差值。通常用**置信水平**（confidence level，也称**置信度**）来度量区间估计的可靠性，记作 $1-\alpha$。如前所述，由样本均值加减 2 个标准误差构造的区间即为总体均值95%的置信区间①。通俗地说，如果抽取100个样本来估计总体的均值，按照上述方式所构造的100个区间中，约有95个区间包含总体均值，而另外5个区间则不包含总体均值。

一个置信区间就像是为捕获未知参数而撒出去的网，不是所有撒网的地点都能捕获到参数。在实际问题中，进行估计时往往只抽取一个样本，此时所构造的是与该样本相联系的一定置信水平下的置信区间。由于用该样本计算出来的区间是一个特定的常数区间，而总体参数也是一个常数，因此该区间要么包含总体参数的真值，要么不包含，并无概率可言。而且，由于总体参数是未知的，所以实际上我们无法知道这个样本所构造的区间是否包含总体参数的真值。我们只能希望这个区间是大量包含总体参数真值的区间中的一个，但它也可能是少数几个不包含参数真值的区间中的一个。

例如，用95%的置信水平构造得到某校学生平均考试成绩的置信区间为70～80分，我们不能说"70～80分这个区间以95%的概率包含全校学生平均考试成绩的真值"，也不能将其表述为"全校学生的平均考试成绩以95%的概率落在70～80分之间"，这类表述严格来说都是不正确的。它的真正含义是，如果做了100次抽样，按照相同方式构造得到的区间中，大概有95个包含全校学生平均考试成绩的真值，有5个不包含真值。假定全校学生平均考试成绩的真值为76分，那么70～80分这个区间一定包含真值；但如果全校学生平均考试成绩的真值为65分，那么区间70～80分就绝对不包含真值。因此，一个特定的区间"总是包含"或"绝对不包含"参数的真值，不存在"以多大的概率包含总体参数的真值"的问题。置信水平实际上表示的是在重复抽样情况下按特定方法构造的大量置信区间中包含总体参数真值的区间个数所占的比例。

4.1.3 选择哪个估计量估计参数

用于估计同一个总体参数的统计量可能有多个，例如，既可以用样本均值作为总体均值的估计量，也可以用样本中位数作为总体均值的估计量。那么，究竟应该选择哪个估计量作为总体参数的估计呢？自然要用估计效果最好的那个估计量。那什么样的估计量才算是一个好的估计量呢？统计学家给出了评价估计量的一些标准，主要有无偏性、有效性和一致性。

无偏性（unbiasedness）是指估计量抽样分布的数学期望等于被估计的总体参数。设总体参数为θ，所选择的估计量为$\hat{\theta}$，如果$E(\hat{\theta})=\theta$，则称$\hat{\theta}$为θ的无偏估计量。可以证明，样本均值（$\bar{x}$）、样本比例（p）、样本方差（s^2）分别是总体均值（μ）、总体比例（π）和总体方差（σ^2）的无偏估计量。

一个估计量无偏并不意味着它就非常接近被估计的参数，还必须考虑它相对总体参数的离散程度。对同一个总体参数的两个无偏点估计量而言，有更小标准差的估计量更有效。因为这样能够使得每次抽样计算出来的估计值在总体参数（无偏估计量的均值）附近

---

① 该结果为近似结果，详细构造过程见后文。

尽可能地集中，那么也就有理由相信，根据一个特定样本计算出来的点估计值不会离总体参数的真值太远。因此，**有效性**（efficiency）指的就是估计量的方差（或标准差）大小。假定有两个用于估计总体参数的无偏估计量，分别用 $\hat{\theta}_1$ 和 $\hat{\theta}_2$ 表示，它们的抽样分布的方差分别用 $D(\hat{\theta}_1)$ 和 $D(\hat{\theta}_2)$ 表示，如果 $\hat{\theta}_1$ 的方差小于 $\hat{\theta}_2$ 的方差，即 $D(\hat{\theta}_1)<D(\hat{\theta}_2)$，就称 $\hat{\theta}_1$ 是比 $\hat{\theta}_2$ 更有效的一个估计量。在无偏估计的条件下，估计量的方差越小，估计越有效。

一致性（consistency）则是指随着样本量的增大，点估计量的值越来越接近被估计的总体参数真值。换言之，一个大样本给出的估计值要比一个小样本给出的估计值更接近总体参数的真值。例如，根据中心极限定理我们知道，从任一总体中抽取独立随机样本，样本均值的分布将随着样本量 n 的增大而趋近于正态分布，且分布的均值等于总体均值 μ，分布的标准差（标准误差）等于 $\sigma/\sqrt{n}$。这意味着样本均值不仅是总体均值的无偏估计量，而且其方差与样本量成反比（总体方差 σ^2 是固定的），随着样本量的增大，计算出来的样本均值将越来越接近总体均值，因此，样本均值也是总体均值的一致估计量。

4.2　估计不同的总体参数

4.2.1　总体均值的估计

1. 一个总体均值的区间估计

在对一个总体均值进行区间估计时，需要考虑总体是否服从正态分布、总体方差是否已知、用于估计的样本是大样本（$n\geqslant30$）还是小样本（$n<30$）等几种不同情况。但无论是哪种情况，通常选择的点估计量都是样本均值 $\bar{x}$，在此基础上，总体均值的置信区间由样本均值加减估计误差得到，即总体均值的置信区间＝样本均值±估计误差。可见，只要算出样本均值和给定置信水平下的估计误差，就很容易得到一个总体均值的置信区间。

那么，估计误差怎样计算呢？估计误差由两部分组成：一是点估计量的抽样标准误差；二是给定置信水平 $1-\alpha$ 对应的分位数值，而分位数值则是由估计量的抽样分布确定的。由于在上述任一种情况下，样本均值 $\bar{x}$ 的抽样分布都是左右对称的，这样，总体均值在 $1-\alpha$ 置信水平下的置信区间可表示为：

$\bar{x}$ ±（$\alpha/2$ 上侧分位数值× $\bar{x}$ 的标准误差）

在大样本（$n\geqslant30$）情况下，无论总体是否服从正态分布，样本均值都近似服从均值为 μ，标准误差为 $\sigma/\sqrt{n}$ 的正态分布，因此可以推导得到总体均值在 $1-\alpha$ 置信水平下的置信区间为：

$$\bar{x}\pm z_{\alpha/2}\frac{\sigma}{\sqrt{n}} \tag{4.1}$$

当总体标准差σ未知时则用样本标准差s代替，即

$$\bar{x} \pm z_{\alpha/2} \frac{s}{\sqrt{n}} \tag{4.2}$$

式中，$z_{\alpha/2}$为标准正态分布的$\alpha/2$上侧分位数。

在小样本（$n<30$）情况下，需要假设总体服从正态分布。如果总体服从正态分布且σ已知，样本均值仍然服从正态分布，此时仍然可以采用式（4.1）构造总体均值在$1-\alpha$置信水平下的置信区间。如果总体服从正态分布但σ未知，样本均值经过标准化后得到的$t=\frac{\bar{x}-\mu}{s/\sqrt{n}}$则服从自由度为$n-1$的$t$分布，这时可用$t$分布构建总体均值在$1-\alpha$置信水平下的置信区间：

$$\bar{x} \pm t_{\alpha/2} \frac{s}{\sqrt{n}} \tag{4.3}$$

式中，$t_{\alpha/2}$为$t(n-1)$分布的$\alpha/2$上侧分位数。

【例4.1】 某款网络游戏的开发商随机抽取了100位该网游的消费者，记录下其年龄数据如表4-1所示。试构造该款网络游戏所有消费者平均年龄的90%置信区间。

表4-1　某款网络游戏的100位消费者年龄数据　　单位：岁

20	24	29	26	26	18	20	21	26	22
22	26	27	28	22	24	25	19	28	20
20	20	19	23	23	22	18	26	25	22
25	19	22	24	26	22	26	19	20	23
20	25	25	25	20	23	23	24	26	18
27	26	23	19	18	20	22	22	17	24
22	28	20	25	24	26	19	18	23	22
20	22	25	28	18	23	26	20	20	19
24	19	20	22	21	21	18	24	23	26
23	21	25	23	18	16	20	22	20	21

根据题意，需要构造该款网络游戏所有消费者平均年龄即总体均值μ的90%置信区间。样本量$n=100$，$\alpha=0.1$，总体方差未知，因此用样本均值$\bar{x}$作为估计量，用样本标准差s代替σ。根据表4-1中的样本数据计算得到：$\bar{x}=22.39$，$s\approx 2.97$，使用Excel中的【NORM. S. INV】① 函数计算得到$z_{0.05}\approx 1.64$，代入式（4.2）得到该款网络游戏所有消费者平均年龄的90%置信区间约为21.9～22.88岁。

① 该函数计算结果为标准正态分布指定概率值的下侧分位数，因此，相同概率值的上侧分位数取其绝对值即可，以下同。

【例 4.2】某食品生产企业生产的饼干标注每盒重量为 300 克，质检机构从其生产的一批饼干中随机抽取了 25 盒，并测量每盒饼干的重量数据如表 4－2 所示。假定该批饼干的重量服从正态分布，试构造该批饼干平均重量的 95%置信区间。

表 4－2　随机抽取的 25 盒饼干重量数据　　单位：克

300.5	301.0	299.8	300.2	300.0
298.5	301.2	303.0	297.0	300.9
297.6	302.3	300.0	298.0	299.7
303.4	301.0	296.9	302.0	301.6
300.7	299.0	298.8	302.1	303.2

根据题意，需要构造该批饼干平均重量即总体均值 μ 的 95%置信区间。样本量 $n=25$，$\alpha=0.05$，总体服从正态分布但方差未知，因此用样本均值 $\bar{x}$ 作为估计量，用样本标准差 s 代替 σ。根据表 4－2 中的样本数据计算得到：$\bar{x}=300.336$，$s\approx1.85$，使用 Excel 中的【T. INV】① 函数计算得到 $t_{0.025}(24)\approx2.06$，代入式（4.3）得到该批饼干平均重量的 95%置信区间约为 299.57～301.1 克。

2. 两个总体均值之差的区间估计

设两个总体的均值分别为 μ_1 和 μ_2，从两个总体中分别抽取样本量为 n_1 和 n_2 的两个随机样本，其样本均值分别为 $\bar{x}_1$ 和 $\bar{x}_2$。与一个总体均值的区间估计类似，通常选择两个样本均值之差（$\bar{x}_1-\bar{x}_2$）作为两个总体均值之差（$\mu_1-\mu_2$）的估计量。与一个总体均值的估计思想相同，（$\mu_1-\mu_2$）的置信区间仍然是由点估计值加减估计误差构成，$1-\alpha$ 置信水平下的置信区间可表示为：

（$\bar{x}_1-\bar{x}_2$）±（$\alpha/2$ 上侧分位数值×（$\bar{x}_1-\bar{x}_2$）的标准误差）

如果两个样本是从两个总体中独立随机抽取的，且两个样本都为大样本（$n_1\geqslant30$，$n_2\geqslant30$）时，两个样本均值之差（$\bar{x}_1-\bar{x}_2$）服从期望值为（$\mu_1-\mu_2$）、方差为（$\sigma_1^2/n_1+\sigma_2^2/n_2$）的正态分布，因此可以推导得到两个总体均值之差在 $1-\alpha$ 置信水平下的置信区间为：

$$(\bar{x}_1-\bar{x}_2)\pm z_{\alpha/2}\sqrt{\frac{\sigma_1^2}{n_1}+\frac{\sigma_2^2}{n_2}} \tag{4.4}$$

当两个总体的方差 σ_1^2 和 σ_2^2 未知时，可用两个样本方差 s_1^2 和 s_2^2 来代替，即

$$(\bar{x}_1-\bar{x}_2)\pm z_{\alpha/2}\sqrt{\frac{s_1^2}{n_1}+\frac{s_2^2}{n_2}} \tag{4.5}$$

对于来自正态总体的两个独立小样本（$n_1<30$，$n_2<30$），当两个总体的方差 σ_1^2 和 σ_2^2 已知时，仍然可以利用式（4.4）构造两个总体均值之差在 $1-\alpha$ 置信水平下的置信区间。

当两个总体的方差 σ_1^2 和 σ_2^2 未知但相等（即 $\sigma_1^2=\sigma_2^2$）时，则需要用两个样本的方差 s_1^2 和 s_2^2 来估计。将两个样本的数据组合在一起，以给出总体方差的合并估计量 s_p^2，用 s_p^2 代

① 该函数计算结果为 t 分布指定概率值的下侧分位数，因此，相同概率值的上侧分位数取其绝对值即可，以下同。

替σ_1^2和σ_2^2，两个样本均值之差经过标准化后得到的$t=\dfrac{(\bar{x}_1-\bar{x}_2)-(\mu_1-\mu_2)}{s_p\sqrt{1/n_1+1/n_2}}$服从自由度为（$n_1+n_2-2$）的 t 分布，这时，两个总体均值之差（$\mu_1-\mu_2$）在 $1-\alpha$ 置信水平下的置信区间为：

$$(\bar{x}_1-\bar{x}_2)\pm t_{\alpha/2}(n_1+n_2-2)\sqrt{s_p^2(\frac{1}{n_1}+\frac{1}{n_2})} \tag{4.6}$$

式中，$s_p^2=\dfrac{(n_1-1)s_1^2+(n_2-1)s_2^2}{n_1+n_2-2}$。

当两个总体的方差σ_1^2和σ_2^2未知且不相等（$\sigma_1^2\neq\sigma_2^2$）时，则需要分别使用两个样本各自的方差s_1^2和s_2^2代替总体方差σ_1^2和σ_2^2，两个样本均值之差经过标准化后得到的$t=\dfrac{(\bar{x}_1-\bar{x}_2)-(\mu_1-\mu_2)}{\sqrt{s_1^2/n_1+s_2^2/n_2}}$服从自由度为 v 的 t 分布，这时，两个总体均值之差（$\mu_1-\mu_2$）在 $1-\alpha$ 置信水平下的置信区间为：

$$(\bar{x}_1-\bar{x}_2)\pm t_{\alpha/2}(v)\sqrt{\frac{s_1^2}{n_1}+\frac{s_2^2}{n_2}} \tag{4.7}$$

式中，自由度$v=\dfrac{(s_1^2/n_1+s_2^2/n_2)^2}{\dfrac{(s_1^2/n_1)^2}{n_1-1}+\dfrac{(s_2^2/n_2)^2}{n_2-1}}$。

【例 4.3】某超市购进了一台自助结账机，为估计人工结账和自助结账完成每笔交易平均所需时间的差值，该超市随机调查了 20 笔人工结账和 20 笔自助结账交易所花时间，样本数据如表 4－3 所示。假设人工结账和自助结账互不影响，两种方式下每笔交易所需时间的总体方差σ_1^2和σ_2^2未知，试分别构造（1）$\sigma_1^2=\sigma_2^2$，（2）$\sigma_1^2\neq\sigma_2^2$情形下人工结账和自助结账完成每笔交易平均所需时间之差的 95%置信区间。

表 4－3　某超市 20 笔人工结账和 20 笔自助结账交易所花时间　　单位：秒

人工结账	40	55	70	63	58	74	35	46	68	80
	60	52	57	68	45	76	55	49	61	67
自助结账	35	46	32	51	49	54	30	44	48	58
	37	28	42	55	60	49	52	33	39	45

根据题意，需要构造人工结账和自助结账完成每笔交易平均所需时间之差即总体均值之差（$\mu_1-\mu_2$）的 95%置信区间。随机抽取了两个独立小样本，样本量$n_1=n_2=20$，$\alpha=0.05$。根据表 4－3 中的样本数据计算得到：$\bar{x}_1=58.95$，$\bar{x}_2=44.35$，$s_1^2\approx147.94$，$s_2^2\approx91.08$。

（1）假定两个总体方差未知但相等，用两个样本均值之差（$\bar{x}_1-\bar{x}_2$）作为估计量，将两个样本方差s_1^2和s_2^2合并计算得到$s_p^2\approx119.51$，使用 Excel 中的【T.INV】函数计算得到$t_{0.025}(38)\approx2.02$，一并代入式（4.6）得到人工结账和自助结账完成每笔交易平均所需时间之差的 95%置信区间约为 7.62～21.58 秒。

(2) 假定两个总体方差未知且不相等，用两个样本均值之差（$\bar{x}_1-\bar{x}_2$）作为估计量，用两个样本方差 s_1^2 和 s_2^2 分别代替总体方差 σ_1^2 和 σ_2^2，计算得到抽样分布的自由度 $v\approx 35.96$，使用 Excel 中的【T.INV】函数计算得到 $t_{0.025}(35.96)\approx 2.03$，一并代入式 (4.7) 得到人工结账和自助结账完成每笔交易平均所需时间之差的 95%置信区间约为 7.58～21.62 秒。

实践中，我们可以先对两个总体方差是否相等进行假设检验，根据检验结果选择相应的方法来构建两个总体均值之差的置信区间。相关内容将在后文予以介绍。

上面的例 4.3 使用的是两个独立样本，但有时候使用独立样本来估计两个总体均值之差可能存在着潜在的弊端。例如，临床试验中，随机选择的两组病人（一组服用药物，一组服用安慰剂），其年龄、性别、体重等可能影响药物的治疗效果，从而干扰两组数据的真正差异。为解决这一问题，提高两个总体均值的可比性，有时候会将试验对象按照某些重要特征相近的原则进行配对设计（或者直接对同一组试验对象先后进行两次不同的试验），再获取相应的样本数据，这就是配对样本。

在配对样本中，两个样本的数据是一一对应的，两个样本的样本量 $n_1=n_2=n$。用 d 表示两两配对数据的差值；$\bar{d}$ 表示各差值的样本均值；σ_d 表示两个总体配对差值的标准差，s_d 表示两个样本配对差值的标准差。

在大样本条件下，$\bar{d}$ 近似服从正态分布，且均值为 $(\mu_1-\mu_2)$，标准误差为 $\sigma_d/\sqrt{n}$，因此可以推导得到，两个总体均值之差 $(\mu_d=\mu_1-\mu_2)$ 在 $1-\alpha$ 置信水平下的置信区间为：

$$\bar{d}\pm z_{\alpha/2}\frac{\sigma_d}{\sqrt{n}} \tag{4.8}$$

当 σ_d 未知时，可用 s_d 代替。

在小样本情况下，假定两个总体的配对差值服从正态分布，当 σ_d 已知时，构造的置信区间与式 (4.8) 一致；当 σ_d 未知时，用 s_d 代替，此时，$\bar{d}$ 经过标准化后得到的 $t=\dfrac{\bar{d}-(\mu_1-\mu_2)}{s_d/\sqrt{n}}$ 服从自由度为 $n-1$ 的 t 分布。因此，两个总体均值之差 $(\mu_d=\mu_1-\mu_2)$ 在 $1-\alpha$ 置信水平下的置信区间为：

$$\bar{d}\pm t_{\alpha/2}(n-1)\frac{s_d}{\sqrt{n}} \tag{4.9}$$

【例 4.4】 由 10 名学生组成一个随机样本，让他们分别采用 A 和 B 两套试卷进行测试，测试成绩见表 4-4。假定总体上两套试卷的测试成绩之差服从正态分布，试构造两套试卷平均测试成绩之差的 95%置信区间。

表 4-4　10 名学生两套试卷的得分　　单位：分

学生编号	试卷 A	试卷 B	差值 d
1	78	71	7
2	63	44	19

续表

学生编号	试卷A	试卷B	差值 d
3	72	61	11
4	89	84	5
5	91	74	17
6	49	51	−2
7	68	55	13
8	76	60	16
9	85	77	8
10	55	39	16

根据题意，需要构造两套试卷平均测试成绩之差即总体均值之差（$\mu_d=\mu_1-\mu_2$）的95%置信区间，由于是对同一组同学先后采用两套试卷进行测试，因此，这是典型的配对样本。样本量 $n_1=n_2=n=10$，$\alpha=0.05$。根据表4-4中的样本数据计算得到 $\bar{d}=11$，$s_d\approx 6.53$，使用Excel中的【T.INV】函数计算得到 $t_{0.025}(9)\approx 2.26$，一并代入式（4.9）得到两套试卷平均测试成绩之差（$\mu_d=\mu_1-\mu_2$）的95%置信区间约为6.33～15.67分。

4.2.2 总体比例的估计

一个城市的就业管理部门想要估计失业人员中女性所占的比例，随机抽取了100个失业人员，其中65人为女性，那么该城市所有失业人员中女性比例的置信区间是多少呢？这就是个总体比例估计问题。从一般性来看，通过样本数据的调查（样本量为 n）来估计总体中具有某一类特征的个体所占的比例 π，相当于做了 n 次伯努利试验，每次试验的结果只有两种可能，要么具有该类特征（记为"成功"），要么不具有该类特征（记为"失败"）。因此，在大样本情况下①，抽取的样本数据中具有指定特征的个体所占的比例 p 近似服从正态分布，数学期望 $E(p)=\pi$，标准误差等于 $\sqrt{\pi(1-\pi)/n}$，样本比例 p 经标准化后的随机变量则服从标准正态分布。与大样本情况下总体均值的区间估计类似，由于总体比例 π 未知，用样本比例 p 代替标准误差中的 π，从而可以构建总体比例 π 在 $1-\alpha$ 置信水平下的置信区间为：

$$p \pm z_{\alpha/2}\sqrt{\frac{p(1-p)}{n}} \tag{4.10}$$

这样，在前述问题中，可估计出该城市失业人员中女性比例的95%置信区间约为55.65%～74.35%。

---

① 对于小样本情况下总体比例的区间估计，可以利用二项分布的概率函数进行精确计算，因过程相对复杂，在此不做过多探讨。确定样本量"足够大"的一个简单近似判别方法是，区间 $p\pm 3\sqrt{p(1-p)/n}$ 完全被包含在（0，1）区间内。

对于两个总体比例之差（$\pi_1-\pi_2$）的估计，通常考虑两个独立大样本的情形，此时两个样本比例之差（p_1-p_2）的抽样分布也可由正态分布来近似，均值等于总体比例之差（$\pi_1-\pi_2$），标准误差等于 $\sqrt{\pi_1(1-\pi_1)/n_1+\pi_2(1-\pi_2)/n_2}$，两个样本比例之差经标准化后则服从标准正态分布。由于两个总体比例 π_1 和 π_2 是未知的，分别用样本比例 p_1 和 p_2 代替，在 $1-\alpha$ 置信水平下，两个总体比例之差（$\pi_1-\pi_2$）的置信区间为：

$$(p_1-p_2)\pm z_{\alpha/2}\sqrt{\frac{p_1(1-p_1)}{n_1}+\frac{p_2(1-p_2)}{n_2}} \tag{4.11}$$

4.2.3　总体方差的估计

假定你是房地产开发商，需要购进一大批灯泡。除关心灯泡的平均使用寿命与合格率外，你还会关心什么？那就是使用寿命的方差，因为方差大小代表灯泡质量的稳定状况，你自然会选择一种方差小的产品。

要构造总体方差 σ^2 的置信区间，自然想到选择样本方差 s^2 作为估计量。但与均值和比例的估计不同，我们知道，在总体服从正态分布的假定下，$\frac{(n-1)s^2}{\sigma^2}$ 服从自由度为（$n-1$）的 χ^2 分布。而通常情况下 χ^2 分布是右偏分布，非对称分布，因此，无法按照点估计加减估计误差的一般形式来构造总体方差的置信区间。

依据 χ^2 分布的概率密度曲线可知：

$$P\left[\chi^2_{1-\alpha/2}\leqslant\frac{(n-1)s^2}{\sigma^2}\leqslant\chi^2_{\alpha/2}\right]=1-\alpha \tag{4.12}$$

变换得到：

$$P\left[\frac{(n-1)s^2}{\chi^2_{\alpha/2}}\leqslant\sigma^2\leqslant\frac{(n-1)s^2}{\chi^2_{1-\alpha/2}}\right]=1-\alpha \tag{4.13}$$

式中，$\chi^2_{1-\alpha/2}$ 和 $\chi^2_{\alpha/2}$ 分别为 $\chi^2(n-1)$ 分布的 $1-\alpha/2$ 上侧分位数和 $\alpha/2$ 上侧分位数。因此，$\frac{(n-1)s^2}{\chi^2_{1-\alpha/2}}$ 和 $\frac{(n-1)s^2}{\chi^2_{\alpha/2}}$ 即为总体方差 σ^2 在 $1-\alpha$ 置信水平下的置信区间上下限。

【例 4.5】 沿用例 4.2，试构造该批饼干重量方差的 95%置信区间。

根据题意，需要构造该批饼干重量方差即总体方差 σ^2 的 95%置信区间。样本量 $n=25$，$\alpha=0.05$，总体服从正态分布，基于表 4-2 中的样本数据已经计算得到 $s\approx1.85$，使用 Excel 中的【CHISQ. INV. RT】函数可计算得到 $\chi^2_{0.025}(24)\approx39.36$，$\chi^2_{0.975}(24)\approx12.4$，代入式（4.13）得到总体方差 σ^2 在 95%置信水平下的置信区间约为 2.09～6.62。

在实际中还可能遇到比较两个总体方差的问题，可以证明，当两个总体均服从正态分布时，$\frac{s_1^2}{s_2^2}\cdot\frac{\sigma_2^2}{\sigma_1^2}$ 服从 $F(n_1-1,\ n_2-1)$ 分布，因此可用 F 分布来构造两个总体方差之比 σ_1^2/σ_2^2 在 $1-\alpha$ 置信水平下的置信区间。

依据 F 分布的概率密度曲线可知：

$$P\left(F_{1-\alpha/2}\leqslant\frac{s_1^2}{s_2^2}\cdot\frac{\sigma_2^2}{\sigma_1^2}\leqslant F_{\alpha/2}\right)=1-\alpha \tag{4.14}$$

变换得到：

$$P\left(\frac{s_1^2/s_2^2}{F_{\alpha/2}} \leqslant \frac{\sigma_1^2}{\sigma_2^2} \leqslant \frac{s_1^2/s_2^2}{F_{1-\alpha/2}}\right)=1-\alpha \tag{4.15}$$

式中，$F_{1-\alpha/2}$和$F_{\alpha/2}$分别为$F(n_1-1, n_2-1)$分布的$1-\alpha/2$上侧分位数和$\alpha/2$上侧分位数。因此，$\frac{s_1^2/s_2^2}{F_{1-\alpha/2}}$和$\frac{s_1^2/s_2^2}{F_{\alpha/2}}$即为两个总体方差之比$\sigma_1^2/\sigma_2^2$在$1-\alpha$置信水平下的置信区间上下限。

4.3 检验总体假设

有时候，人们可能会事先提出一个有关总体参数的假设值，然后希望利用样本信息判断该取值是否“属实”，这就是统计推断的另一个重要理论基础——假设检验。

4.3.1 怎样提出假设

某品牌洗涤剂在它的产品标签中声称：“平均净含量不低于500克。”作为消费者，你是否认同标签中的说法？如果你认同，就不必做任何事情；如果你持怀疑态度，那你可以抽出一个样本进行检测。你的怀疑自然是标签中“平均净含量不低于500克”的说法是不属实的，也就是你想要推翻标签中的这一说法，认为“平均净含量不足500克”。如果用μ表示该种洗涤剂的平均净含量，你想要推翻的实际上就是“$\mu \geqslant 500$”，而你想要证实或支持的是“$\mu < 500$”。

这里的“$\mu \geqslant 500$”或“$\mu < 500$”都是对总体参数的某种看法，在统计上称为**假设**（hypothesis）。大多数情况下，假设就是对总体某个参数的具体取值所做的陈述[①]。显然，我们不可能检测该品牌生产的所有洗涤剂来计算其真实的平均净含量μ，而只能通过抽检获得部分产品的样本信息，进而判断上述假设哪个“属实”，这一过程就是**假设检验**（hypothesis test）。

因为无法获得总体所有的信息，想要证明某个假设是成立的，往往难以实现。即使抽取的样本数据与总体的某个假设相吻合，也必须考虑是否是由于抽样的随机性导致的，再重新抽取一个样本，结果可能就不一样了。也就是说，利用样本信息是无法绝对证明某个总体假设成立的。但是，换一种思路，如果随机地抽取一个样本，得到的结果与总体的某个假设存在一定的差异，这个差异“显著”到一定程度的时候（“不显著”的差异也可能是抽样的随机性导致的），人们可能就有充足的理由怀疑总体假设了。假设检验正是基于这样的反证法思想，首先提出两种假设，即原假设和备择假设。

在上面的例子中，“$\mu \geqslant 500$”是你想收集证据予以推翻的假设，称为**原假设**（null hy-

① 理论上，可以检验有关总体的各种假定形式，既可以针对总体参数某个取值进行假设检验，也可以检验总体是否服从指定分布，由于后者属于非参数检验的范畴，本书不做重点讨论。

pothesis）或**零假设**，用 H_0 表示；而“$\mu<500$”则是你想收集证据予以证实或支持的假设，称为**备择假设**（alternative hypothesis），用 H_1 表示。这样，上面的问题用假设检验的形式可表述为：

$$H_0: \mu \geqslant 500; \quad H_1: \mu < 500$$

显然，原假设和备择假设是相互对立的一个完备事件组，因而二者必有一个成立，而且只有一个成立。在建立假设时需要注意以下几点：

（1）在假设检验中，等号“=”总是放在原假设上。例如，原假设可以是 $H_0: \mu=\mu_0$，$H_0: \mu \geqslant \mu_0$ 或 $H_0: \mu \leqslant \mu_0$，而相应的备择假设则为 $H_1: \mu \neq \mu_0$，$H_1: \mu<\mu_0$ 或 $H_1: \mu>\mu_0$，因为假设检验都是以原假设成立即总体参数取到某一特定值 μ_0 为前提进行计算的（详见后文）。

（2）原假设与备择假设的确定实际上带有一定的主观色彩，因为研究者想支持什么或想反对什么最终取决于研究者本人的意向。所以，即使是面对同一个实际问题，由于不同的研究者有不同的研究目的，也可能提出截然相反的原假设和备择假设。例如，一家研究机构估计某城市中拥有汽车的家庭比例超过 30%。如果是研究机构检验自己的这一估计是否正确，它提出的原假设与备择假设就会是 $H_0: \pi \leqslant 30\%$；$H_1: \pi>30\%$，因为它自然想证明自己的判断是正确的。但如果是别人来检验该研究机构的估计是否正确，显然是抱有怀疑的态度（如果你不怀疑，为什么要检验呢?），因而提出的原假设和备择假设为 $H_0: \pi \geqslant 30\%$；$H_1: \pi<30\%$。

（3）在假设检验中，如果研究者只是关心总体参数是否不同于某一假定值，这样的假设检验称为**双侧检验**或**双尾检验**（two-tailed test），如 $H_0: \mu=\mu_0$；$H_1: \mu \neq \mu_0$。如果研究者关心总体参数是否大于或小于某个假定值，备择假设含有符号“>”或“<”，则称为**单侧检验**或**单尾检验**（one-tailed test）。具体地，若备择假设含有符号“<”，则为**左侧检验**（left-tailed test）；若备择假设含有符号“>”，则为**右侧检验**（right-tailed test）。

依据前面的反证法思想，除了理论探讨外，多数情况下假设检验都是以推翻原假设为目标，设立原假设的初衷就是希望利用样本信息找出总体假设与抽样事实之间的“显著”差异，从而否定原假设。如果否定不了，只能说明本次抽样的证据还不充分，但尚不能说明原假设是正确的；如果样本信息足以推翻原假设，则等同于间接承认了备择假设。因此，通过了检验就意味着有理由拒绝原假设，或者称检验结果是“显著的”，假设检验也被称为**显著性检验**（significant test）。

4.3.2　如何决策

1. 决策就有可能犯错误

作为两个对立的假设，原假设和备择假设不可能同时成立，你最终决策的结论要么拒绝原假设，要么不拒绝原假设。理想的情况是，原假设是错误的，你恰好拒绝了它；反之，原假设是正确的，你也没有推翻它。然而，由于假设检验的最终结论是基于样本信息给出的，而样本必然具有一定的随机性，这就意味着，无论你最终给出的结论是什么，都有可能犯错误。如果根据样本提供的信息你拒绝了原假设，但实际上原假设是正确的，这时就犯了**第一类错误**（type Ⅰ error）；如果根据样本提供的信息你没能拒绝原假设，但实际上原假设是不正确的，这时就犯了**第二类错误**（type Ⅱ error）。

人们自然希望犯两类错误的概率都尽可能小，但在样本量不变的情况下，降低犯第一类错误的概率就会增加犯第二类错误的概率，要使犯两类错误的概率同时减小的唯一办法是增加样本量，但样本量的增加又会受到许多因素的限制，所以人们只能在两类错误发生的概率之间进行权衡，以使它们控制在能够接受的范围内。一般来说，对于一个给定的样本，如果犯第一类错误的代价比犯第二类错误的代价相对较高，则将犯第一类错误的概率定得低些较为合理；反之，则将犯第一类错误的概率定得高些。由于在实践中，犯第一类错误的概率是可以由研究者控制的，而犯第二类错误的概率有时难以计算，因此在假设检验中，人们往往先控制犯第一类错误的概率。这样，人们事先指定的犯第一类错误概率的最大允许值就称为**显著性水平**（significant level），通常用字母 α 表示。

显然，设定的 α 越小，意味着如果要做出拒绝原假设的决策，犯第一类错误的概率就要控制得越低，也就越难拒绝原假设。实践中需要根据研究问题的背景来选择一个合适的 α，但无论怎样，α 显然都应该是一个“小概率”。由于大名鼎鼎的统计学家费希尔在他的研究过程中把“小概率”的标准确定为 0.05，所以 0.05 也就成为今天大多数教材和软件中最常参考的显著性水平。当然，你也可以选择其他一些值，包括 0.1，0.01 甚至更小的 0.005，0.001 等。值得提醒的是，α 的设定并不是越小越好，如前所述，α 太小可能导致很难拒绝原假设，犯第二类错误的概率也会相应增加。

2. 用统计量决策

与参数估计类似，针对具体要检验的总体参数，人们自然会想到根据样本数据计算相应的样本统计量的值，然后把计算结果和检验的总体参数假定值进行比较，从而做出决策。这些假设检验中用于决策的统计量就称为**检验统计量**（test statistic）。

由于抽样的随机性，根据一个具体的样本计算出来的检验统计量的值不一定与原假设中的假定值完全一致。只要在原假设成立的情况下，抽取得到这样一个样本结果是一个正常的事件（即大概率事件），检验统计量的值与假定值之间的差异就不是“显著”的，人们就没有足够的理由怀疑原假设；反之，如果在原假设成立的前提下，抽取得到这样一个样本结果是一个小概率事件，检验统计量的值与假定值之间的差异就是“显著”的，可以考虑推翻原假设。而要计算检验统计量的取值概率，就需要确定它的抽样分布。

因此，假设检验的一种思路是，先默认原假设是成立的[①]，选择合适的检验统计量，根据检验统计量的抽样分布和事先设定的显著性水平 α，找到小概率事件发生的**临界值**（critical value），基于临界值构造一个检验统计量的小概率取值区域，即**拒绝域**（rejection region）。如果根据样本数据计算出来的检验统计量的值落入了拒绝域，意味着在原假设成

① 无论是双侧检验还是单侧检验，都是以总体参数取到某一假定值为前提，确定检验统计量的抽样分布。对于单侧检验，理论上很容易证明，如果能够拒绝该假定值，对于原假设中所设定的整个取值范围就更有理由拒绝。

立的前提下，抽取得到这样一个样本结果是一个小概率事件，此时研究者有两种选择：秉承“小概率事件在一次抽样中几乎不会发生”的思想，怀疑原假设可能是不正确的，做出拒绝原假设的决策；或者继续相信原假设，认为自己“幸运地”抽中了一个真正的小概率事件，做出不拒绝原假设的决策。按照通常的理解，人们最终往往会选择前者。当然，我们已经知道，只要做出拒绝原假设的决策，就有可能犯第一类错误，只是此时犯第一类错误的概率不会超过研究者事先设定的最大允许值 α。

某些情况下（如总体均值和总体比例的检验），在原假设 H_0成立时，根据检验统计量的抽样分布可以得到标准化检验统计量：

$$\text{标准化检验统计量}=\frac{\text{估计量}-\text{总体参数的假定值}}{\text{估计量的标准误差}}$$

它反映了估计量与假定的总体参数值相比相差多少个标准差。标准化以后的检验统计量往往服从以 0 为均值的对称分布（如标准正态分布或 t 分布），然后根据指定的显著性水平 α，找到该分布的相应分位数即为临界值。显然，临界值的位置由抽样分布和显著性水平 α 确定。拒绝域即为原假设成立时，检验统计量取值概率为 α 的区间；与拒绝域相对应的，则是原假设成立时，检验统计量取值概率为 $1-\alpha$ 的区间，类似于参数估计中构造的置信水平为 $1-\alpha$ 的置信区间[①]，也称为接收域。图 4－1 给出了三种假设检验形式下的拒绝域示意图。

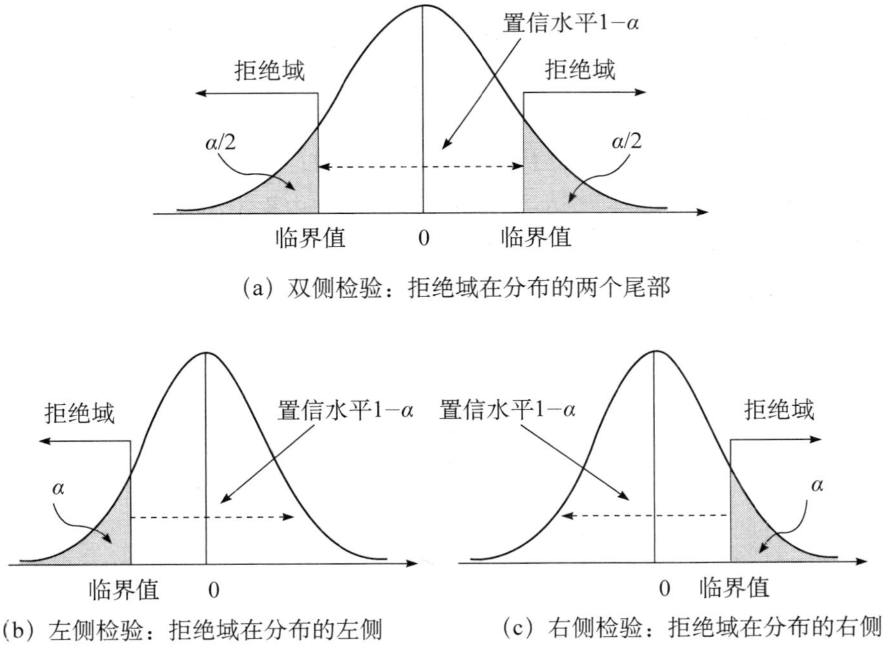

图 4－1　三种假设检验形式下的拒绝域

① 不同的是，参数估计中，总体参数是未知的，利用样本统计量的取值及其抽样分布构造总体参数的置信区间；而假设检验恰好相反，基于假定的总体参数值和检验统计量的抽样分布，构造检验统计量的置信区间。

可以很直观地看出，在双侧检验中，检验统计量的值过大或过小都不利于原假设，所以拒绝域位于抽样分布的两个尾部；左侧检验中，检验统计量的值越小越不利于原假设（越利于备择假设），所以拒绝域位于抽样分布的左侧尾部；反之，右侧检验中，拒绝域则位于抽样分布的右侧尾部。显然，拒绝域的方向与备择假设是一致的，这也再次验证了假设检验反证法的思想。

检验统计量是一个随机变量，随着样本观测结果的不同而变化，但只要已知一组特定的样本观测结果，检验统计量的值也就唯一确定了。如前所述，如果根据样本数据计算出来的检验统计量的值落入了拒绝域，就做出拒绝原假设的决策，由于此时的样本结果在原假设成立时发生的概率没有超过 α（该事件被包含在图 4－1 所示的阴影部分），因此犯第一类错误的概率也就没有超过 α。

3. 用 P 值决策

利用统计量决策时，不论检验统计量的值具体是多少，只要它落入拒绝域，就拒绝原假设 H_0，否则就不拒绝原假设 H_0。当显著性水平 α 固定时，只要基于检验统计量的值拒绝了原假设，所有检验结论的可靠性都一样（犯第一类错误的概率小于 α），但并不知道犯第一类错误的真实概率是多少，也就无法比较利用不同的统计量决策时谁更“显著”。而且，一旦调整了显著性水平 α，就要重新确定相应的临界值和拒绝域。因此，随着计算机性能的不断发展，产生了第二种决策的思路，就是直接利用样本数据计算犯第一类错误的概率。这个概率就是 P 值，也称为观测到的显著性水平。**P 值**（P-value）是在原假设成立的前提下，检验统计量的值取到实际观测值甚至比它更为极端值的概率。所谓“更为极端值”指的是更不利于原假设（也就是与备择假设方向相同的取值）。

如果 P 值$<\alpha$，拒绝 H_0；如果 P 值$>\alpha$，不拒绝 H_0。P 值很小，小于事先指定的 α，意味着抽取得到的样本结果是一个小概率事件，就有理由拒绝原假设，并且此时犯第一类错误的概率即为 P；如果 P 值大于 α，则不能拒绝原假设，因为如果此时做出拒绝原假设的决策，犯第一类错误的概率 P 超过了最大允许值。

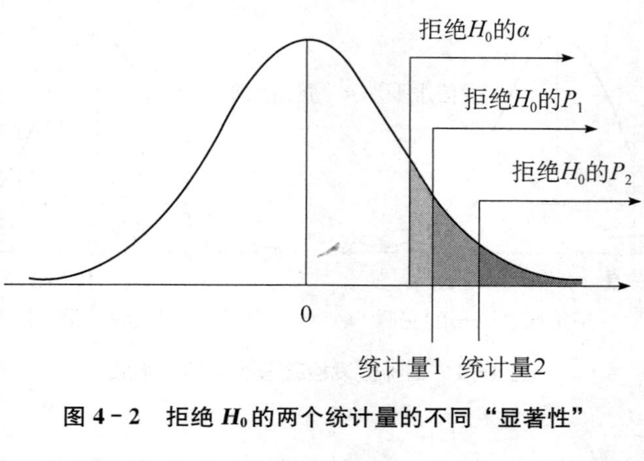

图 4－2　拒绝 H_0 的两个统计量的不同“显著性”

显然，P 值越小，拒绝原假设的理由就越充分，从图 4－2 可以看出用统计量决策和

用 P 值决策的差异。与用统计量决策不同，P 值的计算和显著性水平 α 无关，只要基于样本数据和总体参数的假定值将 P 值计算出来，就可以将它与任意能够接受的 α 进行比较，从而做出最终的判断。当然，利用 P 值和统计量决策的结论是一致的。

4. 怎样表述决策结果

（1）你不能证明原假设是什么而只能证明它不是什么。

沿用前文的例子，如果在 $\alpha=0.05$ 的显著性水平下拒绝了原假设 H_0：$\mu\geqslant 500$，你的结论就是“平均净含量不足 500 克”，犯第一类错误的概率只有 5%。这一结论是确定的，因为你在 5%这么小的概率下竟然抓到了一个平均净含量不足 500 克的一个样本，你的证据是充分的。但如果没有拒绝 H_0：$\mu\geqslant 500$，你能得出什么结论？你能说“平均净含量 $\mu\geqslant$ 500 克”吗？不能。因为你虽然不能证明 H_0 是错误的，但也不能证明它就是正确的。没能拒绝原假设，只是表示这个样本提供的证据还不足以拒绝它而已，这不等于你已经证明了 H_0 是正确的，因为换一个样本会怎么样就不知道了。

也就是说，假设检验只提供对原假设不利的证据。在假设检验中，对检验结果通常采用“拒绝 H_0”或“不拒绝 H_0”的表述方式，不能拒绝 H_0 时也不采取“接受”的表述方式，除非你能给出犯第二类错误的概率，而这在上述假设检验问题中都是无法计算的①。“不拒绝”的表述实际上意味着未给出明确的结论，原假设正确与否尚未确定。如果说“接受”原假设，则意味着已经证明了原假设是正确的，而实际上，假设检验并不提供原假设“正确”的证据。例如，原假设为 H_0：$\mu=10$，从该总体中抽出一个随机样本，得到 $\bar{x}=9.8$，在 $\alpha=0.05$ 的水平下，样本提供的证据没有拒绝这一假设，如果说“接受”原假设，这意味着样本提供的证据已经证明 $\mu=10$ 是正确的。但如果将原假设改为 H_0：$\mu=10.5$，同样地，在 $\alpha=0.05$ 的水平下，同一个样本提供的证据也没有拒绝这一假设，此时又说“接受”原假设，这样的结论显然是前后矛盾的。因此，采用“不拒绝 H_0”的表述方式更合理一些，这种表述意味着当前的样本提供的证据还不够强大，没有足够的理由拒绝 H_0。

当然，在实际检验中，针对一个具体的问题，将检验结果表述为“不拒绝原假设”，这似乎让人感到无所适从。这时，你可以对检验结果采取某种默认的态度，退一步说，此时考虑“可以接受”原假设。尽管如此，你仍然不能证明原假设就是正确的，也不等于说“确实接受”它。

（2）统计显著不等于实际显著。

在假设检验中，如果拒绝原假设，则称样本结果“在统计上是显著的”；如果不拒绝原假设，则称结果“在统计上是不显著的”。

“显著的”在这里的意义是指“非偶然的”。一项检验在统计上是“显著的”（拒绝原

---

① 犯第二类错误的概率只有当备择假设为总体参数取某一确定值时才能进行计算。而为了优先控制犯第一类错误的概率，人们往往将原假设设定为某一假定值或是包含某一假定值的区间（也就是“=”永远在原假设），因此，备择假设是一个对立的开放区间，无法取到某一确定值。

假设），意思是指这样的样本结果不是偶然得到的，或者说，不是靠那么小的概率能够得到的。相反，如果检验的结果是“不显著的”（没有充分的证据拒绝原假设），则表明这样的样本结果很可能是偶然得到的。

当然，在“显著”和“不显著”之间并没有明确的界限，只是在 P 值越小时，我们有越强的证据而已。0.049 和 0.051 这两个 P 值并没有多少实质的差别，即使你非要把这种差别找出来（0.051－0.049＝0.002），又有什么实质性意义呢？退一步说，把这么小的差别找出来干什么呢？因此，在进行决策时，我们只能说 P 值越小，拒绝原假设的证据就越强，检验的结果也就越显著。但 P 值很小而拒绝原假设时，并不一定意味着检验的结果就有实际意义。也就是说，一个在统计上显著的结论在实际中却不见得很重要。因为 P 值与样本的大小密切相关，样本量越大，P 值就越小，就越有可能拒绝原假设。欲加之罪，何患无辞？可以说，如果你在主观上想拒绝原假设，那就一定能拒绝。因为只要你无限制扩大样本量，总是能把样本统计量与假定值的任何细微差别都查出来，从而拒绝原假设，而这种差别可能没有任何实际显著性。因此，实践中，在陈述检验结果的同时，还需要报告样本量的大小作为参考，不要刻意追求统计上的显著性，也不要把统计上的显著性与实际上的显著性混同起来。数据所揭示出的“统计显著”的差异是否具有真正的实际意义，一定要结合研究问题的背景和专业知识做进一步的分析和判断。

4.3.3 总体均值的检验

1. 一个总体均值的检验

与参数估计类似，在对单个总体均值进行假设检验时，需要考虑样本是大样本（$n\geqslant 30$）还是小样本（$n<30$），还需要区分总体是否服从正态分布、总体方差是否已知等几种情况。但无论是哪种情况，通常选择的检验统计量都是样本均值 $\bar{x}$，在此基础上，以总体均值 μ 等于某一假定值 μ_0 为前提，确定 $\bar{x}$ 的抽样分布，进而计算指定显著性水平下的临界值或直接计算 P 值，最后做出决策。

在大样本情况下，样本均值 $\bar{x}$ 近似服从正态分布，且均值为 μ，标准误差为 $\sigma/\sqrt{n}$ 。设总体均值 μ 取假定值 μ_0，当总体方差 σ^2 已知时，将样本均值 $\bar{x}$ 标准化后得到的检验统计量为：

$$z=\frac{\bar{x}-\mu_0}{\sigma/\sqrt{n}} \tag{4.16}$$

当总体方差 σ^2 未知时，用样本方差 s^2 代替，得到标准化后的检验统计量为：

$$z=\frac{\bar{x}-\mu_0}{s/\sqrt{n}} \tag{4.17}$$

检验统计量（4.16）和（4.17）均近似服从标准正态分布。这样，结合指定的显著性水平 α，对于双侧检验，临界值即为标准正态分布的 $\alpha/2$ 上下侧分位数；对于左侧检验和右侧检验，临界值即分别为标准正态分布的 α 下侧分位数和 α 上侧分位数。根据样本数据计算出检验统计量的实际取值，与临界值进行比较，判断是否落入拒绝域并做出决策。当然，利用计算机可以直接计算 P 值，通过比较 P 值与 α 的大小，做出决策。

【例 4.6】 一种机床加工的零件尺寸绝对平均误差为 1.35 毫米，生产厂家现采用一种新的机床进行加工以期进一步降低误差。为检验新机床加工的零件绝对平均误差与旧机床相比是否有显著降低，生产厂家从某天生产的零件中随机抽取 50 个进行检验。50 个零件尺寸的绝对误差数据见表 4-5，试在 0.01 的显著性水平下，完成该假设检验问题。

表 4-5　50 个零件尺寸的绝对误差数据　　单位：毫米

1.26	1.19	1.31	0.97	0.99	1.45	1.81	1.01	2.03	1.24
1.13	0.96	1.06	1.00	1.98	1.97	0.94	1.22	1.06	0.91
0.98	1.10	1.12	1.03	1.11	1.54	1.16	1.10	1.64	1.08
1.12	1.12	0.95	1.02	1.70	2.37	1.13	1.60	1.26	1.38
1.23	0.74	1.50	0.50	1.17	1.12	0.59	0.82	0.86	1.23

根据题意，生产厂家关心的是新机床加工的零件尺寸的绝对平均误差与旧机床相比是否有显著降低，也就是希望证实 μ 小于 1.35，因此建立该问题的原假设和备择假设为：

$$H_0: \mu \geqslant 1.35;\ H_1: \mu < 1.35$$

样本量 $n=50$，$\mu_0=1.35$，由于是大样本，总体方差未知，构造式（4.17）所示的检验统计量。使用 Excel 中的【Z.TEST】函数①可以计算得到检验的 P 值约为 0.005，显然，P 值 $<\alpha$，拒绝 H_0，认为新机床加工的零件尺寸的绝对平均误差与旧机床相比有显著降低。

在小样本情况下，对于来自正态总体的样本，当总体方差 σ^2 已知时，构造的检验统计量与式（4.16）一致，仍然服从标准正态分布，其检验过程与前文一致；当总体方差 σ^2 未知时，需要用样本方差 s^2 代替，此时样本均值经标准化后得到的检验统计量（4.17）（通常记为 t）不再服从标准正态分布，而是服从自由度为 $n-1$ 的 t 分布，其检验的临界值即为 $t(n-1)$ 分布的相应分位数，当然也可以直接计算检验的 P 值，这一检验过程通常被称为 t 检验。

需要说明的是，由于随着样本量的不断增大，t 分布将逐渐接近标准正态分布，因此个别软件（如 SPSS）对于总体均值的假设检验均采用 t 检验方法，而不区分大样本和小样本的情形。

【例 4.7】 某新闻报道称，我国公民平均每天的手机屏幕使用时间为 3 小时。为验证该说法是否准确，一家调查机构随机调查了 20 位受访者，记录下其每天的手机屏幕使用时间数据如表 4-6 所示。试在 0.05 的显著性水平下，完成该假设检验问题。

---

① 【Z.TEST】函数默认计算的是检验统计量大于样本数据观测结果的概率，因此，如果进行的是左侧检验，相应的 P 值即为 1－【Z.TEST】的结果。

表 4-6　20 位受访者每天的手机屏幕使用时间　　单位：小时

3.2	2.8	4.0	5.3	2.5
3.5	2.6	4.1	2.3	6.2
3.0	1.9	1.2	5.0	3.8
2.4	1.4	1.5	2.9	4.2

根据题意，调查机构想要证实的是我国公民平均每天的手机屏幕使用时间是否为 3 小时，因此建立该问题的原假设和备择假设为：

$$H_0: \mu=3; \ H_1: \mu \neq 3$$

样本量 $n=20$，$\mu_0=3$，根据表 4-6 中的样本数据计算得到：$\bar{x}=3.19$，$s\approx1.34$，代入式（4.17）得到标准化后的检验统计量 $t\approx0.64$。使用 Excel 中的【T. DIST. 2T】函数计算得到双侧检验的 P 值约为 0.533，由于 P 值远大于 α，不能拒绝 H_0，即没有理由怀疑新闻报道中关于"我国公民平均每天的手机屏幕使用时间为 3 小时"的说法。

利用 SPSS 软件可以更为简便地完成单个总体均值的假设检验，输出结果如表 4-7 所示（其中的 Sig.（双侧）即为双侧检验的 P 值，默认保留三位小数，下同），显然，结论一致。

表 4-7　单个总体均值假设检验结果

单个样本检验

	检验值=3					
	t	df	Sig.（双侧）	均值差值	差分的 95% 置信区间	
					下限	上限
时间	.636	19	.533	.190 0	−.436	.816

2. 两个总体均值之差的检验

有时需要比较两个总体的差异，例如，一所学校的重点班和普通班两个班级学生的英语平均成绩是否有显著差异，生产企业在改进生产线后的平均产量与原生产线的平均产量相比是否有显著提高，等等，这些都属于两个总体均值之差（$\mu_1-\mu_2$）的检验问题。与参数估计类似，在对两个总体均值之差进行假设检验时，需要考虑样本是独立样本还是配对样本，而且需要考虑是大样本还是小样本。

（1）独立样本。

如果两个样本是从两个总体中独立随机抽取的，且均为大样本，那么，两个样本均值之差（$\bar{x}_1-\bar{x}_2$）近似服从正态分布，且均值为（$\mu_1-\mu_2$），标准误差为 $\sqrt{\sigma_1^2/n_1+\sigma_2^2/n_2}$。

当两个总体的方差 σ_1^2，σ_2^2 已知时，（$\bar{x}_1-\bar{x}_2$）经过标准化后得到的检验统计量为：

$$z=\frac{(\bar{x}_1-\bar{x}_2)-(\mu_1-\mu_2)}{\sqrt{\sigma_1^2/n_1+\sigma_2^2/n_2}} \tag{4.18}$$

当 σ_1^2，σ_2^2 未知时，可以分别用样本方差 s_1^2，s_2^2 替代，从而得到标准化后的检验统计量为：

$$z=\frac{(\bar{x}_1-\bar{x}_2)-(\mu_1-\mu_2)}{\sqrt{s_1^2/n_1+s_2^2/n_2}} \tag{4.19}$$

两种情形下的检验统计量均近似服从标准正态分布。这样，结合指定的显著性水平 α，决策的依据与大样本情形下单个总体均值的假设检验完全相同。

当两个样本为独立小样本时，需要假定两个总体都服从正态分布。如果两个总体方差 σ_1^2 和 σ_2^2 已知，同样可以构造式（4.18）的检验统计量并完成检验；如果两个总体方差 σ_1^2 和 σ_2^2 未知但相等，可以用两个样本的方差 s_1^2 和 s_2^2 给出总体方差的合并估计量 s_p^2（具体计算公式与式（4.6）完全相同），代入式（4.18）得到标准化后的检验统计量服从自由度为 (n_1+n_2-2) 的 t 分布，因而采用 t 检验；如果两个总体的方差 σ_1^2 和 σ_2^2 未知且不相等，则分别用样本方差 s_1^2 和 s_2^2 代替 σ_1^2 和 σ_2^2，构造式（4.19）的检验统计量，该统计量服从自由度为 v（具体计算公式与式（4.7）完全相同）的 t 分布，同样采用 t 检验。

【例 4.8】为比较两种方法组装产品平均所需时间是否存在显著差异，某生产商随机安排了两组工人分别采用两种不同的方法组装产品，每组 12 人，记录下每个工人组装一件产品所需的时间如表 4-8 所示。试在 0.05 的显著性水平下，检验两种方法组装产品平均所需时间是否存在显著差异。

表 4-8　两种方法组装产品所需时间　　单位：分钟

方法 1	28.3	30.1	29.0	37.6	32.1	28.8	36.0	37.2	38.5	34.4	28.0	30.0
方法 2	27.6	22.2	31.0	33.8	20.0	30.2	31.7	26.0	32.0	31.2	33.4	26.5

根据题意，建立该问题的原假设和备择假设为：

H_0：$\mu_1-\mu_2=0$；H_1：$\mu_1-\mu_2\neq 0$

两个样本的样本量 $n_1=n_2=12$，按照两个独立小样本均值检验的基本步骤，需要首先检验两个总体方差是否相等，再构造相应的 t 检验统计量。由于 SPSS 的实现过程最为简便①，在此仅给出 SPSS 的输出结果，如表 4—9 所示。

表 4-9　两个独立样本均值之差假设检验结果

独立样本检验

		莱文方差等同性检验		均值等同性 t 检验				
		F	Sig.	t	自由度	Sig.（双侧）	均值差值	标准误差值
时间	假设方差相等	.011	.917	2.156	22.000	.042	3.700 0	1.716 5
	假设方差不相等			2.156	21.803	.042	3.700 0	1.716 5

表 4-9 输出结果的前两列给出了两个总体方差的假设检验（原假设为 $\sigma_1^2=\sigma_2^2$）结

① Excel 的【统计】函数或【数据分析】工具也可以实现两个独立小样本均值之差的检验，但需要先按照后文介绍的两个总体方差之比的检验方法判断两个总体方差是否相等，再选择相应的双样本等方差 t 检验或双样本异方差 t 检验完成两个独立小样本均值之差的检验，在此不予赘述。

果，具体检验过程将在下文详细介绍，决策的规则同样以 P 值为标准，P 值≈0.917，远大于显著性水平 0.05，不能拒绝原假设，即没有理由怀疑两个总体方差相等的假设。因此，接下来的两个总体均值检验应在总体方差相等的假设前提下完成，即以第一行的均值 t 检验结果为准。两个总体均值之差检验的 P 值≈0.042，小于指定的显著性水平 0.05，拒绝原假设，即有理由相信“两种方法组装产品平均所需时间存在显著差异”。

（2）配对样本。

如前所述，独立样本提供的数据值可能因为样本个体在其他因素方面的“不同质”而对它们所提供的有关总体均值的信息产生干扰，为有效地排除样本个体之间的这些“额外”差异带来的误差，可以考虑选用配对样本。

在配对样本中，由于两个样本的数据是一一对应的，两个样本的样本量 $n_1=n_2=n$，因此用 d 表示两两配对数据的差值，$\bar{d}$ 表示各差值的均值，σ_d 表示两个总体配对差值的标准差，s_d 表示两个样本配对差值的标准差。

在大样本条件下，$\bar{d}$ 近似服从正态分布，且均值为（$\mu_1-\mu_2$），标准误差为 $\sigma_d/\sqrt{n}$，那么，$\bar{d}$ 经过标准化后得到的检验统计量为：

$$z=\frac{\bar{d}-(\mu_1-\mu_2)}{\sigma_d/\sqrt{n}} \tag{4.20}$$

当 σ_d 未知时，用 s_d 代替，$\bar{d}$ 经过标准化后得到的检验统计量为：

$$z=\frac{\bar{d}-(\mu_1-\mu_2)}{s_d/\sqrt{n}} \tag{4.21}$$

两种情形下的检验统计量均近似服从标准正态分布。这样，结合指定的显著性水平 α，决策的依据与大样本情形下单个总体均值的假设检验完全相同。

在小样本情形下，假定两个总体的配对差值服从正态分布，当 σ_d 已知时，$\bar{d}$ 经过标准化后得到的检验统计量与式（4.20）一致，其抽样分布仍为标准正态分布，决策依据不变；当 σ_d 未知时，用 s_d 代替，$\bar{d}$ 经过标准化后得到的检验统计量与式（4.21）一致，但其抽样分布为自由度为 $n-1$ 的 t 分布，因此通常记为 t 并采用 t 检验。

【例 4.9】沿用例 4.4，试在 0.01 的显著性水平下，检验两套试卷的平均测试成绩是否有显著差异。

根据题意，建立该问题的原假设和备择假设：

$$H_0：\mu_1-\mu_2=0；\ H_1：\mu_1-\mu_2\neq 0$$

由于是配对小样本，利用 Excel【数据分析】工具中的【t-检验：平均值的成对二样本分析】或 SPSS 软件均可以方便地实现该假设检验。二者结论一致，简便起见，在此仅给出 SPSS 软件的输出结果，如表 4-10 所示。

表 4-10　SPSS 两个配对样本均值之差假设检验结果

成对样本检验

		成对差分			t	df	Sig.（双侧）
		均值	标准差	均值的标准误			
对 1	试卷 A － 试卷 B	11.000	6.532	2.066	5.325	9	.000

显然，P 值≈ 0，小于指定的显著性水平 0.01，拒绝原假设，即有理由相信“两套试卷的平均测试成绩有显著差异”。

4.3.4　总体比例的检验

先考虑一个总体的情况。与单个总体均值的假设检验类似，在大样本情况下，样本比例 p 近似服从正态分布，且均值等于总体比例 π，标准误差等于 $\sqrt{\pi(1-\pi)/n}$ 。设总体比例 π 取假定值 π_0，样本比例 p 经过标准化后得到的检验统计量

$$z=\frac{p-\pi_0}{\sqrt{\pi_0(1-\pi_0)/n}} \tag{4.22}$$

近似服从标准正态分布。

这样，结合指定的显著性水平 α，决策的依据与大样本情形下单个总体均值的假设检验完全相同。

【例 4.10】某一以休闲和娱乐为主题的杂志，声称其读者群中有 80%为女性。为验证这一说法是否属实，某研究部门抽取了经常阅读该杂志的 200 人组成一个随机样本，发现有 146 人为女性。分别取显著性水平 $\alpha=0.05$ 和 $\alpha=0.01$，试检验该杂志读者群中女性的比例是否为 80%。

根据题意，建立该问题的原假设和备择假设为：

H_0：$\pi=80\%$；H_1：$\pi\neq 80\%$

样本量 $n=200$，$\pi_0=80\%$，$p=146/200=73\%$，代入式（4.22）得到标准化后的检验统计量 $z\approx -2.48$，使用 Excel 中的【NORM. S. DIST】函数计算出单侧检验的 P 值，将其乘以 2 得到双侧检验的 P 值≈ 0.013 。显著性水平为 0.05 时，P 值$<\alpha$，拒绝 H_0，样本提供的证据表明该杂志的说法并不属实；显著性水平为 0.01 时，P 值$>\alpha$，不能拒绝 H_0，样本提供的证据尚不能推翻原假设。

再考虑两个总体的比例之差。与两个总体均值之差的假设检验类似，设两个总体中具有指定特征的个体所占的比例分别为 π_1 和 π_2，在独立大样本条件下，从两个总体抽取的样本数据中具有指定特征的个体所占的比例之差（p_1-p_2）近似服从正态分布，且均值等于总体比例之差（$\pi_1-\pi_2$），标准误差等于 $\sqrt{\pi_1(1-\pi_1)/n_1+\pi_2(1-\pi_2)/n_2}$ 。

两个样本比例之差经过标准化后得到的检验统计量为：

$$z=\frac{(p_1-p_2)-(\pi_1-\pi_2)}{\sqrt{\pi_1(1-\pi_1)/n_1+\pi_2(1-\pi_2)/n_2}} \tag{4.23}$$

由于两个总体比例 π_1 和 π_2 是未知的，分别用样本比例 p_1 和 p_2 代替式（4.23）分母中的 π_1 和 $\pi_2$①，得到的标准化后的检验统计量

① 对于两个总体比例是否相等的假设检验（检验两个总体比例之差是否等于 0），可以将两个样本数据合并后计算合并的样本比例 p，用以代替式（4.23）分母中的两个总体比例 π_1 和 π_2。由于在大样本情形下，两种处理方式的计算结果差异较小，在此不做详细讨论。

$$z=\frac{(p_1-p_2)-(\pi_1-\pi_2)}{\sqrt{p_1(1-p_1)/n_1+p_2(1-p_2)/n_2}} \tag{4.24}$$

近似服从标准正态分布。

这样，结合指定的显著性水平 α，决策的依据与大样本情形下单个总体均值的假设检验完全相同。

【例 4.11】 某城市拟推行垃圾分类强制措施，对于随意投放垃圾的行为将施以罚款。为了解市民对该政策的支持程度，随机调查了 100 名女性和 100 名男性，其中，60%的女性和 56%的男性受访者明确表示赞成。试在 0.10 的显著性水平下，检验女性市民和男性市民中支持垃圾分类措施的人数所占比例是否有显著差异。

根据题意，建立该问题的原假设和备择假设为：

$$H_0：\pi_1-\pi_2=0；\ H_1：\pi_1-\pi_2\neq 0$$

样本量 $n_1=n_2=100$，样本比例 $p_1=60\%$，$p_2=56\%$，代入式（4.24）得到标准化后的检验统计量 $z\approx 0.57$。使用 Excel 中的【NORM. S. DIST】函数计算得到双侧检验的 P 值 ≈ 0.569，显然，P 值 $>\alpha$，不能拒绝原假设，即没有理由怀疑“女性市民和男性市民中支持垃圾分类措施的人数所占比例相同”的看法。

4.3.5 总体方差的检验

就一个总体而言，在总体服从正态分布的假定下，设总体方差 σ^2 取假定值 σ_0^2，基于样本方差 s^2 构造得到的检验统计量

$$\chi^2=\frac{(n-1)s^2}{\sigma_0^2} \tag{4.25}$$

服从自由度为 $n-1$ 的 χ^2 分布。

由于通常情况下 χ^2 分布是右偏分布，不是对称分布，因此，结合指定的显著性水平 α，对于双侧检验，临界值即为 $\chi^2(n-1)$ 分布的 $\alpha/2$ 上侧分位数和 $1-\alpha/2$ 上侧分位数；对于左侧检验和右侧检验，临界值即分别为 $\chi^2(n-1)$ 分布的 $1-\alpha$ 上侧分位数和 α 上侧分位数。根据样本数据计算出检验统计量的实际取值，与临界值进行比较，判断是否落入拒绝域并做出决策。当然，利用计算机也可以直接计算 P 值，通过比较 P 值与 α 的大小，做出决策。这一检验过程通常称为 χ^2 检验。

【例 4.12】 某啤酒生产企业采用自动生产线灌装啤酒，每瓶的标准装填量为 640 毫升，但由于受某些不可控因素的影响，每瓶的实际装填量会有差异。此时，不仅每瓶的平均装填量重要，装填量的方差 σ^2 同样重要。如果 σ^2 很大，会出现装填量太多或太少的情况，导致要么生产企业不划算，要么消费者不满意。假定生产标准规定每瓶装填量的方差不应超过 16。企业质检部门随机抽取了 10 瓶啤酒进行检验，得到的样本方差为 $s^2=17.5$。假定该生产线灌装的所有啤酒装填量服从正态分布，试在 0.10 的显著性水平下，检验该生产线啤酒装填量的方差是否大于 16。

根据题意，建立该问题的原假设和备择假设为：

$H_0: \sigma^2 \leqslant 16$；$H_1: \sigma^2 > 16$

样本量 $n=10$，$\sigma_0^2=16$，$s^2=17.5$，代入式（4.25）得到检验统计量 $\chi^2 \approx 9.84$。使用 Excel 中的【CHISQ. DIST. RT】函数计算得到右侧检验的 P 值 ≈ 0.363，由于 P 值 $>\alpha$，不能拒绝 H_0，样本提供的证据还不足以推翻原假设，即没有理由怀疑该生产线灌装的啤酒装填量方差不符合标准。

在比较两个总体方差时，通常是对其比值 σ_1^2 / σ_2^2 进行检验。当两个总体均服从正态分布时，构造的检验统计量

$$F = \frac{s_1^2}{s_2^2} \cdot \frac{\sigma_2^2}{\sigma_1^2} \tag{4.26}$$

服从自由度为 n_1-1 和 n_2-1 的 F 分布。

类似地，由于通常情况下 F 分布是右偏分布，不是对称分布，因此，结合指定的显著性水平 α，对于双侧检验，临界值即为 $F(n_1-1, n_2-1)$ 分布的 $\alpha/2$ 上侧分位数和 $1-\alpha/2$ 上侧分位数；对于左侧检验和右侧检验，临界值即分别为 $F(n_1-1, n_2-1)$ 分布的 $1-\alpha$ 上侧分位数和 α 上侧分位数。根据样本数据计算出检验统计量 F 的实际取值，与临界值进行比较，判断是否落入拒绝域并做出决策。当然，利用计算机也可以直接计算 P 值，通过比较 P 值与 α 的大小，做出决策。这一检验过程通常称为 F 检验。

【例 4.13】一家房地产开发公司准备购进一批灯泡，并打算在两个供货商之间进行选择。两家供货商生产的灯泡平均使用寿命差别不大，价格也很接近，考虑的主要因素就是灯泡使用寿命的方差大小。如果方差相同，就选择距离较近的一家供货商进货。为此，公司管理人员对两家供货商提供的样品进行了检测，得到的数据如表 4-11 所示。假定两家供货商生产的灯泡使用寿命均服从正态分布，试在 0.05 的显著性水平下，检验两家供货商灯泡使用寿命的方差是否有显著差异。

表 4-11　两家供货商灯泡使用寿命的数据　　单位：小时

供货商 1	650	569	622	630	596
	637	628	706	617	624
	563	580	711	480	688
	723	651	569	709	632
供货商 2	568	681	636	607	555
	496	540	539	529	562
	589	646	596	617	584

根据题意，建立该问题的原假设和备择假设为：

$H_0: \sigma_1^2 / \sigma_2^2 = 1$；$H_1: \sigma_1^2 / \sigma_2^2 \neq 1$

使用 Excel【数据分析】工具中的【F-检验 双样本方差】可以直接实现两个总体方差比值的假设检验，给出的检验结果如表 4-12 所示。

表 4－12　Excel 输出的两个总体方差之比假设检验结果

	A	B	C
1	F-检验 双样本方差分析		
2			
3		变量 1	变量 2
4	平均	629.25	583
5	方差	3675.460526	2431.428571
6	观测值	20	15
7	df	19	14
8	F	1.511646515	
9	P(F<=f) 单尾	0.217541514	
10	F 单尾临界	2.860721536	

Excel 默认输出的是单侧检验结果，因此，双侧检验的 P 值$=2\times0.217541\,514\approx0.435$，由于 P 值$>\alpha$，不能拒绝 H_0，尚没有充足的证据表明这两家供货商灯泡使用寿命的方差有显著差异①。

软件应用

1. 用 Excel 中的【统计】函数计算不同检验的概率

函数名称	语法	功能	说明
F. TEST	F. TEST(array1,array2)	计算两个总体方差之比 F 检验的双尾概率。	array1 代表第一个样本的数据区域；array2 代表第二个样本的数据区域。
T. TEST	T. TEST（array1, array2,tails,type)	计算两个总体均值之差 t 检验的相关概率。	array1 为第一个样本的数据区域；array2 为第二个样本的数据区域。tails 用于确定返回的概率形式：如果 tails=1，返回 t 分布的单尾概率；如果 tails=2，返回 t 分布的双尾概率。type 用于定义 t 检验的类型：1 代表配对样本检验；2 代表双样本等方差假设；3 代表双样本异方差假设。
Z. TEST	Z. TEST(array, x, sigma)	计算 z 检验的右尾概率值。	array 为用于检验的样本数据区域。x 为假定的总体均值取值。sigma 为已知的总体标准差，如果省略，则使用样本标准差代替。

① SPSS 软件没有单独实现两个总体方差之比的假设检验的菜单选项，而是在进行两个总体均值之差的检验过程中自动检验两个总体方差是否相等（见例 4.8）。由于 SPSS 软件中的莱文方差等同性检验构造的检验统计量与式(4.26)不同，因此其输出结果可能存在一定差异，但最终结论一致。有兴趣的读者可参阅相关文献，在此不予赘述。

2. 用 Excel【数据分析】工具进行两个总体均值之差的检验

（1）对于来自两个总体的独立大样本，当两个总体的方差已知时，可直接利用 Excel【数据分析】工具中的【z-检验：双样本平均差检验】来完成。

（2）对于来自两个正态总体的独立小样本，当两个总体的方差 σ_1^2 和 σ_2^2 未知但相等时，可利用 Excel【数据分析】工具中的【t-检验：双样本等方差假设】进行检验。

（3）对于来自两个正态总体的独立小样本，当两个总体的方差 σ_1^2 和 σ_2^2 未知且不相等时，可利用 Excel【数据分析】工具中的【t-检验：双样本异方差假设】进行检验。

（4）对于来自两个正态总体的配对样本，可利用【数据分析】工具中的【t-检验：平均值的成对二样本分析】进行检验。

3. 用 Excel【数据分析】工具进行两个总体方差之比的检验

对于两个总体方差之比的检验，可利用 Excel【数据分析】工具中的【F-检验 双样本方差】实现。需要注意的是，Excel 默认给出的是单侧检验结果。

当 $s_1^2/s_2^2<1$ 时，做的是左侧检验，即 $H_0:\sigma_1^2\geqslant\sigma_2^2$；$H_1:\sigma_1^2<\sigma_2^2$。当 $s_1^2/s_2^2>1$ 时，做的是右侧检验，即 $H_0:\sigma_1^2\leqslant\sigma_2^2$；$H_1:\sigma_1^2>\sigma_2^2$。如果需要进行显著性水平为 α 的双侧检验，使用上述工具进行 $\alpha/2$ 的单侧检验即可。

4. 用 SPSS 进行单个总体均值的假设检验

第 1 步：选择【分析】→【比较平均值】→【单样本 T 检验】。

第 2 步：在弹出的对话框中将需要检验的变量从左侧选入右侧【检验变量】框内；在【检验值】框内输入原假设中的假定值。

第 3 步：点击进入【选项】，根据置信水平设置“置信区间百分比”（默认为 95%），点击【继续】回到主对话框；单击【确定】按钮。

5. 用 SPSS 进行两个总体均值是否相等的假设检验（独立样本）

对于独立样本数据，首先将两个样本的观测值作为一个变量录入到同一列，用另一个变量（即分组变量）标识每个观测值所属的样本（例如，分别用 1 和 2 标识每个观测值所属的样本），然后按下列步骤操作：

第 1 步：选择【分析】→【比较平均值】→【独立样本 T 检验】。

第 2 步：在弹出的对话框中将需要检验的变量从左侧选入右侧【检验变量】框内；将标识观测值所属样本的另一个变量从左侧选入右侧【分组变量】框内，并点击进入【定义组】，在【组 1】和【组 2】后面分别输入标识两个样本的代码；点击【继续】回到主对话框。

第 3 步：点击进入【选项】，根据置信水平设置“置信区间百分比”（默认为 95%），点击【继续】回到主对话框；单击【确定】按钮。

6. 用 SPSS 进行两个总体均值是否相等的假设检验（配对样本）

对于配对样本数据，首先将两个样本的观测值作为两个变量一一对应地分别录入到两列，然后按下列步骤操作：

第 1 步：选择【分析】→【比较平均值】→【成对样本 T 检验】。

第2步：在弹出的对话框中将两个配对变量从左侧分别选入右侧【配对变量】下的【Variable1】和【Variable2】框内；点击进入【选项】，根据置信水平设置“置信区间百分比”（默认为95%），点击【继续】回到主对话框；单击【确定】按钮。

本章主要公式

参数估计公式表

参数	$(1-\alpha)$ 的置信区间	假定条件
μ	$\bar{x}\pm z_{\alpha/2}\dfrac{\sigma}{\sqrt{n}}$	(1) 大样本（$n\geqslant 30$） (2) σ 已知
	$\bar{x}\pm z_{\alpha/2}\dfrac{s}{\sqrt{n}}$	(1) 大样本（$n\geqslant 30$） (2) σ 未知
	$\bar{x}\pm t_{\alpha/2}\dfrac{s}{\sqrt{n}}$	(1) 小样本（$n<30$） (2) 正态总体，σ 未知
$\mu_1-\mu_2$	$(\bar{x}_1-\bar{x}_2)\pm z_{\alpha/2}\sqrt{\dfrac{\sigma_1^2}{n_1}+\dfrac{\sigma_2^2}{n_2}}$	(1) 独立大样本（$n_1\geqslant 30$，$n_2\geqslant 30$） (2) σ_1，σ_2 已知
	$(\bar{x}_1-\bar{x}_2)\pm z_{\alpha/2}\sqrt{\dfrac{s_1^2}{n_1}+\dfrac{s_2^2}{n_2}}$	(1) 独立大样本（$n_1\geqslant 30$，$n_2\geqslant 30$） (2) σ_1，σ_2 未知
	$(\bar{x}_1-\bar{x}_2)\pm t_{\alpha/2}(n_1+n_2-2)\sqrt{s_p^2\left(\dfrac{1}{n_1}+\dfrac{1}{n_2}\right)}$ 式中，$s_p^2=\dfrac{(n_1-1)s_1^2+(n_2-1)s_2^2}{n_1+n_2-2}$	(1) 独立小样本（$n_1<30$，$n_2<30$） (2) 两个正态总体，σ_1，σ_2 未知但相等
	$(\bar{x}_1-\bar{x}_2)\pm t_{\alpha/2}(v)\sqrt{\dfrac{s_1^2}{n_1}+\dfrac{s_2^2}{n_2}}$ 式中，$v=\dfrac{s_1^2/n_1+s_2^2/n_2}{\dfrac{(s_1^2/n_1)^2}{n_1-1}+\dfrac{(s_2^2/n_2)^2}{n_2-1}}$	(1) 独立小样本（$n_1<30$，$n_2<30$） (2) 两个正态总体，σ_1，σ_2 未知且不相等
	$\bar{d}\pm z_{\alpha/2}\dfrac{\sigma_d}{\sqrt{n}}$	配对大样本（$n_1\geqslant 30$，$n_2\geqslant 30$）
	$\bar{d}\pm t_{\alpha/2}(n-1)\dfrac{s_d}{\sqrt{n}}$	(1) 配对小样本（$n_1<30$，$n_2<30$） (2) 两个总体各观测值的配对差服从正态分布
π	$p\pm z_{\alpha/2}\sqrt{\dfrac{p(1-p)}{n}}$	(1) 两个二项总体 (2) 大样本
$\pi_1-\pi_2$	$(p_1-p_2)\pm z_{\alpha/2}\sqrt{\dfrac{p_1(1-p_1)}{n_1}+\dfrac{p_2(1-p_2)}{n_2}}$	(1) 两个二项总体 (2) 两个大样本
σ^2	$\dfrac{(n-1)s^2}{\chi^2_{\alpha/2}}\leqslant\sigma^2\leqslant\dfrac{(n-1)s^2}{\chi^2_{1-\alpha/2}}$	正态总体
σ_1^2/σ_2^2	$\dfrac{s_1^2/s_2^2}{F_{\alpha/2}}\leqslant\dfrac{\sigma_1^2}{\sigma_2^2}\leqslant\dfrac{s_1^2/s_2^2}{F_{1-\alpha/2}}$	两个正态总体

假设检验公式表

参数	检验统计量	假定条件
μ	$z=\dfrac{\overline{x}-\mu_0}{\sigma/\sqrt{n}}$	（1）大样本（$n\geqslant30$） （2）σ 已知
	$z=\dfrac{\overline{x}-\mu_0}{s/\sqrt{n}}$	（1）大样本（$n\geqslant30$） （2）σ 未知
	$t=\dfrac{\overline{x}-\mu_0}{s/\sqrt{n}}$	（1）小样本（$n<30$） （2）正态总体，σ 未知
$\mu_1-\mu_2$	$z=\dfrac{(\overline{x}_1-\overline{x}_2)-(\mu_1-\mu_2)}{\sqrt{\sigma_1^2/n_1+\sigma_2^2/n_2}}$	（1）独立大样本（$n_1\geqslant30$，$n_2\geqslant30$） （2）σ_1，σ_2 已知
	$z=\dfrac{(\overline{x}_1-\overline{x}_2)-(\mu_1-\mu_2)}{\sqrt{s_1^2/n_1+s_2^2/n_2}}$	（1）独立大样本（$n_1\geqslant30$，$n_2\geqslant30$） （2）σ_1，σ_2 未知
	$t=\dfrac{(\overline{x}_1-\overline{x}_2)-(\mu_1-\mu_2)}{s_p\sqrt{\dfrac{1}{n_1}+\dfrac{1}{n_2}}}$ 自由度：n_1+n_2-2	（1）独立小样本（$n_1<30$，$n_2<30$） （2）两个正态总体，σ_1，σ_2 未知但相等
	$t=\dfrac{(\overline{x}_1-\overline{x}_2)-(\mu_1-\mu_2)}{\sqrt{\dfrac{s_1^2}{n_1}+\dfrac{s_2^2}{n_2}}}$ 自由度：$v=\dfrac{s_1^2/n_1+s_2^2/n_2}{\dfrac{(s_1^2/n_1)^2}{n_1-1}+\dfrac{(s_2^2/n_2)^2}{n_2-1}}$	（1）独立小样本（$n_1<30$，$n_2<30$） （2）两个正态总体，σ_1，σ_2 未知且不相等
	$t=\dfrac{\overline{d}}{s_d/\sqrt{n}}$　自由度：$n-1$ $\overline{d}=\dfrac{\sum_{i=1}^{n}d_i}{n}$，$s_d^2=\dfrac{\sum_{i=1}^{n}(d_i-\overline{d})^2}{n-1}$	（1）配对小样本（$n_1<30$，$n_2<30$） （2）两个总体各观测值的配对差服从正态分布
π	$z=\dfrac{p-\pi_0}{\sqrt{\dfrac{\pi_0(1-\pi_0)}{n}}}$	（1）两个二项总体 （2）大样本（$n\geqslant30$）
$\pi_1-\pi_2$	检验 H_0：$\pi_1-\pi_2=0$ $z=\dfrac{p_1-p_2}{\sqrt{p(1-p)\left(\dfrac{1}{n_1}+\dfrac{1}{n_2}\right)}}$ 式中，$p=\dfrac{x_1+x_2}{n_1+n_2}$	（1）两个二项总体 （2）两个大样本（$n_1\geqslant30$，$n_2\geqslant30$）
	检验 H_0：$\pi_1-\pi_2=d_0$ $z=\dfrac{(p_1-p_2)-d_0}{\sqrt{\dfrac{p_1(1-p_1)}{n_1}+\dfrac{p_2(1-p_2)}{n_2}}}$	（1）两个二项总体 （2）两个大样本（$n_1\geqslant30$，$n_2\geqslant30$）
σ^2	$\chi^2=\dfrac{(n-1)s^2}{\sigma_0^2}$	正态总体
σ_1^2/σ_2^2	$F=\dfrac{s_1^2}{s_2^2}$	两个正态总体

习　题

4.1　简述评价估计量好坏的标准。

4.2　假设在99%的置信水平下，某城市互联网行业从业人员平均工资的置信区间为(5 500～7 000元)，如何解释置信水平99%的含义？

4.3　什么是假设？通常如何建立原假设和备择假设？

4.4　假设检验的两类错误分别是什么？如何理解二者之间的关系？

4.5　什么是显著性水平？设定显著性水平时应该考虑哪些因素？

4.6　什么是P值？利用P值进行检验和利用统计量进行检验有什么不同？

4.7　在假设检验中，为什么采取“不拒绝原假设”而不采取“接受原假设”的表述方式？

4.8　利用下面的信息，构建总体均值μ的置信区间。

(1) 总体服从正态分布，且已知$\sigma=500$，$n=15$，$\bar{x}=8\ 900$，置信水平为95%。

(2) 总体不服从正态分布，且已知$\sigma=500$，$n=35$，$\bar{x}=8\ 900$，置信水平为95%。

(3) 总体不服从正态分布，σ未知，$n=35$，$\bar{x}=8\ 900$，$s=500$，置信水平为90%。

(4) 总体不服从正态分布，σ未知，$n=35$，$\bar{x}=8\ 900$，$s=500$，置信水平为99%。

4.9　某大学为了解学生每天上网的时间，在全校7 500名学生中采取重复抽样方法随机抽取36人，调查他们每天上网的时间（单位：小时），得到下面的数据：

3.3	3.1	6.2	5.8	2.3	4.1	5.4	4.5	3.2
4.4	2.0	5.4	2.6	6.4	1.8	3.5	5.7	2.3
2.1	1.9	1.2	5.1	4.3	4.2	3.6	0.8	1.5
4.7	1.4	1.2	2.9	3.5	2.4	0.5	3.6	2.5

试构造该大学学生平均上网时间的置信区间，置信水平分别为90%、95%和99%。

4.10　一家研究机构想估计在网络公司工作的员工每周加班的平均时间，为此随机抽取了18名员工，得到他们每周加班的时间（单位：小时）数据如下：

6	21	17	20	7	0	8	16	29
3	8	12	11	9	21	25	15	16

假定网络公司员工每周加班的时间服从正态分布，试构造其平均每周加班时间的90%置信区间。

4.11　在一项家电市场调查中，随机抽取了200个家庭，调查发现拥有某一品牌电视机的家庭占23%。试构造所有家庭中拥有该品牌电视机的总体比例的置信区间，置信水平分别为90%和95%。

4.12　随机测量的 35 名全国男大学生篮球队队员的身高（单位：厘米）数据如下所示，假定所有男大学生篮球队队员的身高服从正态分布，试分别构造：（1）全国男大学生篮球队队员平均身高的 99%置信区间；（2）全国男大学生篮球队队员身高方差的 99%置信区间。

180.5	181.0	179.8	180.2	181.0	178.5	183.6
178.5	181.2	183.0	177.7	180.9	180.0	182.8
177.6	182.3	180.0	178.1	179.7	179.5	181.9
183.4	181.0	176.9	182.0	181.6	180.3	178.5
180.7	179.0	178.8	182.1	183.2	181.4	179.3

4.13　某托福英语辅导机构聘请了两位老师分别为两个班的学生进行授课，为了估计两个班的学生最终平均考试成绩的差值，该机构随机追踪了两组同学的托福成绩（单位：分），相关信息如下所示。假定参加辅导的学生被随机分配到两个班，且两个班的教学互不影响，试构造两个班辅导的所有学生最终平均考试成绩差值的 95%置信区间。

辅导班 1	辅导班 2
$n_1=40$	$n_2=35$
$\bar{x}_1=108$	$\bar{x}_2=102$
$s_1=3.8$	$s_2=5.5$

4.14　一家人才测评机构对随机抽取的 10 名小企业的经理人用两种方法进行自信心测试，得到的自信心测试分数如下：

人员编号	方法 1	方法 2
1	78	71
2	63	44
3	72	61
4	89	84
5	91	74
6	49	51
7	68	55
8	76	60
9	85	77
10	55	39

假定两种方法测试的平均分数之差服从正态分布，试构造其 95%的置信区间。

4.15　美国一个医学研究机构发现，秃头的男性中患心脏病的比例和不秃头的男性中患心脏病的比例似乎存在一定的差异。该机构在全美随机调查了1 000个秃头的男性，发现有55%的人患有心脏病；又随机调查了1 200个没有秃头的男性，发现有43%的人患有心脏病。试构造全美秃头的男性中患心脏病的比例和不秃头的男性中患心脏病的比例之差的90%置信区间。

4.16　生产工序中的方差是工序质量的一个重要度量。当方差较大时，需要对工序进行改进以减小方差。下面是随机抽查的两部机器生产的袋装茶重量（单位：克）数据：

机器1			机器2		
3.45	3.22	3.90	3.22	3.28	3.35
3.20	2.98	3.70	3.38	3.19	3.30
3.22	3.75	3.28	3.30	3.20	3.05
3.50	3.38	3.35	3.30	3.29	3.33
2.95	3.45	3.20	3.34	3.35	3.27
3.16	3.48	3.12	3.28	3.16	3.28
3.20	3.18	3.25	3.30	3.34	3.25

假定两部机器生产的袋装茶重量均服从正态分布，试构造其方差之比 σ_1^2/σ_2^2 的95%置信区间。

4.17　为监测空气质量，某城市环保部门每隔几周对空气烟尘质量进行一次随机检测。已知该城市过去每立方米空气中悬浮颗粒的平均值是82微克，在最近一段时间的检测中，每立方米空气中悬浮颗粒的数值（单位：微克）如下：

81.6	86.6	80.0	71.6
96.6	74.9	83.0	85.5
68.6	70.9	88.5	94.9
77.3	76.1	92.2	72.5
85.8	68.7	58.3	72.4
66.6	71.7	73.2	73.2
78.6	61.7	86.9	75.6
74.0	82.5	87.0	83.0

根据最近的测量数据，在显著性水平 $\alpha=0.01$ 时，能否认为该城市空气中悬浮颗粒的平均值显著低于过去的平均值?

4.18　一种金属板的标准平均重量为25千克。对某企业生产的20块金属板进行测量，得到的重量（单位：千克）数据如下：

22.6	26.6	23.1	23.5
27.0	25.3	28.6	24.5
26.2	30.4	27.4	24.9
25.8	23.2	26.9	26.1
22.2	28.1	24.2	23.6

假设金属板的重量服从正态分布，试在 $\alpha=0.05$ 的显著性水平下，检验该企业生产的金属板平均重量是否符合要求。

4.19　对消费者的一项调查表明，17%的人早餐饮料是牛奶。某城市的牛奶生产商认为，该城市的人早餐饮用牛奶的比例更高。为验证这一说法，生产商随机抽取一个 550 人的随机样本，其中 115 人早餐饮用牛奶。试在 $\alpha=0.05$ 的显著性水平下，检验该生产商的说法是否属实。

4.20　某市场研究机构随机调查一组受访者对某特定商品的购买意愿。样本中每个人都在观看该产品的电视广告之前与之后分别打分。购买意愿的分值为 0～10 分，分值越高表示购买意愿越强。该机构想要检验广告是否提高了消费者的平均购买意愿。假定消费者观看广告前后的分数差值服从正态分布，试在 $\alpha=0.05$ 的显著性水平下完成该检验。

个体	购买意愿得分	
	观看后	观看前
1	6	5
2	6	4
3	7	7
4	4	3
5	3	5
6	9	8
7	7	5
8	6	6

4.21　某企业为比较两种方法对员工进行培训的效果，采用方法 1 对 15 名员工进行培训，采用方法 2 对另外 12 名员工进行培训。培训后的测试分数如下：

方法 1			方法 2		
56	51	45	59	57	53
47	52	43	52	56	65
42	53	52	53	55	53
50	42	48	54	64	57
47	44	44			

假定两组培训互不影响，且培训后的分数均服从正态分布，试在 $\alpha=0.05$ 的显著性水平下，检验两种方法的培训效果是否有显著差异。

4.22　某电子商务平台销售的一款零食标准重量是250克，网站注明每包零食重量的标准差不超过2克。质检部门随机抽取了20包该网站销售的零食，测量得到实际重量（单位：小时）数据如下所示。假定该网站销售的所有这款零食的重量服从正态分布，试在0.05的显著性水平下，检验其重量的方差是否没有超过4。

250.5	245.0	252.5	247.6	250.0
248.0	250.5	246.9	248.0	247.5
245.6	251.7	250.0	245.1	246.0
244.9	247.5	246.8	253.0	245.2

4.23　现分别随机抽检了两家节能灯泡生产厂商生产的20个灯泡，测试得到每个灯泡的使用寿命（单位：小时）数据如下所示。假定两家厂商生产的节能灯泡使用寿命均服从正态分布，试在0.05的显著性水平下，检验其使用寿命的方差是否存在显著差异。

厂商1		厂商2	
3 059	3 087	2 802	3 135
3 211	2 897	3 002	3 211
3 135	3 135	3 040	3 277
3 173	3192	3 027	3 306
3 173	3 106	3 040	3 152
3 182	3 116	3 059	3 205
3 116	3 135	3 325	3 097
3 030	3 116	3 059	3 192
3 125	3 135	2 964	3 173
3 182	3 040	3 163	3 040

第 5 章 类别变量分析

数据固然重要，选择正确的分析方法更重要。

不同性别的顾客对产品的偏好是否不同？一家超市各个月的销售额是否一样？消费者购买的家电品牌与他们所在的地区是否有关系？在分析实际问题时，常常遇到这种类别变量。人们既可以对单个类别变量的分布进行分析，也可以对两个类别变量的关系进行分析。二者都是基于各类别的观测频数利用χ^2分布进行推断，因此也称为χ^2检验，内容包括**拟合优度检验**（goodness of fit test）和**独立性检验**（test of independence）等。

5.1 类别变量的观测频数与期望频数是否一致

当只研究一个类别变量时，可利用χ^2检验来判断该变量各类别的观测频数与某一期望（理论）频数是否一致。例如，各月份的产品销售量是否符合均匀分布，不同地区的离婚率是否有显著差异，等等，这就是χ^2拟合优度检验。该检验是利用χ^2统计量来判断某个类别变量的观测频数与某一理论频数或期望频数是否一致，也可用于判断各类别的观测频数是否符合某一理论分布，如泊松分布、正态分布等。

5.1.1 期望频数相等

某些情况下，我们需要检验的只是类别变量不同取值（不同类别）出现的频数是否存在显著差异。

【例5.1】为研究消费者对不同品牌的牛奶是否有明显偏好，一家咨询公司随机调查了500个消费者，并记录下他们选择4种不同品牌牛奶的人数，得到的结果如表5-1所示。

表5-1　500个消费者对不同品牌牛奶的偏好数据

选择的品牌	人数
A	150
B	180
C	90
D	80
合计	500

表5-1中的牛奶品牌就是类别变量，共有4个类别（取值），选择每个类别的人数称为**观测频数**（observed frequency），即样本数据中类别变量各取值出现的实际频数。如果消费者对各品牌没有明显偏好，则各观测频数应该是相等或近似相等的，也就是选择不同品牌牛奶的消费者人数都是125人（500/4），这就是各类别的**期望频数**（expected frequency）。如果研究者想分析消费者对不同品牌牛奶的偏好是否存在显著差异，实际上也就是检验观测频数与期望频数是否一致，因此，拟合优度检验也称为**一致性检验**（test of homogeneity），该检验所使用的是χ^2分布。英国统计学家卡尔·皮尔逊于1900年就提出了χ^2检验，因此，拟合优度检验所使用的统计量也称为Pearson χ^2，其计算公式为：

$$\chi^2 = \sum \frac{(f_o - f_e)^2}{f_e} \tag{5.1}$$

式中，f_o为观测频数；f_e为期望频数。该统计量服从自由度为$k-1$的χ^2分布，k为类别个数。如果统计量χ^2等于0，表明观测频数与期望频数完全一致；如果显著不等于0，则表明观测频数与期望频数之间存在显著差异，χ^2值越大差异就越显著。

那么，如何来检验消费者对牛奶品牌的偏好是否有显著差异呢？具体步骤如下：

第1步：提出假设。根据题意，建立该问题的原假设和备择假设为：

H_0：观测频数与期望频数无显著差异（无明显偏好）

H_1：观测频数与期望频数有显著差异（有明显偏好）

第2步：计算检验统计量χ^2。如果消费者对牛奶品牌的偏好无显著差异，意味着各期望频数相等，即不同品牌的期望频数均为125。统计量χ^2的计算过程如表5-2所示。

表5-2　例5.1的χ^2统计量计算过程

品牌	观测频数 f_o	期望频数 f_e	$(f_o - f_e)^2/f_e$
A	150	125	5.0
B	180	125	24.2
C	90	125	9.8
D	80	125	16.2
合计	500	500	55.2

第 3 步：做出决策。设显著性水平 $\alpha=0.05$，自由度为 $4-1=3$，使用 Excel 中的【CHISQ. DIST. RT】函数计算得到检验的 P 值（右尾概率）为 6.22366E-12，由于 P 值接近于 0，远小于 α，拒绝原假设，表明消费者对牛奶品牌的偏好有显著差异。

使用 SPSS 软件可以直接实现上述检验过程，结果如表 5－3 和表 5－4 所示。

表 5－3　例 5.1 的拟合优度检验结果（一）

品牌	观测数	期望数	残差
A	80	125.0	−45.0
B	90	125.0	−35.0
C	150	125.0	25.0
D	180	125.0	55.0
总数	500		

表 5－4　例 5.1 的拟合优度检验结果（二）

检验统计量

	人数
卡方	55.200[a]
df	3
渐近显著性	.000

a. 0 个单元（.0%）具有小于 5 的期望频率。单元最小期望频率为 125.0。

表 5－3 给出了从小到大排序的各品牌的观测频数、相应的期望频数以及观测频数与期望频数的差值。表 5－4 给出了 χ^2 统计量的值、自由度（df）和渐近显著性水平。显然，与前面的结果一致。

5.1.2　期望频数不等

在例 5.1 中，各类别的期望频数是相等的。当各类别的期望频数不等时，也可以进行拟合优度检验，这就需要先计算出各类别的期望频数。

【例 5.2】一项针对全国住房价格的调查表明，城镇居民对房价表示非常不满意的占 15%，不满意的占 45%，一般的占 25%，满意的占 9%，非常满意的占 6%。为研究一线大城市的居民对住房价格的满意程度，一家研究机构在某城市抽样调查 300 人，记录下每一位受访者对目前住房价格的满意程度，调查结果的频数分布如表 5－5 所示。试在 0.05 的显著性水平下，检验该城市居民对住房价格满意度评价的频数分布与全国的调查结果是否一致。

表 5-5　某城市居民对住房价格满意度评价的频数分布

回答类别	人数
非常不满意	36
不满意	126
一般	81
满意	30
非常满意	27
合计	300

第1步：提出假设。根据题意，建立该问题的原假设和备择假设为：

H_0：该城市居民对房屋价格的评价频数分布与全国的评价频数分布没有显著差异

H_1：该城市居民对房屋价格的评价频数分布与全国的评价频数分布有显著差异

第2步：计算期望频数和检验统计量。

全国的调查比例（期望比例）是已知的，如果该城市居民的满意度评价与全国一样的话，那么，在所调查的300人中，给出不同满意度评价的观测频数（人数）所占的比例与全国的期望比例应该一致。因此，用期望比例乘以总的观测频数（样本量）即为不同满意度评价结果的期望频数。计算过程如表5-6所示。

表 5-6　某城市居民对住房价格满意度评价的期望频数

回答类别	观测频数	期望比例（%）	期望频数＝期望比例×样本量
非常不满意	36	15	0.15×300＝45
不满意	126	45	0.45×300＝135
一般	81	25	0.25×300＝75
满意	30	9	0.09×300＝27
非常满意	27	6	0.06×300＝18
合计	300	100	300

接下来就可以计算检验的χ^2统计量了，结果如表5-7所示。

表 5-7　某城市居民对住房价格满意度评价的检验统计量

回答类别	观测频数 f_o	期望频数 f_e	$(f_o-f_e)^2/f_e$
非常不满意	36	45	1.800
不满意	126	135	0.600
一般	81	75	0.480
满意	30	27	0.333
非常满意	27	18	4.500
合计	300	300	7.713

第 3 步：做出决策。自由度为 5－1＝4，使用 Excel 中的【CHISQ. DIST. RT】函数计算得到检验的 P 值（右尾概率）约为 0.103，由于 P 值大于 0.05，不能拒绝原假设，即没有证据表明该城市居民对住房价格满意度的评价与全国有显著差异。

同样地，可使用 SPSS 软件直接实现上述检验过程，结果如表 5－8 和表 5－9 所示。

表 5－8　例 5.2 的拟合优度检验结果（一）

回答类别	观测数	期望数	残差
非常满意	27	18.0	9.0
满意	30	27.0	3.0
非常不满意	36	45.0	－9.0
一般	81	75.0	6.0
不满意	126	135.0	－9.0
总数	300		

表 5－9　例 5.2 的拟合优度检验结果（二）

检验统计量

	人数
卡方	7.713[a]
df	4
渐近显著性	.103

a. 0 个单元（.0%）具有小于 5 的期望频率。单元最小期望频率为 18.0。

5.2　两个类别变量是否独立

有的时候，需要对两个类别变量的关系进行分析，主要是判断两个变量是否独立，这就是χ^2独立性检验。

5.2.1　列联表与 χ^2独立性检验

如果研究的是两个类别变量，每个变量有多个类别，通常将两个变量多个类别的频数分布用列联表的形式表示出来。其中一个变量放在行的位置，称为行变量，其类别数（行数）用 r 表示；另一个变量放在列的位置，称为列变量，其类别数（列数）用 c 表示。一个由 r 行和 c 列组成的列联表也称为 $r\times c$ 列联表。最简单的 $r\times c$ 列联表是 2×2 列联表。

对列联表中的两个类别变量进行分析，通常是判断两个变量是否独立。该检验的原假设是：两个变量独立（无关），如果原假设被拒绝，则表明两个变量不独立，或者说两个变量相关。独立性检验的χ^2统计量为：

$$\chi^2=\sum\sum\frac{(f_o-f_e)^2}{f_e} \tag{5.2}$$

式中，f_o为观测频数；f_e为期望频数。该统计量服从自由度为（r—1）（c—1）的χ^2分布。

下面通过一个例子来说明χ^2独立性检验的具体计算过程。

【例5.3】读完四年大学，一次课也没有逃过，这样的学生恐怕不多。在对某大学150名学生的调查中，得到的男女学生逃课情况的汇总结果如表5-10所示。在0.05的显著性水平下，能否认为性别与是否逃课独立？

表5-10　某大学不同性别的学生逃课情况汇总表

是否逃课	男	女	合计
逃过课	34	38	72
未逃过课	28	50	78
合计	62	88	150

第1步：提出假设。根据题意，建立该问题的原假设和备择假设为：

H_0：性别与是否逃课独立

H_1：性别与是否逃课不独立

第2步：计算期望频数和检验统计量。

要计算出检验统计量，关键是计算出期望频数。如果两个变量独立，两个变量各类别交叉项的取值概率可根据独立事件的概率乘法公式求得。

设给定单元格所在行的合计频数为RT，给定单元格所在列的合计频数为CT，总观测频数即样本量为n。任意给定单元格（比如第i行第j列的单元格r_ic_j）的取值概率为：

$$P(r_ic_j)=P(r_i)\times P(c_j)=\left(\frac{RT}{n}\right)\times\left(\frac{CT}{n}\right) \tag{5.3}$$

用式（5.3）乘以总观测频数，则可以得到任意单元格的期望频数为：

$$f_e=\left(\frac{RT}{n}\right)\times\left(\frac{CT}{n}\right)\times n \tag{5.4}$$

按上述步骤计算的各单元格的期望频数如表5-11所示。

表5-11　某大学不同性别的学生逃课情况的期望频数计算表

是否逃课	男	女	合计
逃过课	34 (29.76)	38 (42.24)	72
未逃过课	28 (32.24)	50 (45.76)	78
合计	62	88	150

表5-11中用括号给出的是期望频数。

根据式（5.2），可以进一步计算得到χ^2统计量：

$$\chi^2=\frac{(34-29.76)^2}{29.76}+\frac{(38-42.24)^2}{42.24}+\frac{(28-32.24)^2}{32.24}+\frac{(50-45.76)^2}{45.76}$$
$$\approx 1.98$$

第 3 步：做出决策。自由度为（2－1）（2－1）＝1，使用 Excel 中的【CHISQ. DIST. RT】函数计算得到检验的 P 值（右尾概率）约为 0.159，由于 P 值大于 0.05，不能拒绝原假设，即没有理由认为性别与是否逃课相关。

由 SPSS 输出的检验结果如表 5－12 和表 5－13 所示。

表 5－12　性别与是否逃课的 χ^2 独立性检验结果（一）

是否逃课与性别交叉制表

			性别		合计
			男	女	
是否逃课	逃过课	计数	34	38	72
		期望的计数	29.8	42.2	72.0
	未逃过课	计数	28	50	78
		期望的计数	32.2	45.8	78.0
合计	计数	62	88	150	
	期望的计数	62.0	88.0	150.0	

表 5－13　性别与是否逃课的 χ^2 独立性检验结果（二）

卡方检验

	值	df	渐近 Sig.（双侧）	精确 Sig.（双侧）	精确 Sig.（单侧）
Pearson 卡方	1.980[a]	1	.159		
连续校正[b]	1.541	1	.215		
似然比	1.983	1	.159		
Fisher 的精确检验				.186	.107
有效案例中的 N	150				

a. 0 个单元格（.0%）的期望计数少于 5。最小期望计数为 29.76。
b. 仅对 2×2 表计算。

表 5－13 中给出了多种检验方法的统计量值与 P 值，其中，Pearson 卡方统计量及近似概率与手工计算结果一致。

5.2.2　应用 χ^2 检验的注意事项

在应用 χ^2 检验时，要求样本量足够大，特别是每个单元格的期望频数不能太小，否则可能会得出错误的结论。从 χ^2 统计量的公式可以看出，期望频数 f_e 在公式的分母上，如果某个单元格的期望频数过小，χ^2 统计量的值就会变大，从而导致拒绝原假设。因此，应用 χ^2 检验时对单元格的期望频数有以下要求：

第一，如果仅有两个单元格，单元格的最小期望频数不应小于5，否则不能进行χ^2检验。

第二，单元格在两个以上时，期望频数小于5的单元格不能超过单元格总数的20%，否则不能进行χ^2检验。如果出现期望频数小于5的单元格超过20%的情况，可以采取合并类别的办法来解决这一问题。

在上面的各例子中，每个单元格的期望频数均大于5。因此，可以进行χ^2检验。

SPSS输出的结果中会在表格下方标注期望频数的情况。例如，在表5-13的输出结果中，标注了期望频数小于5的单元格数为0，单元格中的最小期望频数为29.76。

5.3 度量两个类别变量的关系强度

如果χ^2独立性检验拒绝了原假设，则表明两个变量不独立，这意味着它们之间存在一定的相关性。这时，可以进一步测度它们之间的关联程度，常用的统计量主要有φ系数（φ coefficient）、Cramer's V系数（Cramer's V coefficient）、列联系数（contingency coefficient）等。

5.3.1 ϕ系数和Cramer's V系数

φ系数主要用于2×2列联表的相关性测量。计算公式为：

$$\varphi=\sqrt{\frac{\chi^2}{n}} \tag{5.5}$$

式中，χ^2是按式（5.2）计算出的统计量值；n为列联表的总频数，即样本量。

对于2×2列联表，φ系数的取值范围在0～1之间。φ越接近1，表明两个变量之间的关系越强，越接近0，表明关系越弱。但是，当列联表的行数或列数大于2时，φ系数会随着行数或列数的增加而变大，而且没有上限。这时，φ系数的含义不容易解释。

例如，根据例5.3的计算结果，得到性别与是否逃课两个变量之间的φ系数为：

$$\varphi=\sqrt{\chi^2/n}=\sqrt{1.98/150}\approx 0.115$$

由于φ很小，表明性别与是否逃课不存在显著的相关关系，这与例5.3中χ^2独立性检验的结论是一致的。

Cramer's V系数是由克拉默（Cramer）提出来的。计算公式为：

$$V=\sqrt{\frac{\chi^2}{n\times\min[(r-1),(c-1)]}} \tag{5.6}$$

式中，χ^2是按式（5.2）计算出的统计量值；n为列联表的总频数，即样本量；r为行数，c为列数，min[（$r-1$），（$c-1$）]表示（$r-1$）和（$c-1$）中较小的一个。

Cramer's V系数的取值范围总是在0～1之间。当两个变量独立时，$V=0$；当两个变量完全相关时，$V=1$。如果列联表的行数或列数中有一个为2，Cramer's V系数就等于φ

系数。例如，根据例 5.3 的计算结果，得到性别与是否逃课两个变量之间的 Cramer's V 系数为 $V=\sqrt{1.98/[150\times(2-1)]}\approx 0.115$，与 φ 系数一致。

5.3.2　列联系数

列联系数主要用于维数大于 2×2 列联表的相关性测量，用 C 表示。计算公式为：

$$C=\sqrt{\frac{\chi^2}{\chi^2+n}} \tag{5.7}$$

从式（5.7）可以看出，列联系数不可能大于 1。当两个变量独立时，$C=0$，但即使两个变量完全相关，列联系数也不可能等于 1。根据例 5.3 的计算结果，得到性别与是否逃课两个变量之间的列联系数 $C=\sqrt{1.98/(1.98+150)}\approx 0.114$。

上述 3 个相关性测度的系数均可以由 SPSS 软件直接输出。沿用例 5.3 中的数据计算的性别与是否逃课之间的 3 个系数如表 5－14 所示。

表 5－14　性别与是否逃课的相关性测度

对称度量

		值	近似值 Sig.
按标量标定	φ	.115	.159
	Cramer 的 V	.115	.159
	相依系数	.114	.159
有效案例中的 N		150	

SPSS 输出的相依系数即为按式（5.7）计算的列联系数。可以看到，性别与是否逃课相关性测度的 3 个系数与前面的计算结果一致，对应的检验结果均不显著，表明没有理由认为性别与是否逃课存在相关性。

软件应用

1. 用 SPSS 进行 χ^2 拟合优度检验（期望频数相等）

第 1 步：选择【数据】→【加权个案】，在弹出的主对话框中点击右侧的【加权个案】，将观测频数对应的变量选入【频率变量】，点击【确定】。

第 2 步：选择【分析】→【非参数检验】→【旧对话框】→【卡方】，在弹出的主对话框中将第 1 步定义好的“频率变量”选入右上方的【检验变量列表】，点击【确定】。

2. 用 SPSS 进行 χ^2 拟合优度检验（期望频数不相等）

首先，要对各类别的观测频数从小到大排序，然后按下列步骤操作。

第 1 步：选择【数据】→【加权个案】，在弹出的主对话框中点击右侧的【加权个案】，将观测频数对应的变量选入【频率变量】，点击【确定】。

第 2 步：选择【分析】→【非参数检验】→【旧对话框】→【卡方】，在弹出的主对话框中将第 1 步定义好的“频率变量”选入右上方的【检验变量列表】，在右下方的【期望值】中点击【值】，并将相应的期望比例（与之前升序排列后的各类别对应）依次输入到【值】旁边的框内，并点击【添加】（每次只能输入 1 个值，添加成功后再输入下一个，依此类推），点击【确定】。

3. 用 SPSS 进行 χ^2 独立性检验

第 1 步：选择【数据】→【加权个案】，在弹出的主对话框中点击右侧的【加权个案】，将观测频数对应的变量选入【频率变量】，点击【确定】。

第 2 步：选择【分析】→【描述统计】→【交叉表】，进入主对话框。

第 3 步：将行变量选入【行】，将列变量选入【列】（行和列可以互换）。

第 4 步：点击【统计量】按钮，在弹出的对话框中选中【卡方】，点击【继续】返回主对话框。

第 5 步：点击【单元格】按钮，在弹出的对话框中选中【计数】下的【期望值】，点击【继续】返回主对话框，点击【确定】。

（注：在使用 SPSS 进行 χ^2 独立性检验时，可以通过点击【统计量】按钮，并在弹出的对话框中选择【名义】下的【相依系数】和【Phi 和 Cramer 变量】，得到相关性测度的 3 个系数。）

本章主要公式

名称	公式
χ^2 统计量	$\chi^2=\sum\frac{(f_o-f_e)^2}{f_e}$
独立性检验的统计量	$\chi^2=\sum\sum\frac{(f_o-f_e)^2}{f_e}$
φ 系数	$\varphi=\sqrt{\frac{\chi^2}{n}}$
Cramer's V 系数	$V=\sqrt{\frac{\chi^2}{n\times\min[(r-1),(c-1)]}}$
列联系数	$C=\sqrt{\frac{\chi^2}{\chi^2+n}}$

习　题

5.1　说明 χ^2 拟合优度检验和独立性检验的用途。

5.2　举出几个可以用列联表表示的类别变量的例子。

5.3　测度两个类别变量相关性的统计量有哪些？它们有什么不同？

5.4　一家食品生产企业想了解过去一年中的销售量是否符合均匀分布，以便更好地安排生产。企业的市场销售部门调查了某地区过去一年中每个月的销售量（单位：箱），得到如下数据：

月份	销售量
1 月	1 660
2 月	1 600
3 月	1 560
4 月	1 490
5 月	1 380
6 月	1 620
7 月	1 580
8 月	1 680
9 月	1 550
10 月	1 370
11 月	1 410
12 月	1 610

试在 0.05 的显著性水平下，检验各月份的销售量是否符合均匀分布（各月份的销售量是否大体相等）。

5.5　一家电视台为了解观众对某档娱乐节目的喜欢程度，对不同年龄段的男女观众进行了调查，得到喜欢该档娱乐节目的观众比例（%）如下：

年龄段	男性	女性
20 岁以下	6	8
20～30 岁	25	32
30～40 岁	16	15
40～50 岁	12	12
50 岁以上	5	6

能否认为男性观众喜欢该档娱乐节目的比例和女性一致（$\alpha=0.05$）?

5.6　为研究上市公司对其股价波动的关注态度，一家研究机构对在主板、中小板和创业板上市的 190 家公司进行了调查，记录下持有不同关注态度的公司数量如下所示：

上市公司的类型	关注	不关注
主板企业	50	70
中小板企业	30	15
创业板企业	20	5

试在 0.05 的显著性水平下，检验上市公司的类型与对股价波动的关注态度是否有关。

5.7　为分析不同地区的消费者与所购买的汽车价格是否有关，一家汽车生产企业的销售部门对东部地区、中部地区和西部地区的400个消费者做了抽样调查，记录下购买不同价格汽车的消费者人数如下所示：

汽车价格	东部地区	中部地区	西部地区
10万元以下	20	40	40
10万～20万元	50	60	50
20万～30万元	30	20	20
30万元以上	40	20	10

试在0.05的显著性水平下，检验消费者所在地区与其购买的汽车价格是否有关。

5.8　计算习题5.6中上市公司的类型与对股价波动的关注态度两个变量之间的φ系数、Cramer's V系数和列联系数，并分析其相关程度。

5.9　计算习题5.7中消费者所在地区与其购买的汽车价格两个变量之间的φ系数、Cramer's V系数和列联系数，并分析其相关程度。

第 6 章 类别变量对数值变量的影响

警惕过多的检验。你对数据越苛求，数据会越多地向你供认，但在威逼下得到的供词，在科学询查的法庭上是不容许的。

——斯蒂芬·施蒂格勒（Stephen M. Stigler）

来自不同地区的大学生每个月的平均生活费支出是否不同？不同促销方式下电子商务平台的销售额是否存在差异？不同行车路线耗费的时间是否相同？不同城市的犯罪率是否存在差异？这些问题实质上都是在探讨类别变量与数值变量之间的关系。而要解决这些问题，需要引进一种称为方差分析[①]的统计方法。

6.1 方差分析解决什么问题

6.1.1 比较均值是否相等

通常情况下，人们尝试通过比较不同类别所对应的数值变量的总体均值是否相等来判断该类别变量对数值变量是否存在显著影响。相应地，**方差分析**（analysis of variance，ANOVA）被解释为检验多个总体均值是否相等的统计方法，这种理解侧重于方差分析的

① 方差分析是在 20 世纪 20 年代发展起来的一种统计方法，它的基本原理是由英国统计学家罗纳德·A. 费希尔（Ronald A. Fisher）在进行试验设计时为解释试验数据而首先引入的。目前该方法广泛应用于分析心理学、生物学、工程和医药的试验数据。

过程和形式。在本质上，方差分析研究的就是类别变量对数值变量的影响。为更好地理解方差分析所要解决的问题，我们先看一个例子。

【例6.1】 一家超市连锁店进行一项研究，希望确定超市所在的位置和竞争者的数量对其销售额是否有显著影响，获得的不同位置和不同竞争者数量情况下超市年销售额数据如表6-1所示。

表6-1　超市位置、竞争者数量和销售额数据　　单位：万元

		竞争者数量			
		0个	1个	2个	3个及以上
超市位置	商业区	410	380	590	470
		300	310	480	400
		450	390	510	390
	居民小区	250	290	440	430
		310	350	480	420
		220	300	500	530
	写字楼	180	220	290	240
		290	170	280	270
		330	250	260	320

如果你是一名研究人员，会从哪几个方面进行分析呢？你可以考虑单独分析超市位置对销售额的影响、竞争者数量对销售额的影响，或者分析超市位置和竞争者数量搭配在一起对销售额的影响。

这里的"超市位置""竞争者数量"① 就是类别变量，"销售额"则是数值变量。以超市位置为例，如果只考虑超市位置对销售额是否有显著影响，实际上也就是要判断不同位置超市的销售额均值是否相等。若它们的均值都相等，就意味着超市位置对销售额没有显著影响；若均值不全相等，则意味着超市位置对销售额有显著影响。在试验中，常常把可能影响数值变量的类别变量称为**因子**或**因素**（factor），该例中的"超市位置"和"竞争者数量"就是两个不同的因子。因子对数值变量的影响也称为**效应**（effect）。因子的不同取值（类别）称为**水平**（level）或**处理**（treatment），例如，"超市位置"有3个水平，分别为商业区、居民小区、写字楼；"竞争者数量"则有4个水平，分别为0个、1个、2个、3个及以上。在每个因子水平下得到的销售额即为样本观测值。

6.1.2　从误差分析入手

如前所述，我们是通过比较不同类别所对应的数值变量的总体均值是否相等来判断类别变量对数值变量是否存在显著影响的。而要实现这一过程，则需要借助于方差，也就是通过对数据误差来源的分析来判断不同总体均值是否相等，所以该方法取名为方差分析。

① "竞争者数量"可以记录为数值变量，但本例中仅考虑表6-1中所列的四类情况，因此此处为类别变量。

1. 误差分解

下面以“超市位置”一个因子（不考虑竞争者数量）为例，结合表 6 - 1 中的数据，说明数据之间的误差来源及分解过程。

首先，注意到处在相同位置的超市，它们的销售额是不同的。例如，在商业区中所抽取的 12 家超市的销售额就不一样。由于超市是随机抽取的，因此它们之间的差异可以看成是由随机因素的影响造成的，或者说是由于抽样的随机性所造成的随机误差。这种来自同一因子水平下样本内部的数据误差称为**组内误差**（within-group error），显然，组内误差只包含随机误差，因此也称为**随机误差**（random error）或**残差**（error）。

其次，处在不同位置的超市之间的销售额也是不同的。这种来自不同因子水平下样本之间的数据误差称为**组间误差**（between-group error）。组间误差可能是由于抽样本身形成的随机误差，也可能是由于超市位置所造成的系统误差。因此，组间误差是随机误差和系统误差的总和，也称为**处理误差**（treatment error）。

在统计中，数据的误差通常是用平方和来表示的。反映全部数据误差大小的平方和称为**总平方和**（sum of squares for total），记为 SST，通常用每个样本数据（不区分因子水平）减去总的样本均值的差值求平方后再加总。例如，表 6 - 1 中所有 36 家超市销售额之间的误差平方和就是总平方和，它反映了全部观测值的离散程度，即所有观测数据的**总误差**（total error）大小。反映组内误差大小的平方和称为**组内平方和**（within-group sum of squares），将相同因子水平下的每个数据减去该因子水平下所有数据的样本均值，差值求平方后再加总，也称为**残差平方和**（sum of squares for error），记为 $SS_{残差}$，它反映了同一因子水平下样本数据之间的离散程度。反映组间误差大小的平方和称为**组间平方和**（between-group sum of squares），先计算每个因子水平下的样本均值，将这些均值与所有观测数据的总的样本均值的差值求平方后再加总，它反映了不同因子水平下样本均值之间的差异程度，也称为**因子平方和**（sum of squares for factor），记为 $SS_{因子}$。容易证明，全部数据的总平方和等于因子平方和加上残差平方和，即 $SST=SS_{因子}+SS_{残差}$。

2. 误差分析

由于各误差平方和的大小与观测值的多少有关，为消除其影响，通常还需要用各平方和除以它们所对应的自由度[①]，得到的结果称为**均方**（mean square），也称为**方差**（variance）。组间平方和除以自由度的结果称为组间方差或称因子均方；组内平方和除以自由度的结果称为组内方差或残差均方。

方差分析的基本原理就是要比较组间方差和组内方差的大小。可以想象，如果超市位置对销售额没有影响，那么在组间误差中只包含随机误差，而没有系统误差。这时，组间方差与组内方差就应该很接近，它们的比值就会接近 1；反之，如果超市位置对销售额有

---

① 对于一个因子的情形，三个平方和所对应的自由度分别是：总平方和（SST）的自由度为 $n-1$，其中 n 为全部观测值的个数；因子平方和（$SS_{因子}$）的自由度为 $k-1$，其中 k 为因子水平的个数；残差平方和（$SS_{残差}$）的自由度为 $n-k$。

影响，在组间误差中除了包含随机误差外，还会包含系统误差，这时组间方差就会大于组内方差，它们之间的比值就会大于1。当这个比值大到某种程度时，就可以认为超市的位置对销售额有显著影响。因此，判断超市位置对销售额是否有显著影响，实际上也就是判断销售额的差异主要是由什么原因引起的。如果这种差异主要是由系统误差引起的，就表明超市位置对销售额有显著影响。这种判断在形式上则转化为检验不同位置超市销售额的均值是否相等的问题。

6.1.3 在什么样的前提下分析

理论上，方差分析有三个基本假定：

（1）独立性。方差分析要求各因子不同水平下的数据都是来自相应总体的独立随机样本。例如，在例6.1中，要求每个被抽中的超市的销售额都与其他超市的销售额独立。方差分析对独立性的要求比较严格，因此在试验设计时应确保抽样的随机性和独立性，否则分析结果将受到较大影响。

（2）正态性。方差分析要求各因子不同水平下数值变量的总体都服从正态分布。也就是说，对于因子的每一个水平，其观测值是来自正态分布总体的简单随机样本。例如，在例6.1中，要求每个位置超市的销售额必须服从正态分布。方差分析对正态性的要求相对比较宽松，当数据出现轻微偏态时，对分析结果的影响不大；但如果数据出现较为严重的偏态，则需要对其进行相应的变换以满足正态性的要求，或采用其他研究方法。

（3）方差齐性。方差分析要求各因子不同水平下数值变量总体分布的方差相等，即对于类别变量的k个水平，有$\sigma_1^2=\sigma_2^2=\cdots=\sigma_k^2$。方差分析对方差齐性的要求也相对宽松，当方差略有不齐时，分析结果比较稳健；当异方差问题较为严重时，则需要对数据进行相应的变换以满足方差齐性的要求。

6.2 考虑一个类别变量的影响

如果我们只考虑一个因子对数值变量的影响，这时的方差分析称为**单因子方差分析**（one-way analysis of variance）。

6.2.1 只考虑一个因子

按照前文的分析思路，首先提出假设。沿用例6.1的数据，设不同位置超市销售额的总体均值分别为μ_1（商业区），μ_2（居民小区）和μ_3（写字楼）。为检验超市位置对销售额是否有显著影响，需要提出如下假设：

H_0：$\mu_1=\mu_2=\mu_3$，超市位置对销售额没有显著影响

H_1：μ_1，μ_2，μ_3不全相等，超市位置对销售额有显著影响

然后，构造检验统计量：

$$F=\frac{\text{因子均方}}{\text{残差均方}}$$

在原假设成立的前提下，检验统计量 F 服从自由度为 $k-1$ 和 $n-k$ 的 F 分布。

最后进行决策。给定显著性水平 α，临界值即为 $F(k-1, n-k)$ 分布的 α 上侧分位数。根据样本数据计算出检验统计量 F 的实际取值，与临界值进行比较，若 $F>F_\alpha$，则拒绝原假设。当然，利用计算机也可以直接计算 P 值，若 P 值$<\alpha$，则拒绝原假设，有理由认为超市位置对销售额有显著影响；若 P 值$>\alpha$，则不拒绝原假设，没有理由认为超市位置对销售额有显著影响。

表 6－2 是使用 Excel【数据分析】工具得到的方差分析表（$\alpha=0.05$）。

表 6－2　超市位置对销售额影响的方差分析表

	A	B	C	D	E	F	G
1	方差分析						
2	差异源	SS	df	MS	F	P-value	F crit
3	组间	173622.222	2	86811.1111	13.0871022	6.53574E-05	3.28491765
4	组内	218900	33	6633.33333			
5							
6	总计	392522.222	35				

表中的 SS 表示平方和；df 为自由度；MS 表示均方；F 为检验统计量的值；P-value 为检验的 P 值；F crit 为在给定的显著性水平 α 下的临界值。从方差分析表中可以看到，由于 P 值$<\alpha$，拒绝 H_0，表明超市位置对销售额有显著影响。

类似地，若只考虑竞争者数量对销售额是否有显著影响，设竞争者数量不同时销售额的总体均值分别为 μ_1（0 个），μ_2（1 个），μ_3（2 个）和 μ_4（3 个以上）。需要提出如下假设：

H_0：$\mu_1=\mu_2=\mu_3=\mu_4$，竞争者数量对销售额没有显著影响

H_1：μ_1，μ_2，μ_3，μ_4 不全相等，竞争者数量对销售额有显著影响

表 6－3 是 Excel 的输出结果（$\alpha=0.05$）。

表 6－3　竞争者数量对销售额影响的方差分析表

	A	B	C	D	E	F	G
1	方差分析						
2	差异源	SS	df	MS	F	P-value	F crit
3	组间	107833.333	3	35944.4444	4.04027789	0.01522566	2.90111958
4	组内	284688.889	32	8896.52778			
5							
6	总计	392522.222	35				

同样地，由于 P 值$<\alpha$，拒绝 H_0，表明竞争者数量对销售额有显著影响。

6.2.2　关系有多强

从上面的分析结果看到，无论是超市位置还是竞争者数量对销售额都有显著影响，这表明它们与销售额之间都有显著的关系。那么，它们之间的关系强度如何呢？

由各误差平方和的含义可知，因子平方和度量了因子（超市位置和竞争者数量）对数值变量（销售额）的影响效应。因子平方和越大，表明类别变量与数值变量之间的关系就越强。因此，可以用因子平方和占总平方和的比例来反映它们之间关系的强弱，这一比例记为 R^2，即

$$R^2=\frac{\text{因子平方和}}{\text{总平方和}}$$

其平方根 R 同样可以用来测度两个变量之间的关系强度。例如，根据表 6－2 和表 6－3 分别计算得到的两个 R^2 为 44.23％和 27.47％，相应的 R 分别为 0.665 和 0.524，这表明，超市位置对销售额的影响效应占总效应的 44.23％，竞争者数量对销售额的影响效应占总效应的 27.47％。尽管 R^2 并不高，但超市位置和竞争者数量对销售额的影响都已经达到了统计上显著的程度。R 大于 0.5，表明它们与销售额的相关程度都已达到中等以上。

6.3 考虑两个类别变量的影响

有时候人们可能会同时研究两个因子（类别变量）对数值变量的影响，称为**双因子方差分析**（two-way analysis of variance）。如果两个因子对数值变量的影响是相互独立的，只需分别判断每个因子对数值变量的影响，即只考虑**主效应**（main effect），称为无**交互效应**（interaction）的双因子方差分析，或称为**无重复双因子方差分析**（two-way analysis of variance without replication）；如果除了两个因子对数值变量的单独影响外，二者的搭配还会对观测值产生一种新的效应，这时的双因子方差分析称为有交互效应的双因子方差分析，或称为**可重复双因子方差分析**（two-way analysis of variance with replication）。

6.3.1 不考虑交互效应

先看下面的例子。

【例 6.2】有 4 个品牌的彩电在 5 个地区销售，为分析彩电的品牌和销售地区对销售量的影响，收集得到的样本数据如表 6－4 所示。试在 0.05 的显著性水平下，检验品牌和销售地区对彩电的销售量是否有显著影响。

表 6－4　4 个品牌的彩电在 5 个地区的销售量数据　　单位：台

		地区				
		地区 1	地区 2	地区 3	地区 4	地区 5
品牌	品牌 1	365	350	343	340	323
	品牌 2	345	368	363	330	333
	品牌 3	358	323	353	343	308
	品牌 4	288	280	298	260	298

这里的“品牌”和“地区”是两个类别变量，“销售量”是数值变量。我们把一个因

子（“品牌”）安排在“行”的位置，称为行因子；另一个因子（“地区”）安排在“列”的位置，称为列因子。在同时考虑两个因子时，总平方和被分解成行因子平方和（SSR）、列因子平方和（SSC）、残差平方和（SSE）三个部分，三个平方和的计算方法与单因子方差分析中类似，并同样有 $SST=SSR+SSC+SSE$。每个平方和除以相应的自由度①即得到相应的均方，将行均方和列均方分别除以残差均方，得到用于检验两个因子主效应的相应统计量。使用 Excel【数据分析】工具输出的该例中无重复双因子方差分析结果如表 6－5 所示。

表 6－5　品牌和地区对彩电销售量影响的方差分析表（不考虑交互效应）

	A	B	C	D	E	F	G
1	方差分析						
2	差异源	SS	df	MS	F	P-value	F crit
3	行	13004.55	3	4334.85	18.10777318	9.45615E-05	3.490294821
4	列	2011.7	4	502.925	2.100845894	0.143664887	3.259166727
5	误差	2872.7	12	239.391667			
6							
7	总计	17888.95	19				

由于用于检验行因子的 P 值接近于 0，远小于给定的显著性水平，所以拒绝原假设，表明品牌对彩电销售量有显著影响；用于检验列因子的 P 值≈0.144，大于 α，不能拒绝原假设，没有理由认为地区对彩电销售量有显著影响。

6.3.2　考虑交互效应

如果两个因子搭配在一起可能对数值变量产生一种新的效应，就需要考虑交互效应。这时，总误差平方和被分解成行因子平方和（SSR）、列因子平方和（SSC）、交互效应平方和（$SSRC$）、残差平方和（SSE）四个部分，即 $SST=SSR+SSC+SSRC+SSE$。每个平方和除以相应的自由度②即得到相应的均方，将行均方、列均方和交互效应均方分别除以残差均方，得到用于检验两个因子主效应及交互效应的相应统计量。

如果两个因子对数值变量存在显著的交互效应，则单独考虑两个因子的主效应是没有意义的。因此，实践中，我们通常要先进行可重复双因子方差分析，检验交互效应是否显著，如果不显著，再重新进行无重复双因子方差分析。

沿用例 6.1③，使用 Excel【数据分析】工具输出的超市位置和竞争者数量的可重复双因子方差分析结果如表 6－6 所示（$\alpha=0.05$）。

① 当考虑两个因子 A，B 对数值变量的影响时（不考虑交互效应），假定因子 A 有 I 个水平，因子 B 有 J 个水平，总样本量为 n，三个平方和的自由度分别为 $I-1$、$J-1$ 和 $n-I-J+1$。

② 当考虑两个因子 A，B 对数值变量的影响时（考虑交互效应），假定因子 A 有 I 个水平，因子 B 有 J 个水平，总样本量为 n，四个平方和的自由度分别为 $I-1$、$J-1$、$(I-1)(J-1)$ 和 $n-IJ$。

③ 可重复双因子方差分析要求两个因子不同水平搭配下至少有 2 个数据，因此例 6.2 中的数据无法进行可重复双因子方差分析。

表 6-6　超市位置和竞争者数量可重复双因子方差分析表

	A	B	C	D	E	F	G
1	方差分析						
2	差异源	SS	df	MS	F	P-value	F crit
3	样本	173622.222	2	86811.1111	34.3051592	9.1753E-08	3.40282611
4	列	107833.333	3	35944.4444	14.2041712	1.5748E-05	3.00878657
5	交互	50333.3333	6	8388.88889	3.31503842	0.01605011	2.50818882
6	内部	60733.3333	24	2530.55556			
7							
8	总计	392522.222	35				

表 6-6 中的“样本”对应的为行因子“超市位置”，“列”对应的为列因子“竞争者数量”，“交互”对应的即为交互效应，“内部”对应的为残差。

观察交互效应的 P 值≈0.016，小于 α，拒绝原假设，表明超市位置和竞争者数量对销售额存在显著的交互效应。因此，接着观察考虑交互效应下两个因子各自的主效应。显然，用于检验行因子和列因子的 P 值均接近 0，远小于 α，都可以拒绝原假设，表明超市位置和竞争者数量对销售额都存在显著影响。

软件应用

1. 用 Excel 进行单因子方差分析

第 1 步：选择【数据】→【数据分析】。

第 2 步：选择【方差分析：单因素方差分析】，单击【确定】。

第 3 步：当对话框出现时，在【输入区域】方框内选择观测值所在的单元格区域（连同因子各水平名称）；勾选【标志位于第一行】；在【α(A)】方框内输入事先给定的显著性水平；在【输出选项】中选择结果显示的方式；单击【确定】按钮。

2. 用 Excel 进行无重复双因子方差分析

第 1 步：选择【数据】→【数据分析】。

第 2 步：在弹出的对话框中选择【方差分析：无重复双因素分析】，点击【确定】。

第 3 步：在弹出的对话框【输入区域】中选择观测值所在的单元格区域（连同行因子和列因子各水平名称）；勾选【标志】；在【α(A)】中输入显著性水平；在【输出选项】中选择结果显示的方式；单击【确定】按钮。

3. 用 Excel 进行可重复双因子方差分析

第 1 步：选择【数据】→【数据分析】。

第 2 步：在弹出的对话框中选择【方差分析：可重复双因素分析】，点击【确定】。

第 3 步：在弹出的对话框【输入区域】中选择观测值所在的单元格区域（连同行因子

和列因子各水平名称)；在【每一样本的行数】中输入两个因子不同水平组合下的观测值个数（Excel 该功能只能对两个因子不同水平组合下观测值个数相同的数据进行分析）；在【α(A)】中输入显著性水平；在【输出选项】中选择结果显示的方式；单击【确定】按钮。

4. 用 SPSS 进行单因子方差分析

第 1 步：选择【分析】→【比较平均值】→【单因素 ANOVA 检验】。

第 2 步：在弹出的对话框中将数值变量从左侧选入右侧【因变量列表】框内；将类别变量从左侧选入右侧【因子】框内。

第 3 步：点击进入【选项】，根据需要选择【描述性】、【方差齐性检验】、【平均值图】等输出结果；点击【继续】回到主对话框。

第 4 步：点击进入【事后比较】，根据研究背景和数据性质选择合适的多重比较方法；点击【继续】回到主对话框；单击【确定】按钮。

5. 用 SPSS 进行无重复双因子方差分析

第 1 步：选择【分析】→【一般线性模型】→【单变量】。

第 2 步：在弹出的对话框中将数值变量从左侧选入右侧【因变量】框内；根据数据性质将类别变量从左侧选入右侧【固定因子】或【随机因子】框内[①]。

第 3 步：点击进入【模型】，选择【定制】，在【构建项一类型】下拉框中选择【主效应】；将两个类别变量分别从左侧选入右侧【模型】框内；点击【继续】回到主对话框。

第 4 步：点击进入【选项】，根据需要选择【描述性】、【方差齐性检验】等输出结果；点击【继续】回到主对话框。

第 5 步：点击进入【图】，根据需要将两个类别变量分别从左侧【因子】框内选入右侧【水平轴】、【单独的线】框内；点击【添加】；点击【继续】回到主对话框。

第 6 步：点击进入【事后比较】，将需要进行多重比较的类别变量从左侧【因子】框内选入右侧【下列各项的事后检验】框内，根据研究背景和数据性质选择合适的多重比较方法；点击【继续】回到主对话框；单击【确定】按钮。

6. 用 SPSS 进行可重复双因子方差分析

实现步骤与无重复双因素方差分析基本类似，其中第 3 步如下：点击进入【模型】，选择【全模型】（系统默认选项）即可。

① 当因子所有可能水平下均有观测值时，该因子可作为“固定因子”参与分析；如果受试验条件限制，并非所有水平下均有观测值，则该因子应作为“随机因子”参与分析。

本章主要公式

	名称	公式
只考虑一个因子	第 i 个水平下的样本均值	$\bar{x}_i = \dfrac{\sum_{j=1}^{n_i} x_{ij}}{n_i} \quad (i=1,2,\cdots,k)$
	全部观测值的总均值	$\bar{\bar{x}} = \dfrac{\sum_{i=1}^{k}\sum_{j=1}^{n_i} x_{ij}}{n} = \dfrac{\sum_{i=1}^{k} n_i \bar{x}_i}{n}$
	总平方和	$SST = \sum_{i=1}^{k}\sum_{j=1}^{n_i}(x_{ij}-\bar{\bar{x}})^2$
	因子平方和	$SS_{因子} = \sum_{i=1}^{k}\sum_{j=1}^{n_i}(\bar{x}_i-\bar{\bar{x}})^2 = \sum_{i=1}^{k} n_i(\bar{x}_i-\bar{\bar{x}})^2$
	残差平方和	$SS_{残差} = \sum_{i=1}^{k}\sum_{j=1}^{n_i}(x_{ij}-\bar{x}_i)^2$
	因子均方	$MS_{因子} = \dfrac{因子平方和}{自由度} = \dfrac{SS_{因子}}{k-1}$
	残差均方	$MS_{残差} = \dfrac{残差平方和}{自由度} = \dfrac{SS_{残差}}{n-k}$
	检验统计量	$F = \dfrac{因子均方}{残差均方} \sim F(k-1,\ n-k)$
不考虑交互作用	行因子第 i 个水平下的样本均值	$\bar{x}_{i\cdot} = \dfrac{\sum_{j=1}^{r} x_{ij}}{r} \quad (i=1,2,\cdots,k)$
	列因子第 j 个水平下的样本均值	$\bar{x}_{\cdot j} = \dfrac{\sum_{i=1}^{k} x_{ij}}{k} \quad (j=1,2,\cdots,r)$
	全部观测值的总均值	$\bar{\bar{x}} = \dfrac{\sum_{i=1}^{k}\sum_{j=1}^{r} x_{ij}}{kr}$
	总平方和	$SST = \sum_{i=1}^{k}\sum_{j=1}^{r}(x_{ij}-\bar{\bar{x}})^2$
	行因子平方和	$SSR = \sum_{i=1}^{k}\sum_{j=1}^{r}(\bar{x}_{i\cdot}-\bar{\bar{x}})^2$
	列因子平方和	$SSC = \sum_{i=1}^{k}\sum_{j=1}^{r}(\bar{x}_{\cdot j}-\bar{\bar{x}})^2$
	残差平方和	$SSE = \sum_{i=1}^{k}\sum_{j=1}^{r}(x_{ij}-\bar{x}_{i\cdot}-\bar{x}_{\cdot j}+\bar{\bar{x}})^2$

续表

名称		公式
考虑交互作用	总平方和	$SST=\sum_{i=1}^{k}\sum_{j=1}^{r}\sum_{l=1}^{m}(x_{ijl}-\bar{\bar{x}})^2$
	行因子平方和	$SSR=rm\sum_{i=1}^{k}(\bar{x}_{i\cdot}-\bar{\bar{x}})^2$
	列因子平方和	$SSC=km\sum_{j=1}^{r}(\bar{x}_{\cdot j}-\bar{\bar{x}})^2$
	交互效应平方和	$SSRC=m\sum_{i=1}^{k}\sum_{j=1}^{r}(\bar{x}_{ij}-\bar{x}_{i\cdot}-\bar{x}_{\cdot j}+\bar{\bar{x}})^2$
	残差平方和	$SSE=SST-SSR-SSC-SSRC$

习　题

6.1　方差分析本质上研究的是什么问题?

6.2　举例说明因子、水平和交互效应的含义。

6.3　在方差分析中有哪些基本假定?

6.4　解释组内误差和组间误差的含义。

6.5　解释因子均方和残差均方的含义。

6.6　一家管理咨询公司为不同的客户进行人力资源管理培训。每次培训的内容基本上都一样，但培训的对象有时是高层管理者，有时是中层管理者，有时是低层管理者。该咨询公司认为，不同层次的管理者对培训的满意度是不同的。随机抽取的不同层次管理者对培训的满意度评分如下（评分标准为 1～10 分）：

高层管理者	中层管理者	低层管理者
7	8	5
7	9	6
8	8	5
7	10	7
9	9	4
	10	8
	8	

试在 0.05 的显著性水平下，检验管理者的层次不同是否会对评分有显著影响。

6.7　某家电制造公司准备购进一批 5＃电池，现有 A，B，C 3 个电池生产企业愿意供货，为比较它们生产的电池质量，从每个企业各随机抽取 5 块电池，经试验得其寿命（单位：小时）数据如下：

试验号	电池生产企业		
	A	B	C
1	50	32	45
2	50	28	42
3	43	30	38
4	40	34	48
5	39	26	40

试分析3个企业生产的电池的平均寿命之间有无显著差异（$\alpha=0.05$）。

6.8　一家产品制造公司管理者想比较A、B、C 3种不同的培训方式对产品的组装时间是否有显著影响，将26名新员工随机分配给每种培训方式。在培训结束后，参加培训的员工组装一件产品所花的时间（单位：分钟）如下：

培训方式		
A	B	C
8.8	8.2	8.6
9.3	6.7	8.5
8.7	7.4	9.1
9.0	8.0	8.2
8.6	8.2	8.3
8.3	7.8	7.9
9.5	8.8	9.9
9.4	8.4	9.4
9.2	7.9	

试在0.05的显著性水平下，确定不同培训方式对产品的组装时间是否有显著影响。

6.9　为研究学历对应届毕业生起薪是否有显著影响，某机构随机调查了12名专科、10名本科和8名硕士应届毕业生的起薪（单位：元）数据如下所示。

专科	本科	硕士
4 100	5 020	6 600
4 050	5 100	6 580
3 980	4 850	6 840
3 850	4 900	7 050
4 080	5 210	6 720
4 210	5 080	6 900
4 150	5 150	6 830
3 800	4 800	7 080

续表

专科	本科	硕士
3 960	5 040	
4 000	4 960	
4 080		
3 860		

试在 0.01 的显著性水平下，检验学历是否对应届毕业生起薪有显著影响。

6.10　一家汽车制造商准备购进一批轮胎，采购主要考虑轮胎耐磨程度。下面是从 5 家供应商抽取的轮胎随机样本分别在低速（40 公里/小时）、中速（80 公里/小时）、高速（120 公里/小时）下行驶 1 000 公里后测试得到的磨损程度数据。

供应商	车速（公里/小时）		
	低速	中速	高速
1	3.7	4.5	3.1
2	3.4	3.9	2.8
3	3.5	4.1	3.0
4	3.2	3.5	2.6
5	3.9	4.8	3.4

试在 0.01 的显著性水平下，检验：

（1）不同车速对轮胎磨损程度是否有显著影响；

（2）不同供应商生产的轮胎的磨损程度是否有显著差异。

6.11　为研究不同城市中小学教师的教学工作量是否存在显著差异，分别随机调查了 8 个城市的小学、初中和高中教师每周的工作小时数如下所示。

		年级		
		小学	初中	高中
城市	北京	51.4	43.8	41.5
	上海	52.8	44.0	42.1
	哈尔滨	45.6	41.2	38.9
	广州	52.3	46.7	44.6
	深圳	50.0	45.9	40.6
	乌鲁木齐	40.5	35.6	30.4
	武汉	60.7	57.9	56.6
	成都	48.7	42.5	40.2

试在0.01的显著性水平下，检验：

（1）不同城市的教师平均教学工作量是否有显著差异；

（2）不同年级的教师平均教学工作量是否有显著差异。

6.12　某食品生产商为研究食品的包装和销售地区对其销售量是否有影响，在3个不同地区用3种不同包装进行销售，获得的一周销售量（单位：万元）数据如下：

销售地区（A）	包装（B）		
	B_1	B_2	B_3
A_1	45	75	30
A_2	50	50	40
A_3	35	65	50

试在0.05的显著性水平下，检验：

（1）不同地区对该食品的销售量是否有显著影响；

（2）不同包装对该食品的销售量是否有显著影响。

6.13　为研究背景音乐和工作日的不同是否会对营业额造成显著影响，某咖啡馆在周一至周五营业期间分别播放不同的背景音乐，记录下当天的营业额（单位：万元）如下所示。

		背景音乐			
		A	B	C	D
星期	一	1.2	0.9	1.3	1.1
	二	1.1	0.7	1.1	1.0
	三	0.8	1.0	0.9	0.8
	四	0.9	1.1	0.9	1.0
	五	1.3	1.2	1.2	1.1

试在0.05的显著性水平下，检验：

（1）不同工作日的营业额是否存在显著差异；

（2）不同的背景音乐对营业额是否存在显著影响。

6.14　城市道路交通管理部门为研究不同的路段和不同的时段对行车时间的影响，让一名交通警察分别在3个路段的高峰期与非高峰期亲自驾车进行试验，通过试验共获得30个行车时间（单位：分钟）的数据。试在0.05的显著性水平下，分析不同路段和时段对行车时间是否存在显著影响，二者是否存在交互效应。

		路段		
		路段 1	路段 2	路段 3
时段	高峰期	36.5	28.1	32.4
		34.1	29.9	33.0
		37.2	32.2	36.2
		35.6	31.5	35.5
		38.0	30.1	35.1
	非高峰期	30.6	27.6	31.8
		27.9	24.3	28.0
		32.4	22.0	26.7
		31.8	25.4	29.3
		27.3	21.7	25.6

6.15　为检验广告媒体和广告方案对产品销售量的影响，一家营销公司做了一项试验，考察三种广告方案和两种广告媒体，获得的销售量数据如下：

		广告媒体	
		报纸	电视
广告方案	A	8	12
		12	8
	B	22	26
		14	30
	C	10	18
		18	14

试在 0.05 的显著性水平下，检验广告方案和广告媒体对销售量是否存在显著影响，二者是否存在交互效应。

第 7 章

利用变量间的关系进行预测

不要过于教条地对待研究的结果，尤其当数据的质量受到怀疑时。

——达莫达尔·古扎拉蒂（Damodar N. Gujarati）

子女的身高与其父母的身高有关系吗？个人的收入水平与受教育程度有关系吗？企业的经营利润与广告投入有关系吗？如果有，这些变量之间又是什么样的关系呢？如果你知道它们之间具有怎样的关系，你能否用适当的数学模型把这种关系表示出来，并利用这一模型基于一些变量的取值预测出另一个变量的取值呢？下面就来回答这些问题。

7.1 变量之间有什么样的关系

7.1.1 用散点图描述变量间的关系

这里只考察数值变量之间的关系[①]，涉及的问题包括：变量之间是否存在关系？如果存在，它们之间是什么样的关系？变量之间的关系强度如何？样本所反映的变量之间的关系能否代表总体变量之间的关系？先看一个简单的例子。

【例 7.1】 2008 年，我国第一条高速铁路（以下简称“高铁”）开通运营，经过十余年的快速建设，我国已经成为世界上唯一高铁成网运行的国家。表 7－1 列出了 2008—2020

① 两个顺序变量之间的关系将在第 10 章中介绍。

年城镇居民人均可支配收入和高铁营业里程数据。

我们自然想知道，高铁营业里程是否与城镇居民人均可支配收入有关。如果有关系，它们之间是一种什么样的关系？关系强度如何？

表 7－1　2008—2020 年城镇居民人均可支配收入和高铁营业里程

年份	城镇居民人均可支配收入（元）	高铁营业里程（公里）
2008	15 780.76	672
2009	17 174.65	2 699
2010	19 109.44	5 133
2011	21 809.78	6 601
2012	24 564.72	9 356
2013	26 467.00	11 028
2014	28 843.90	16 456
2015	31 194.80	19 838
2016	33 616.20	22 980
2017	36 396.20	25 164
2018	39 250.80	29 904
2019	42 358.80	35 388
2020	43 834.00	37 900

资料来源：数据整理自各年统计年鉴。

设高铁营业里程为 y，城镇居民人均可支配收入为 x。这两个变量之间是一种什么样的关系？是函数关系吗？如果是函数关系，则意味着高铁营业里程完全取决于城镇居民人均可支配收入，这样问题就简单多了。只要给出一个城镇居民人均可支配收入的数值，就能知道高铁营业里程的数值，二者之间的关系可以表达为 $y=f(x)$。但这两个变量之间确实是函数关系吗？有一点经济常识的人都知道，高铁营业里程的多少并不是完全由城镇居民人均可支配收入一个因素所决定的，影响高铁营业里程的因素可能有多个，所以这两个变量之间的关系存在某种不确定性。也就是说，当城镇居民人均可支配收入相同时，高铁营业里程的取值可能并不确定，这就是统计上所称的**相关关系**（correlation）。

对于具有相关关系的两个变量，利用散点图可以先粗略判断出二者之间的关系形态，例如，是线性关系还是非线性关系。图 7－1 是基于表 7－1 的数据绘制的高铁营业里程与城镇居民人均可支配收入的散点图。

从散点图可以看出，高铁营业里程与城镇居民人均可支配收入之间具有较为明显的线性关系，并且随着城镇居民人均可支配收入的增加，整体上高铁营业里程也呈现出上升的趋势，说明二者之间存在典型的正线性相关关系。

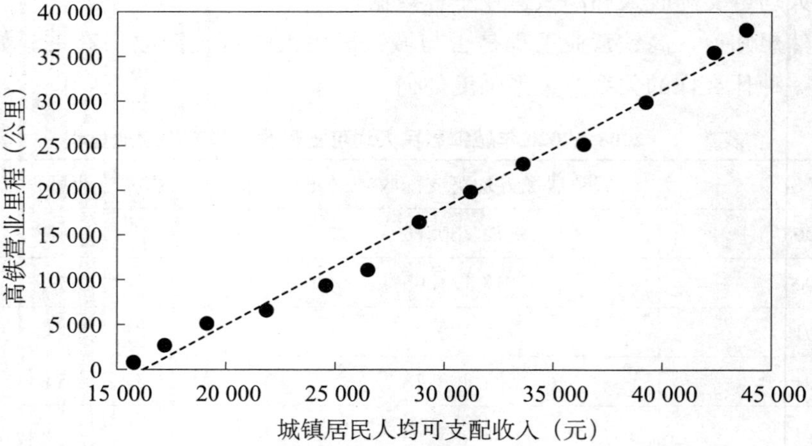

图 7-1　高铁营业里程与城镇居民人均可支配收入的散点图

实践中，两个变量之间可能表现出如图 7-2 所示的各种不同的相关关系形式。

如果两个变量的散点图如图 7-2（a）、（b）所示，所有数据点都恰好落在一条直线上，则称这两个变量是完全线性相关。依据直线斜率的正负，图 7-2（a）为完全正线性相关，图 7-2（b）为完全负线性相关。此时，由于一个变量的取值可以由另一个变量唯一确定，实质上就是前文所称的函数关系。

图 7-2（c）、（d）所描述的是典型的线性相关关系，两个变量的观测值大致呈一条直线分布，但并不完全与之吻合，各数据点可能在直线附近略有波动。如果整体上一个变量随着另一个变量取值的增加而增加，则为正线性相关；反之，则为负线性相关。

有时候，两个变量的观测值并不呈直线分布，而是大致在一条曲线附近波动，如图 7-2（e）所示，称两个变量是非线性相关。特别地，当两个变量的观测值表现为图 7-2（f）所示的分布形态时，说明一个变量的取值与另一个变量没有任何明显的关联，则称二者不相关。

从散点图只能看出两个变量之间的关系形态，但它们之间的关系强度如何呢？这就需要进一步计算相关系数。

7.1.2　用相关系数度量关系强度

相关系数（correlation coefficient）是度量两个数值变量之间线性关系强度的统计量。基于总体数据计算得到的称为总体相关系数，记为 ρ；基于样本数据计算得到的称为样本相关系数，记为 r。

r 的取值范围在 1 和 -1 之间，即 $-1 \leqslant r \leqslant 1$。若 $0 < r \leqslant 1$，表明变量 x 与变量 y 之间存在正线性相关关系；若 $-1 \leqslant r < 0$，表明 x 与 y 之间存在负线性相关关系；若 $r=1$，表明 x 与 y 之间为完全正线性相关关系；若 $r=-1$，表明 x 与 y 之间为完全负线性相关关系。可见，当 $|r|=1$ 时，y 的取值完全依赖于 x，二者之间即为函数关系；当 $r=0$ 时，

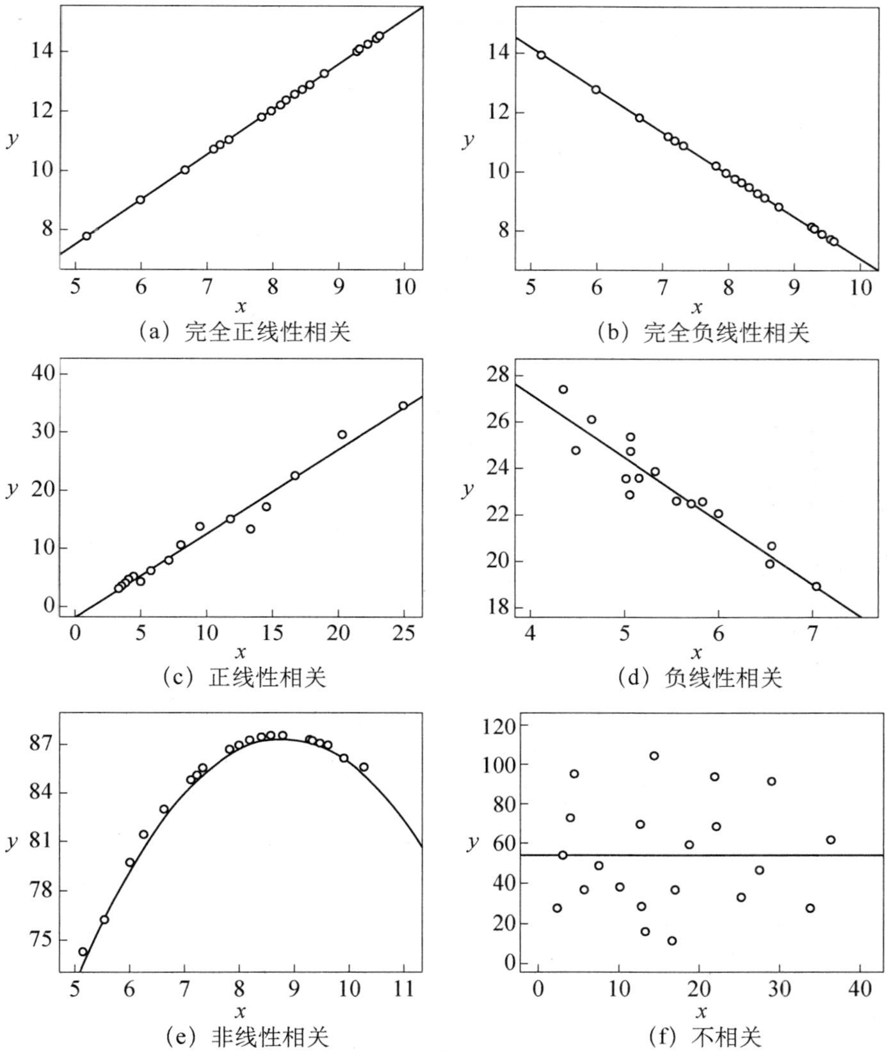

图 7-2　相关关系的不同表现形式

说明 y 的取值与 x 无关，即二者之间不存在线性相关关系[①]。r 的绝对值越接近 1，两个变量之间的线性相关关系越强；r 的绝对值越接近 0，两个变量之间的线性相关关系越弱。表 7-2 给出了高铁营业里程和城镇居民人均可支配收入之间的相关系数[②]约为 0.995，说明两个变量之间存在很强的正线性相关关系，与散点图 7-1 显示的直观印象一致。

① r 仅仅是 x 与 y 之间线性关系的一个度量，它不能用于描述非线性关系。这意味着，$r=0$ 只表示两个变量之间不存在线性相关关系，并不说明变量之间没有任何关系。变量之间的非线性相关程度较大时，也可能会导致 $r=0$。因此，当 $r=0$ 或 r 很小时，不能轻易得出两个变量之间不存在相关关系的结论，而应结合散点图做出合理的解释。

② 表 7-2 给出的是 SPSS 输出结果，默认计算的是 Pearson 相关系数，具体计算公式参见“本章主要公式”。

表 7-2　高铁营业里程与城镇居民人均可支配收入之间的相关系数

		城镇居民人均可支配收入	高铁营业里程
城镇居民人均可支配收入	Pearson 相关性	1	.995**
	显著性（双侧）		.000
	N	13	13
高铁营业里程	Pearson 相关性	.995**	1
	显著性（双侧）	.000	
	N	13	13

** 在 .01 水平（双侧）上显著相关。

7.1.3　总体中是否也存在这样的关系

r 是根据样本数据计算出来的，它受到抽样波动的影响。由于抽取的样本不同，r 的取值也可能不同，因此 r 是一个随机变量。那么，样本相关系数是否能说明总体的相关程度呢？这就需要考察样本相关系数的可靠性，也就是进行显著性检验。

通常采用 R. A. 费希尔提出的 t 分布检验，该检验可以用于小样本，也可以用于大样本。相关系数检验的假设是：H_0：$\rho=0$；H_1：$\rho\neq0$。若拒绝原假设，则表明总体相关系数在统计上是显著的。

沿用例 7.1，表 7-2 在计算高铁营业里程和城镇居民人均可支配收入之间的相关系数的同时，还对其进行了显著性检验，结果显示检验的 P 值接近 0，通过了检验。

需要注意的是，有的时候，统计检验表明总体相关系数在统计上是显著的，也不一定意味着两个变量之间就存在重要的相关性。因为在大样本情况下，几乎总能得出相关系数显著的结论。例如，$r=0.1$，在大样本情况下，也可能使得 r 通过检验，但这显然很难说明两个变量之间就有实际意义上的显著关系。

7.2　建立变量之间的数学表达式

7.2.1　涉及一个自变量的线性回归

在例 7.1 中，我们主要关心的变量是高铁营业里程，并想通过城镇居民人均可支配收入的变化来预测高铁营业里程。由散点图和相关系数已经发现，二者之间应该具有某种线性相关关系，现在的问题是这种关系能否用数学表达式描述出来。这就需要引进一种被称为**回归**（regression）的统计方法。

这里的高铁营业里程是被预测或被解释的变量，称为**因变量**（dependent variable），用 y 表示；而城镇居民人均可支配收入是用来预测或解释高铁营业里程的变量，称为**自变量**（independent variable），用 x 表示。这里只涉及城镇居民人均可支配收入一个自变量，因此把二者之间的回归称为一元线性回归。考虑到除城镇居民人均可支配收入对高铁营业里程有影响之外，还有其他一些未知因素对其有影响，因此可将它们之间的关系表示为：

$$y=\beta_0+\beta_1 x+\varepsilon$$

这就是通常所称的**一元线性回归模型**（simple regression model），它描述了因变量 y 与自变量 x 和误差项 ε 的关系。其中，$\beta_0+\beta_1 x$ 反映了由于 x 的变化而引起的 y 的线性变化，β_0 和 β_1 称为模型中的参数；误差项 ε 反映了除 x 和 y 之间的线性关系之外的随机因素对 y 的影响，是不能由 x 和 y 之间的线性关系所解释的 y 的变异性。对于误差项 ε，我们假定它是一个期望值为 0、对于所有的 x 值其方差 σ^2 都相同的正态随机变量，即 $\varepsilon \sim N(0, \sigma^2)$，且相互独立。显然，由于随机误差 ε 的存在，对于任意一个给定的 x 值，y 的取值并不唯一，即 y 也是一个随机变量。当 ε 满足上述条件时，可以推导得到，对于给定的 x 值，y 服从期望值为 $\beta_0+\beta_1 x$，方差为 σ^2 的正态分布，且相互之间独立。因此，β_0 是回归直线在 y 轴上的截距，通常不做实际意义上的解释（除非自变量 x 等于 0 有实际意义），其主要用途是参与因变量估计值的计算；β_1 是直线的斜率，也称为回归系数，它表示当 x 每变动一个单位时 y 的平均变动值。

由于参数 β_0 和 β_1 是未知的，必须利用样本数据去估计它们，最常用的估计方法是**最小二乘法**（least squares method）。最小二乘法通过使因变量的观测值 y_i 和估计值 $\hat{y}_i$ 之间的离差平方和达到最小来估计参数，也称为最小平方法。当回归模型的误差项 ε 满足前述假定条件时，参数的最小二乘估计具有很多优良的性质[①]，因此被广泛应用。

用样本统计量 $\hat{\beta}_0$ 和 $\hat{\beta}_1$ 代替回归模型中的未知参数 β_0 和 β_1 时，就得到了估计的回归方程：

$$\hat{y}=\beta_0+\beta_1 x$$

表 7-3 给出了例 7.1 中回归模型参数估计的结果，得到的高铁营业里程对城镇居民人均可支配收入的回归方程为 $y=-21\,202.93+1.311x$。将各年的城镇居民人均可支配收入代入这一回归方程，可以得出高铁营业里程的估计值。

表 7-3 高铁营业里程与城镇居民人均可支配收入的回归模型参数估计结果

系数[a]

模型		非标准化系数		标准系数	t	Sig.
		B	标准 误差	试用版		
1	（常量）	−21 202.930	1 266.836		−16.737	.000
	城镇居民人均可支配收入	1.311	.041	.995	31.712	.000

a. 因变量：高铁营业里程。

7.2.2 涉及多个自变量的线性回归

很多情形下，影响因变量的自变量往往不止一个，这时我们就需要建立多元线性回归

① 当误差项满足前述假设时，模型各参数的最小二乘估计是参数真值的线性无偏估计，且与其他线性无偏估计量相比，具有最小的方差（有效估计）。

方程。设因变量为 y，k 个自变量分别为 x_1，x_2，…，x_k，描述因变量 y 如何依赖自变量 x_1，x_2，…，x_k和误差项 ε 的方程，称为**多元线性回归模型**（multiple regression model），可表示为：

$$y=\beta_0+\beta_1 x_1+\beta_2 x_2+\cdots+\beta_k x_k+\varepsilon$$

式中，β_0，β_1，β_2，…，β_k为模型的参数；ε 为误差项。回归模型中的参数 β_0，β_1，β_2，…，β_k同样使用最小二乘法来估计。当用样本统计量 $\hat{\beta}_0$，$\hat{\beta}_1$，$\hat{\beta}_2$，…，$\hat{\beta}_k$ 去代替回归模型中的未知参数 β_0，β_1，β_2，…，β_k时，就得到了估计的多元线性回归方程：

$$\hat{y}=\hat{\beta}_0+\hat{\beta}_1 x_1+\hat{\beta}_2 x_2+\cdots+\hat{\beta}_k x_k$$

式中，$\hat{\beta}_1$，$\hat{\beta}_2$，…，$\hat{\beta}_k$ 称为偏回归系数。

【例 7.2】 改革开放以来，我国寿险业获得极大发展，现已成为世界第二大寿险市场。现收集整理了某年我国 31 个地区的人身险保费收入、地区生产总值、居民人均可支配收入、大专及以上学历人数和死亡率等指标数据，如表 7－4 所示。试以人身险保费收入为因变量，其他指标为自变量，对其进行多元线性回归分析（$\alpha=0.05$）。

表 7－4　某年我国 31 个地区人身险保费收入及相关指标数据

地区	人身险保费收入（亿元）	地区生产总值（亿元）	居民人均可支配收入（元）	大专及以上学历人数（人）	死亡率（‰）
北京	1 567.32	28 014.94	57 229.8	7 967	5.30
天津	423.39	18 549.19	37 022.3	3 503	5.05
河北	1 226.53	34 016.32	21 484.1	5 736	6.60
山西	629.11	15 528.42	20 420.0	4 272	5.45
内蒙古	390.23	16 096.21	26 212.2	3551	5.74
辽宁	707.99	23 409.24	27 835.4	5 988	6.93
吉林	486.06	14 944.53	21 368.3	3 164	6.50
黑龙江	761.90	15 902.68	21 205.8	4 049	6.63
上海	1 158.19	30 632.99	58 988.0	6 418	5.30
江苏	2 635.27	85 869.76	35 024.1	10 739	7.03
浙江	1 224.08	51 768.26	42 045.7	6 850	5.56
安徽	741.09	27 018.00	21 863.3	4 515	5.90
福建	604.03	32 182.09	30 047.7	4 418	6.20
江西	513.55	20 006.31	22 031.4	2 954	6.08
山东	1 754.72	72 634.15	26 929.9	10 084	7.40
河南	1 576.33	44 552.83	20 170.0	6 290	6.97
湖北	1 038.75	35 478.09	23 757.2	7 346	7.01
湖南	795.51	33 902.96	23 102.7	6 188	7.08

续表

地区	人身险保费收入（亿元）	地区生产总值（亿元）	居民人均可支配收入（元）	大专及以上学历人数（人）	死亡率（‰）
广东	2 452.76	89 705.23	33 003.3	11 892	4.52
广西	369.13	18 523.26	19 904.8	2 806	6.22
海南	107.69	4 462.54	22 553.2	919	6.01
重庆	560.13	19 424.73	24 153.0	3 235	7.27
四川	1 441.28	36 980.22	20 579.8	6 886	7.03
贵州	210.05	13 540.83	16 703.6	2 584	6.88
云南	357.52	16 376.34	18 348.3	3 109	6.68
西藏	11.16	1 310.92	15 457.3	210	4.95
陕西	654.80	21 898.81	20 635.2	4 502	6.24
甘肃	254.06	7 459.90	16 011.0	2 801	6.52
青海	46.86	2 624.83	19 001.0	526	6.17
宁夏	109.25	3 443.56	20 561.7	819	4.75
新疆	353.58	10 881.96	19 975.1	3 270	4.48

资料来源：数据整理自中国统计年鉴。

以人身险保费收入为因变量 y，地区生产总值、居民人均可支配收入、大专及以上学历人数和死亡率分别为自变量 x_1，x_2，x_3，x_4，表 7－5 给出了例 7.2 中回归模型参数估计的结果。

表 7－5　人身险保费收入与相关变量的回归模型参数估计结果（SPSS）

系数[a]

模型		非标准化系数		标准系数	t	Sig.
		B	标准 误差	试用版		
1	（常量）	−165.722	322.074		−.515	.611
	地区生产总值	.013	.005	.427	2.787	.010
	居民人均可支配收入	.003	.004	.044	.625	.537
	大专及以上学历人数	.123	.039	.533	3.148	.004
	死亡率	−4.432	46.984	−.006	−.094	.926

a. 因变量：人身险保费收入。

由上述结果，建立的回归方程为 $\hat{y}=-165.722+0.013x_1+0.003x_2+0.123x_3-4.432x_4$。这个方程是否可以用于下一步的应用呢？这就需要对方程的效果进行评估和显著性检验。

7.3 拟合效果的度量和显著性检验

7.3.1 回归方程的拟合效果

先考虑一元回归。在例 7.1 中，如果高铁营业里程与城镇居民人均可支配收入的样本数据点完全落在一条直线上，那么回归方程就能充分代表这 13 对观测值，我们称之为对数据的完全拟合，这时用城镇居民人均可支配收入来估计高铁营业里程是没有误差的。但实际情况是各样本数据点分布在所拟合的直线周围，有的离直线近些，有的离直线远些。各观测点越靠近直线，说明回归方程对样本数据拟合得越好，反之则越差。多元回归虽然不像直线那样容易想象，但情形是类似的。

从表 7-1 的数据不难发现，2008—2020 年的高铁营业里程数是不同的，这种差异可以用每年的高铁营业里程 y_i 与这 13 年的平均值 $\bar{y}$ 之差来表示，其平方和则表示高铁营业里程的总变差，称为总平方和，记作 $SST=\sum(y_i-\bar{y})^2$。显然它由两部分组成：一部分是由自变量与因变量之间的线性关系造成的变差，称为回归平方和，记为 $SSR=\sum(\hat{y}_i-\bar{y})^2$；另一部分是除了自变量与因变量的线性关系之外的其他因素造成的变差，称为残差平方和，记为 $SSE=\sum(y_i-\hat{y}_i)^2$。可以证明有 $SST=SSR+SSE$。回归直线拟合得好坏取决于回归平方和 SSR 占总变差平方和 SST 比例的大小，这一比例称为**决定系数**（coefficient of determination），记为 R^2，它度量了在因变量取值的总变差中能被因变量与自变量之间的线性关系解释的比例。

决定系数 R^2 测度了回归直线对观测数据的拟合优度。若所有观测点都落在直线上，残差平方和 $SSE=0$，$R^2=1$，拟合是完全的；如果 y 的变化与 x 无关，x 完全无助于解释 y 的变差，此时 $\hat{y}=\bar{y}$，则 $R^2=0$。可见 R^2 的取值范围是 $[0,1]$。R^2 越接近 1，表明回归平方和占总平方和的比例越大，回归直线与各观测点越接近，用 x 的变化来解释 y 值变差的部分就越多，回归直线的拟合程度就越好；反之，R^2 越接近 0，回归直线的拟合程度就越差①。表 7-6 给出了例 7.1 中估计的回归方程的决定系数。可以看到，在高铁营业里程与城镇居民人均可支配收入的一元回归中，$R^2=98.9\%$，说明在高铁营业里程取值的变差中，可以由高铁营业里程与城镇居民人均可支配收入之间的线性关系来解释的比例为 98.9%，可见二者之间有很强的线性关系。

---

① 决定系数的平方根就是相关系数，但它的意义比相关系数容易解释。比如，当 $r=0.5$ 时，表面上看似乎有一半的相关了，但 $R^2=0.25$，实际上这只能解释因变量变差的 25%，说明相关程度很弱。

表 7-6 例 7.1 估计的回归方程拟合优度

模型汇总

模型	R	R 方	调整 R 方	标准 估计的误差
1	.995[a]	.989	.988	1 354.802

a. 预测变量：(常量)，城镇居民人均可支配收入。

多元回归中，用于度量回归方程拟合优度的统计量称为**多重决定系数**（multiple coefficient of determination)，由于其取值会随着自变量个数的增加而变大，为避免增加自变量而高估 R^2，通常还会用样本量 n 和自变量的个数 k 去调整 R^2，计算出**调整的决定系数**①（adjusted multiple coefficient of determination)，记为 R_a^2 ，其意义与 R^2 类似。表 7-7 显示，例 7.2 中估计得到的人身险保费收入与 4 个自变量的多元回归方程，$R^2=93\%$，说明在人身险保费收入取值的变差中，能被人身险保费收入与地区生产总值、居民人均可支配收入、大专及以上学历人数和死亡率的多元回归方程解释的比例为 93%。回归方程调整的决定系数略有降低，但仍达到了 91.9%，说明方程的拟合优度较好。

表 7-7 例 7.2 估计的回归方程拟合优度

模型汇总

模型	R	R 方	调整 R 方	标准 估计的误差
1	.964[a]	.930	.919	188.392 47

a. 预测变量：(常量)，死亡率，地区生产总值，居民人均可支配收入，大专及以上学历人数。

度量回归方程拟合优度的另一个统计量是估计标准误差，用 s_e 表示，它的作用与标准差类似，反映各观测点在直线周围的分散状况。它实际上是对误差项 ε 的标准差 σ 的估计，可以看做在排除了 x 对 y 的线性影响后，y 随机波动大小的一个估计量。若各观测点越靠近直线，则 s_e 越接近 0。s_e 越小，回归直线对各观测点的代表性就越好，根据估计的回归方程进行预测也就越准确。

7.3.2 因变量与自变量之间是否有线性关系

在建立回归方程时，事先已经假定因变量与自变量之间有线性关系，但利用样本数据估计得到的回归方程能否适用于总体就需要进行假设检验。

1. 因变量与自变量之间是否有线性关系

检验因变量与自变量之间是否有线性关系时，对一元线性回归提出的假设是：H_0：$\beta_1=0$；H_1：$\beta_1\neq 0$。对多元线性回归提出的假设则是：H_0：$\beta_1=\beta_2=\cdots=\beta_k=0$；$H_1$：$\beta_1$，$\beta_2$，…，$\beta_k$ 至少有一个不等于 0。原假设表示样本是从没有线性关系的总体中抽出的。然后根据 F 统计量或 P 值做出决策②。拒绝原假设表示因变量与自变量之间整体上有显著的

① 调整的决定系数计算公式参见"本章主要公式"。

② 回归方程的显著性检验基本思想与方差分析类似，分别将前文定义的回归平方和 SSR 和残差平方和 SSE 除以各自的自由度 k 和 $n-k-1$，得到回归均方 MSR 和残差均方 MSE，在原假设成立的前提下，利用二者比值构造 F 检验统计量。

线性关系。例如，表 7-8 给出了例 7.1 估计的一元线性回归方程显著性检验结果，P 值接近 0，拒绝原假设 H_0，表明高铁营业里程与城镇居民人均可支配收入之间存在显著的线性关系；表 7-9 给出了例 7.2 估计的多元线性回归方程显著性检验结果，P 值也接近 0，拒绝原假设 H_0，表明人身险保费收入与地区生产总值、居民人均可支配收入、大专及以上学历人数和死亡率之间的线性关系显著。

表 7-8　例 7.1 估计的回归方程显著性检验结果

Anova[b]

模型		平方和	df	均方	F	Sig.
1	回归	1.846E-9	1	1.846E-9	1 005.645	.000[a]
	残差	2.019E-7	11	1 835 488.632		
	总计	1.866E-9	12			

a. 预测变量：（常量），城镇居民人均可支配收入。

b. 因变量：高铁营业里程。

表 7-9　例 7.2 估计的回归方程显著性检验结果

Anova[b]

模型		平方和	df	均方	F	Sig.
1	回归	1.226E-7	4	3 064 203.913	86.336	.000[a]
	残差	922 784.804	26	35 491.723		
	总计	1.318E-7	30			

a. 预测变量：（常量），死亡率，地区生产总值，居民人均可支配收入，大专及以上学历人数。

b. 因变量：人身险保费收入。

2. 是否每个自变量对因变量都有显著影响

在一元线性回归中，由于只有一个自变量，因此，整个回归方程的显著性检验就等同于对自变量回归系数的显著性检验。但在多元线性回归中，因变量与自变量整体上存在显著的线性关系是否就说明每个自变量都对因变量存在显著影响呢？显然不是。因为线性关系检验（F 检验）主要是判断因变量同多个自变量之间的线性关系是否显著，在 k 个自变量中，只要有一个自变量同因变量的线性关系显著，F 检验就会得出线性关系显著的结论，但这不意味着每个自变量同因变量的关系都显著。

判断每个自变量是否对因变量都有显著影响，需要对每个回归系数分别进行检验（统计上也称为 t 检验①）。如果某个自变量没有通过检验，就意味着这个自变量对因变量的影响不显著，也许就没有必要将这个自变量放进回归模型中了。例如，表 7-5 在给出例 7.2 中回归模型参数估计结果的同时，还对 4 个自变量的回归系数逐一进行了显著性检验，我们发现，只有地区生产总值和大专及以上学历人数回归系数检验的 P 值小于 0.05，其他两个自变量的回归系数并没有通过检验，这可能是什么原因造成的呢？接下来又应该如何

① 回归系数显著性检验构造的检验统计量服从 t 分布。

处理？

7.4 是否所有自变量都有必要放进模型

7.4.1 自变量之间相关对模型有什么影响

在多元线性回归模型中，除了自变量与因变量之间可能存在较强的相关关系，自变量与自变量之间也可能存在一定的相关性，称之为**多重共线性**（multicollinearity）。

在实际问题中，选择的自变量之间存在相关是一件很平常的事，但是如果在多元线性回归中存在严重的多重共线性，违背了自变量相互独立的条件，就可能导致各种问题的出现①。例如，整个回归方程的拟合优度很高且通过了显著性检验，但多数自变量的回归系数无法通过检验；回归系数的大小甚至符号与基于理论或经验的判断不一致，难以解释；理论上重要的影响变量被排除在模型之外，无法通过显著性检验；参数估计值的方差变大，对样本数据的微小变化十分敏感，模型的预测精度降低；等等。

检测多重共线性的方法有多种，其中最简单的一种是计算模型中各对自变量之间的相关系数，并对各相关系数进行显著性检验。如果有一个或多个相关系数是显著的，就表示模型中所使用的自变量之间相关，因而存在着多重共线性。例如，例 7.2 中地区生产总值、居民人均可支配收入、大专及以上学历人数和死亡率之间的相关系数矩阵显示，前 3 个自变量两两之间都有显著的相关关系，这样将 4 个自变量都纳入模型中就可能导致信息冗余，影响回归模型的结果。

一旦发现模型中存在多重共线性问题，就应采取某种解决措施。实践中，多重共线性往往很难彻底消除，也没有一种方法可以通用于解决所有的多重共线性问题。面对不同程度的多重共线性②，需要根据研究目的选择合适的方法对其进行处理。

7.4.2 剔除不必要的自变量

在构建模型之初，研究者往往将所有的自变量都纳入回归模型，如果存在多重共线性，则可以考虑通过变量的筛选在一定程度上解决其可能引起的问题。例如，在例 7.2 中，如果建立模型之前能对所收集到的自变量进行一定的筛选，去掉那些不必要的自变量，那么不仅能使建立模型变得容易，也可能改善模型效果。

最简单的模型往往是最有用的，因此在建立回归模型时，尽可能用最少的变量。但究竟哪些自变量应该引入模型，哪些不应该引入模型，这就要对自变量进行一定的筛选了。

---

① 极端的情形，如果自变量相互之间也可以表示为一个线性函数，称为完全共线性，此时模型参数的最小二乘估计不存在。

② 统计上也提供了包括容忍度、方差膨胀因子等统计量用于判断多重共线性的严重程度，有兴趣的读者可进一步参考其他相关文献。

选择自变量的原则通常是用统计量进行显著性检验，检验的依据是：将一个或一个以上的自变量引入到回归模型中时，是否使得残差平方和（SSE）显著减少。如果增加一个自变量使残差平方和（SSE）的减少是显著的，则说明有必要将这个自变量引入回归模型，否则，就没有必要将这个自变量引入回归模型。确定在模型中引入自变量 x_i 是否使残差平方和（SSE）显著减少的方法，就是使用 F 统计量的值作为一个标准，以此来确定是在模型中增加一个自变量，还是从模型中剔除一个自变量。

变量选择的方法主要有：向前选择、向后剔除、逐步回归等。其中，逐步回归较为常用，它是将前两种方法结合起来筛选自变量的方法，前两步与向前选择法相同，不过在增加了一个自变量后，它会对模型中所有的变量进行考察，看看有没有可能剔除某个自变量。如果在增加了一个自变量后，前面增加的某个自变量对模型的贡献变得不显著，这个变量就会被剔除。按此方法不停地增加变量并考虑剔除以前增加的变量的可能性，直至增加变量已经不能导致 SSE 显著减少，这个过程可通过 F 统计量来检验。逐步回归法使得在前面步骤中增加的自变量在后面的步骤中有可能被剔除，而在前面步骤中被剔除的自变量在后面的步骤中也可能重新进入到模型中。

【例 7.3】沿用例 7.2 中人身险保费收入（y）与地区生产总值（x_1）、居民人均可支配收入（x_2）、大专及以上学历人数（x_3）和死亡率（x_4）的数据，采用逐步回归法建立回归模型。

用 SPSS 软件进行逐步回归得到的有关结果如下。

表 7-10 最先引入的自变量是大专及以上学历人数（模型 1），其次是地区生产总值（模型 2），而其他两个自变量居民人均可支配收入和死亡率均被剔除出模型。

表 7-10　例 7.2 自变量的筛选过程及标准

输入/移去的变量[a]

模型	输入的变量	移去的变量	方法
1	大专及以上学历人数	.	步进（准则：F-to-enter 的概率 <=.050，F-to-remove 的概率 >=.100）
2	地区生产总值	.	步进（准则：F-to-enter 的概率 <=.050，F-to-remove 的概率 >=.100）

a. 因变量：人身险保费收入。

表 7-11 给出了两个回归模型的一些主要统计量，包括相关系数 R、决定系数 R^2、调整后的决定系数 R_a^2 以及估计标准误差 s_e 等。

表 7-11　例 7.2 变量筛选后的回归方程拟合优度

模型汇总[c]

模型	R	R 方	调整 R 方	标准 估计的误差
1	.953[a]	.908	.905	203.955 23
2	.964[b]	.928	.923	183.569 46

a. 预测变量：（常量），大专及以上学历人数。

b. 预测变量：（常量），大专及以上学历人数，地区生产总值。

c. 因变量：人身险保费收入。

表 7－12 给出了回归方程的显著性检验结果。

表 7－12　例 7.2 变量筛选后的回归方程显著性检验

Anova[c]

模型		平方和	df	均方	F	Sig.
1	回归	1.197E-7	1	1.197E-7	287.835	.000[a]
	残差	1 206 334.384	29	41 597.737		
	总计	1.318E-7	30			
2	回归	1.224E-7	2	6 118 031.750	181.556	.000[b]
	残差	943 536.955	28	33 697.748		
	总计	1.318E-7	30			

a. 预测变量：(常量)，大专及以上学历人数。
b. 预测变量：(常量)，大专及以上学历人数，地区生产总值。
c. 因变量：人身险保费收入。

表 7－13 给出了参数的估计值以及回归系数检验的 t 统计量和 P 值。

表 7－13　例 7.2 变量筛选后的回归模型参数估计结果及显著性检验

系数[a]

模型		非标准化系数		标准系数	t	Sig.
		B	标准 误差	试用版		
1	(常量)	−232.694	71.633		−3.248	.003
	大专及以上学历人数	.219	.013	.953	16.966	.000
2	(常量)	−150.584	70.861		−2.125	.043
	大专及以上学历人数	.134	.033	.583	4.112	.000
	地区生产总值	.012	.004	.396	2.793	.009

a. 因变量：人身险保费收入。

由逐步回归的结果可知，最后得到的方程为：

$$y=-150.584+0.012x_1+0.134x_3$$

7.4.3　模型有多好

综上所述，已经建立的模型是否适合用于下一步的预测？要回答这个问题，可以从以下几个方面入手。

(1) 所估计的回归系数 β_i 的符号是否与理论或事先预期相一致？例如，在高铁营业里程与城镇居民人均可支配收入的回归中，可以预期城镇居民人均可支配收入越高，高铁营业里程可能会越多，也就是说，回归系数 β_1 的值应该是正的，而在例 7.1 中建立的回归方程中，估计的回归系数 $\beta_1=1.311$，为正值，与理论和预期相一致。

(2) 回归模型在多大程度上解释了因变量 y 取值的变差？可以用决定系数 R^2 来回答这一问题。例 7.1 和例 7.3 中最终建立的回归方程决定系数 R^2 均超过了 90%，说明拟合的效果不错。

（3）考察关于误差项 ε 的正态性假定是否成立。因为在对线性关系进行 F 检验和对回归系数进行 t 检验时，都要求误差项 ε 服从正态分布，否则，所用的检验程序将是无效的。判断 ε 的正态性的简单方法是画出残差的直方图或正态概率图。

7.5 用自变量预测因变量

建立回归方程的目的主要是通过自变量的取值来估计因变量的取值。有了回归方程，把相应的自变量取值代入即可得到因变量的点估计值。例如，根据高铁营业里程与城镇居民人均可支配收入的一元回归方程 $\hat{y}=-21\ 202.93+1.311x$，城镇居民人均可支配收入为 50 000 元时，高铁营业里程的点估计值约为 44 347 公里。

在点估计的基础上，还可以得到因变量的估计区间。这样的区间有两个：一个是对自变量的一个给定值，求出因变量 y 的平均值的估计区间，这一区间称为置信区间（confidence interval）；另一个是对自变量的一个给定值，求出因变量 y 的一个个别值的估计区间，这一区间称为预测区间（prediction interval）。区间估计的计算公式较为复杂，在此不予赘述，这些区间利用统计软件很容易求得。例如，城镇居民人均可支配收入为 50 000 元时，高铁营业里程的 95%置信区间为 42 293～46 414 公里，而预测区间则为40 729～47 978公里。

7.6 含有类别自变量的回归

上面介绍的一元线性回归和多元线性回归，自变量都是数值变量。但在实际问题中，还会经常遇到类别变量的情形，例如，性别（男、女），学历（本科以下、本科、研究生），企业所在的行业（家电、医药、其他）等。由于这些变量的取值本身是用文字来描述的，要把它们放进回归模型中，就需要将其类别转化为数字代码，这种“量化”后的类别变量称为**虚拟变量**，也称**哑变量**（dummy variable）。

怎样在回归分析中引入虚拟变量呢？一般而言，如果类别自变量有 k 个水平，就需要在回归模型中引入 $k-1$ 个虚拟变量。对于有 k 个水平的类别自变量，引入的虚拟自变量可以表示为：

$$x_1=\begin{cases}1,\text{水平 }1\\0,\text{其他水平}\end{cases},\ x_2=\begin{cases}1,\text{水平 }2\\0,\text{其他水平}\end{cases},\cdots,\ x_{k-1}=\begin{cases}1,\text{水平 }k-1\\0,\text{其他水平}\end{cases}$$

引入虚拟变量的回归方程拟合过程与前文类似，但虚拟变量 x_i 的回归系数的含义为，相对于参照水平（参照水平可以人为指定，也可以由软件默认指定），水平 i 可能引起的因变量的变化程度。

【例 7.4】某就业服务机构认为，工资收入（月薪）与工龄、学历之间可能存在密切关联，为验证该想法并进一步确定其影响关系，随机调查了 20 名就业者的基本情况如表 7－14 所示。试以月薪为因变量 y，工龄、学历为自变量，建立合适的线性回归方程。

表 7－14　20 名就业者的工资收入、工龄及学历数据

月薪（元）	工龄（月）	学历
6 192	38	研究生
6 516	46	研究生
4 044	32	本科及以下
4 916	41	本科及以下
6 984	43	研究生
6 112	49	研究生
4 072	46	本科及以下
4 760	41	本科及以下
6 204	40	研究生
3 940	38	本科及以下
6 440	42	研究生
5 728	35	研究生
4 860	40	本科及以下
3 960	34	本科及以下
6 340	42	研究生
4 150	39	本科及以下
5 950	36	研究生
5 018	42	本科及以下
3 684	31	本科及以下
6 635	44	研究生

如果只考虑工龄一个自变量，利用 SPSS 输出的回归分析结果如表 7－15 至表 7－17 所示。

表 7－15　工资收入与工龄的一元线性回归方程拟合优度

模型汇总

模型	R	R 方	调整 R 方	标准 估计的误差
1	.515[a]	.265	.225	962.909

a. 预测变量：(常量)，工龄。

表 7-16　工资收入与工龄的一元线性回归方程显著性检验

Anova[b]

模型		平方和	df	均方	F	Sig.
1	回归	6 030 448.660	1	6 030 448.660	6.504	.020[a]
	残差	1.669E-7	18	927 194.505		
	总计	2.272E-7	19			

a. 预测变量：(常量)，工龄。
b. 因变量：月薪。

表 7-17　工资收入与工龄的一元线性回归模型参数估计结果及显著性检验

系数[a]

模型		非标准化系数		标准系数	t	Sig.
		B	标准 误差	试用版		
1	(常量)	554.935	1 882.851		.295	.772
	工龄	119.407	46.821	.515	2.550	.020

a. 因变量：月薪。

可以看到，虽然工龄对月薪的影响是显著的，但决定系数 R^2 仅为 0.265，说明工龄只能解释月薪变化的 26.5%，还有重要的影响因素没有考虑进来，因此有必要将学历作为另一个自变量纳入到模型中。由于学历是类别变量，取值水平为 2 个，所以设定 1 个虚拟变量 x_2（工龄为自变量 x_1）：

$$x_2=\begin{cases}1,\text{研究生}\\0,\text{本科及以下}\end{cases}$$

利用 SPSS 输出的二元回归分析结果如表 7-18 至表 7-20 所示。

表 7-18　引入虚拟变量的回归方程拟合优度

模型汇总

模型	R	R 方	调整 R 方	标准 估计的误差
1	.949[a]	.901	.889	364.393

a. 预测变量：(常量)，学历，工龄。

表 7-19　引入虚拟变量的回归方程显著性检验

Anova[b]

模型		平方和	df	均方	F	Sig.
1	回归	2.046E-7	2	1.023E-7	77.053	.000[a]
	残差	2 257 297.592	17	132 782.211		
	总计	2.272E-7	19			

a. 预测变量：(常量)，学历，工龄。
b. 因变量：月薪。

表 7－20 引入虚拟变量的回归模型参数系数[a] 估计结果及显著性检验

模型		非标准化系数		标准系数	t	Sig.
		B	标准 误差	试用版		
1	（常量）	2 294.630	731.805		3.136	.006
	工龄	53.275	18.820	.230	2.831	.012
	学历	1 804.547	173.090	.847	10.425	.000

a. 因变量：月薪。

显然，引入虚拟变量之后，方程的决定系数 R^2 提高到 0.901，调整的决定系数也达到 0.889，说明增加学历这一个自变量使得回归方程对因变量变化的整体解释能力大大提升。在 0.05 的显著性水平下，回归方程通过了检验，两个自变量的回归系数也都通过了检验，说明不仅工龄对月薪有显著影响，不同学历的就业者平均月薪也存在显著差异。因此，最终建立的线性回归方程为 $\hat{y}=2\ 294.63+53.275x_1+1\ 804.547x_2$。

软件应用

1. 用 Excel 计算相关系数

第 1 步：点击【数据】→【数据分析】。

第 2 步：在弹出的对话框中选择【相关系数】，点击【确定】。

第 3 步：在弹出的对话框【输入区域】中选择各变量观测值所在的单元格区域（连同各变量名称）；勾选【标志位于第一行】；在【输出选项】中选择结果显示的方式；单击【确定】按钮。

2. 用 Excel 进行回归分析

第 1 步：点击【数据】→【数据分析】。

第 2 步：在弹出的对话框中选择【回归】，点击【确定】。

第 3 步：在弹出的对话框【Y 值输入区域】中选择因变量观测值所在的单元格区域（连同因变量名称）；在弹出的对话框【X 值输入区域】中选择自变量观测值所在的单元格区域（连同自变量名称）；勾选【标志】；在【输出选项】中选择结果显示的方式；单击【确定】按钮。

3. 用 SPSS 进行相关分析

第 1 步：选择【分析】→【相关】→【双变量】。

第 2 步：在弹出的对话框中将变量从左侧选入右侧【变量】框内。

第 3 步：在【相关系数】下选择计算的相关系数类型（默认为 Pearson 相关系数）；单击【确定】按钮。

4. 用 SPSS 进行回归分析

第 1 步：选择【分析】→【回归】→【线性】。

第2步：在弹出的对话框中将因变量从左侧选入右侧【因变量】框内；将自变量从左侧选入右侧【自变量】框内。

第3步：在【方法】下拉框内选择变量筛选的方式（默认为“进入”，即所有自变量均纳入模型，不筛选，可根据需要选择包括逐步回归等在内的其他变量筛选方法）。

第4步：点击进入【统计】，根据需要选择【共线性诊断】输出用于识别多重共线性的各种统计量；在【残差】项下选择【德宾-沃森】输出检验误差项独立性的统计量；点击【继续】回到主对话框。

第5步：点击进入【图】，根据需要将残差（SPSS提供五种残差，可选择任意一种）从左侧框内选入右侧的【Y】轴框内，将因变量观测值或预测值从左侧框内选入右侧的【X】轴框内，用于绘制二者的散点图，观察误差项是否符合方差齐性；在【标准化残差图】项下选择【直方图】和【正态概率图】，用于观察误差项是否服从正态分布；点击【继续】回到主对话框。

第6步：点击进入【保存】，根据需要在【预测值】下选择【未标准化】输出因变量的点估计值；在【预测区间】下选择【均值】和【单值】输出因变量的置信区间和预测区间，在【置信区间】项下输入置信水平（默认为95%）；点击【继续】回到主对话框；单击【确定】按钮。

本章主要公式

名称	公式
样本相关系数	$r=\dfrac{\sum(x-\bar{x})(y-\bar{y})}{\sqrt{\sum(x-\bar{x})^2\sum(y-\bar{y})^2}}$
相关系数检验的统计量	$t=\dfrac{r\sqrt{n-2}}{\sqrt{1-r^2}}\sim t(n-2)$
一元线性回归方程的斜率	$\hat{\beta}=\dfrac{n\sum_{i=1}^{n}x_i y_i-\sum_{i=1}^{n}x_i\sum_{i=1}^{n}y_i}{n\sum_{i=1}^{n}x_i^2-(\sum_{i=1}^{n}x_i)^2}$
一元线性回归方程的截距	$\hat{\beta}_0=\bar{y}-\hat{\beta}_1\bar{x}$
决定系数	$R^2=\dfrac{SSR}{SST}=\dfrac{\sum(\hat{y}_i-\bar{y})^2}{\sum(y_i-\bar{y})^2}$
调整的决定系数	$R_a^2=1-(1-R^2)\dfrac{n-1}{n-k-1}$

续表

名称	公式
估计标准误差	$s_e=\sqrt{\dfrac{\sum(y_i-y_i)^2}{n-k-1}}=\sqrt{\dfrac{SSE}{n-k-1}}$
线性关系检验的统计量	$F=\dfrac{SSR/k}{SSE/n-k-1}\sim F(k,\ n-k-1)$
回归系数检验的统计量	$t_i=\dfrac{\beta_i}{s_{\hat{\beta}_i}}\sim t(n-k-1)$
一元线性回归的置信区间	$y_0\pm t_{\alpha/2}\ s_e\sqrt{\dfrac{1}{n}+\dfrac{(x_0-\bar{x})^2}{\sum_{i=1}^{n}(x_i-\bar{x})^2}}$
一元线性回归的预测区间	$y_0\pm t_{\alpha/2}\ s_e\sqrt{1+\dfrac{1}{n}+\dfrac{(x_0-\bar{x})^2}{\sum_{i=1}^{n}(x_i-\bar{x})^2}}$

习　题

7.1　如何理解函数关系与相关关系的区别？举出生活中常见的一些相关关系的例子。

7.2　变量间的相关关系有哪些具体表现形式？各自的特点是什么？

7.3　回归模型中有哪些假定？

7.4　解释总平方和、回归平方和、残差平方和的含义。

7.5　解释决定系数的含义和作用。

7.6　估计得到的一元线性回归方程中，各参数的含义是什么？

7.7　什么是多重共线性？多重共线性可能引起哪些问题？

7.8　多重共线性的处理方法有哪些？

7.9　怎样评价回归模型的效果？

7.10　什么是虚拟变量？如何设置虚拟变量？

7.11　虚拟变量的回归系数如何解释？

7.12　学生在期末考试之前用于复习的时间（单位：小时）和考试分数（单位：分）之间是否有关系？为研究这一问题，一位研究者抽取了由 8 名学生构成的一个随机样本，得到的数据如下：

复习时间 x	20	16	34	23	27	32	18	22
考试分数 y	64	61	84	70	88	92	72	77

（1）绘制复习时间和考试分数的散点图，判断二者之间的关系形态。

（2）计算相关系数，说明两个变量之间的关系强度。

（3）建立线性回归方程，并解释回归系数的实际意义。

7.13　一家物流公司的管理人员想研究货物的运输距离和运输时间的关系，为此，他抽出了公司最近10个卡车运货记录的随机样本，得到运送距离（单位：公里）和运送时间（单位：天）的数据如下：

运送距离 x	825	215	1 070	550	480	920	1 350	325	670	1 215
运送时间 y	3.5	1.0	4.0	2.0	1.0	3.0	4.5	1.5	3.0	5.0

（1）绘制运送距离和运送时间的散点图，判断二者之间的关系形态。

（2）计算线性相关系数，说明两个变量之间的关系强度。

（3）建立线性回归方程，并对结果进行分析。

7.14　下面是2019年我国10个地区的人均GDP和人均消费水平的统计数据：

地区	人均GDP（元）	人均消费水平（元）
北京	164 000	43 038.3
辽宁	57 191	22 202.8
上海	157 300	45 605.1
江西	53 164	17 650.5
河南	56 388	16 331.8
湖南	57 540	20 478.9
陕西	66 649	17 464.9
山东	70 653	20 427.5
四川	55 888	19 338.3
甘肃	32 995	15 879.1

（1）用人均GDP做自变量，人均消费水平做因变量，绘制散点图，并说明二者之间的关系形态。

（2）计算两个变量之间的线性相关系数，说明两个变量之间的关系强度。

（3）利用最小二乘法求出估计的回归方程，并解释回归系数的实际意义。

（4）计算决定系数，并解释其意义。

（5）检验回归方程线性关系的显著性（$\alpha=0.05$）。

（6）如果某地区的人均GDP为50 000元，预测其人均消费水平。

（7）求人均GDP为50 000元时，人均消费水平的95%置信区间和预测区间。

7.15　随机抽取10家航空公司，对其最近一年的航班正点率和顾客投诉次数进行调查，所得数据如下：

航空公司编号	航班正点率（%）	顾客投诉次数（次）
1	81.8	21
2	76.6	58

续表

航空公司编号	航班正点率（%）	顾客投诉次数（次）
3	76.6	85
4	75.7	68
5	73.8	74
6	72.2	93
7	71.2	72
8	70.8	122
9	91.4	18
10	68.5	125

（1）绘制散点图，说明二者之间的关系形态。

（2）用航班正点率做自变量，顾客投诉次数做因变量，求出估计的回归方程，并解释回归系数的意义。

（3）检验回归系数的显著性（$\alpha=0.05$）。

（4）如果航班正点率为 80%，估计顾客的投诉次数。

（5）求航班正点率为 80%时，顾客投诉次数的 95%置信区间和预测区间。

7.16　一家电器产品销售公司的管理人员认为，每月的销售额与广告费用相关，并想通过广告费用对月销售额做出估计。下面是近 8 个月的销售额与广告费用数据：

月销售额 y(万元)	电视广告费用 x_1（万元）	报纸广告费用 x_2（万元）
96	5.0	1.5
90	2.0	2.0
95	4.0	1.5
92	2.5	2.5
95	3.0	3.3
94	3.5	2.3
94	2.5	4.2
94	3.0	2.5

（1）用电视广告费用做自变量，月销售额做因变量，建立估计的回归方程。

（2）用电视广告费用和报纸广告费用做自变量，月销售额做因变量，建立估计的回归方程。

（3）上述问题（1）和（2）所建立的回归方程效果有何不同？

7.17　某农场通过试验取得早稻收获量与春季降雨量和春季温度的数据如下：

早稻收获量 y(千克/公顷)	春季降雨量 x_1（毫米）	春季温度 x_2（℃）
2 250	25	6
3 450	33	8
4 500	45	10
6 750	105	13
7 200	110	14
7 500	115	16
8 250	120	17

（1）试估计早稻收获量对春季降雨量和春季温度的二元线性回归方程。

（2）对模型的效果进行评价。

（3）试判断模型中是否存在多重共线性。

7.18　一家房地产评估公司想对某城市的房地产销售价格（y）与地产的评估价值（x_1）、房产的评估价值（x_2）和使用面积（x_3）的关系建立一个模型，以便对销售价格做出合理预测。为此，收集了20栋住宅的房地产评估数据：

房地产编号	销售价格 y（元/m^2）	地产估价 x_1（万元）	房产估价 x_2（万元）	使用面积 x_3（m^2）
1	6 890	596	4 497	18 730
2	4 850	900	2 780	9 280
3	5 550	950	3 144	11 260
4	6 200	1 000	3 959	12 650
5	11 650	1 800	7 283	22 140
6	4 500	850	2 732	9 120
7	3 800	800	2 986	8 990
8	8 300	2 300	4 775	18 030
9	5 900	810	3 912	12 040
10	4 750	900	2 935	17 250
11	4 050	730	4 012	10 800
12	4 000	800	3 168	15 290
13	9 700	2 000	5 851	24 550
14	4 550	800	2 345	11 510
15	4 090	800	2 089	11 730
16	8 000	1 050	5 625	19 600
17	5 600	400	2 086	13 440
18	3 700	450	2 261	9 880
19	5 000	340	3 595	10 760
20	2 240	150	578	9 620

（1）写出估计的多元回归方程。

（2）在销售价格的总变差中，被估计的回归方程解释的比例是多少？

（3）检验回归方程的线性关系是否显著（$\alpha=0.05$）。

（4）检验各回归系数是否显著（$\alpha=0.05$）。

7.19　下面给出了 16 家上市公司的每股价格、每股账面价值和净资产收益率数据：

上市公司编号	每股价格（元）	每股账面价值（元）	净资产收益率（%）
1	6.44	4.57	9.0
2	7.13	2.06	18.8
3	8.13	3.42	10.7
4	14.38	3.18	15.1
5	7.57	3.08	16.1
6	17.97	4.23	13.3
7	19.57	3.04	28.8
8	5.94	1.78	7.6
9	13.60	6.30	11.8
10	16.50	5.02	16.5
11	14.10	5.32	13.9
12	27.75	9.19	11.1
13	24.00	3.20	26.2
14	19.47	5.13	14.3
15	30.75	7.07	18.7
16	32.75	7.80	20.8

（1）分别计算每股价格与每股账面价值、净资产收益率之间的相关系数，判断每股价格与后者相关关系的强弱程度。

（2）试以每股价格为因变量，每股账面价值为自变量，建立一元线性回归方程，并对结果进行分析。

（3）试以每股价格为因变量，每股账面价值、净资产收益率为自变量，建立二元线性回归方程，并与（2）中建立的一元线性回归方程结果进行比较。

7.20　下面是随机抽取的 15 家大型商场销售的同类产品的有关数据：

企业编号	销售价格 y（元）	购进价格 x_1（元）	销售费用 x_2（元）
1	1 238	966	223
2	1 266	894	257

续表

企业编号	销售价格 y（元）	购进价格 x_1（元）	销售费用 x_2（元）
3	1 200	440	387
4	1 193	664	310
5	1 106	791	339
6	1 303	852	283
7	1 313	804	302
8	1 144	905	214
9	1 286	771	304
10	1 084	511	326
11	1 120	505	339
12	1 156	851	235
13	1 083	659	276
14	1 263	490	390
15	1 246	696	316

（1）计算 y 与 x_1，y 与 x_2 之间的相关系数，是否有证据表明销售价格与购进价格、销售价格与销售费用之间存在线性关系？

（2）根据上述结果，你认为用购进价格和销售费用来预测销售价格是否合适？

（3）估计二元线性回归方程，并检验模型的线性关系是否显著（$\alpha=0.05$）。

（4）解释决定系数 R^2，所得结论与问题（2）中是否一致？

（5）模型中是否存在多重共线性？你对模型有何建议？

7.21　一家货物运输公司想研究运输费用与货物类型的关系，并建立运输费用与货物类型的回归模型，以此对运输费用做出预测。该运输公司所运输的货物分为两种类型：易碎品和非易碎品。下表给出了 15 个路程大致相同而货物类型不同的运输费用数据：

每件产品的运输费用 y(元)	货物类型	x_1
17.2	易碎品	1
11.1	易碎品	1
12.0	易碎品	1
10.9	易碎品	1
13.8	易碎品	1
6.5	易碎品	1
10.0	易碎品	1
11.5	易碎品	1

续表

每件产品的运输费用 y(元)	货物类型	x_1
7.0	非易碎品	0
8.5	非易碎品	0
2.1	非易碎品	0
1.3	非易碎品	0
3.4	非易碎品	0
7.5	非易碎品	0
2.0	非易碎品	0

（1）建立运输费用与货物类型之间的线性回归方程。

（2）对模型中的回归系数进行解释。

（3）检验模型的线性关系是否显著（$\alpha=0.05$）。

7.22 为分析某行业中的月薪有无性别歧视，从该行业中随机抽取 15 名员工，有关数据如下：

月薪 y(元)	工龄 x_1(年)	性别 x_2(1＝男，0＝女)
1 548	3.2	1
1 629	3.8	1
1 011	2.7	0
1 229	3.4	0
1 746	3.6	1
1 528	4.1	1
1 018	3.8	0
1 190	3.4	0
1 551	3.3	1
985	3.2	0
1 610	3.5	1
1 432	2.9	1
1 215	3.3	0
990	2.8	0
1 585	3.5	1

（1）试以月薪为因变量，工龄为自变量，建立一元线性回归方程，并对结果进行分析。

（2）将性别作为自变量引入，重新建立线性回归方程，并与（1）中建立的一元线性回归方程结果进行比较。

（3）性别的回归系数如何解释？

7.23　下面给出了全国16个地区不同季度的软饮料销量和当年的居民人均消费支出数据：

销量（万吨）	居民人均消费支出（元）	季度
136.3	17 280.7	一
279.2	17 160.4	二
438.5	17 898.1	三
570.9	18 945.5	四
147.8	20 463.4	一
314.0	21 249.3	二
473.6	23 468.6	三
614.8	24 819.6	四
127.9	15 503.1	一
234.0	15 751.7	二
395.1	16 179.9	三
484.1	16 937.6	四
194.4	27 079.1	一
366.2	27 841.4	二
507.1	37 425.3	三
677.5	39 791.9	四

（1）试以销量为因变量，居民人均消费支出为自变量，建立一元线性回归方程，并对结果进行分析。

（2）以一季度为参照水平，将季度设置为虚拟变量。

（3）将（2）中设置的虚拟变量作为自变量引入，重新建立线性回归方程，解释各虚拟变量回归系数的含义，并与（1）中建立的一元线性回归方程结果进行比较。

第8章 根据过去的模式预测未来

未来是不可预测的，不管人们掌握多少信息，都不可能存在能做出正确决策的系统方法。

——劳（C. R. Rao）

明年企业销售额会达到多少？下个月汽车销售价格会下降吗？这只股票明天会上涨吗？要对未来的结果做出预测，你需要知道它们在过去的一段时间里是如何变化的，也就是过去的变化模式，如果这种模式能在未来一段时间里延续，就可以根据过去的模式预测未来的数值。

8.1 时间序列的组成要素

顾名思义，**时间序列**（time series）就是按时间顺序记录的一组数据。一个时间序列的变化可能受一种或几种因素的影响，导致它在不同时间取值的差异，这些影响因素就是时间序列的组成要素（也称成分）。通常，一个时间序列由四部分组成：**趋势**（trend）、**季节变动**（seasonal fluctuation）、**循环波动**（cyclical fluctuation）和**随机波动**（random fluctuation）。

你可以想象一个地区的GDP是逐年增长的，一种产品的生产成本是逐年下降的，这些都是趋势，它是时间序列所呈现出的持续上升或持续下降的变动形态，当然趋势可能是线性的，也可能是非线性的。一个商场在节假日会打折促销，铁路和航空客运在节假日会迎来客流高峰，一个水力发电企业会因水流高峰的到来发电量猛增，这些都是由季节变化引起的，称为季节变动。季节变动的影响会使时间序列在一个年度内重复出现固定模式的周期性波动。在经济领域，我们对景气周期、加息周期这些术语并不陌生，这就是所谓的周期性。循环波动的周期可能会持续一段时间，与趋势不同，它不是朝着单一方向的持续运动，而是涨落相间的交替波动，例如经济从低谷到高峰，又从高峰慢慢滑入低谷，而后又慢慢回升；它也不同于季节变动，季节变动有比较固定的规律，且变动周期大多为一年，而循环波动则无固定规律，变动周期多在一年以上，且周期长短不一。随机波动是除趋势、季节变动、循环波动之外其他因素对时间序列的影响，它通常总是夹杂在时间序列中，致使时间序列产生一种波浪形或振荡式变动。

一个时间序列可能由一种成分组成，也可能同时含有几种成分，各成分之间可以是加法关系，也可以是乘法关系①。下面看看我国原油产量、汽车产量、金属切削机床产量和棉花产量的时间序列数据（见表 8-1）及其图形（见图 8-1）。

表 8-1　1990—2019 年我国原油产量等时间序列数据

年份	原油产量（万吨）	汽车产量（万辆）	金属切削机床产量（万台）	棉花产量（万吨）
1990	13 831.0	51.4	13.5	450.8
1991	14 099.0	71.4	16.4	567.5
1992	14 210.0	106.7	22.9	450.8
1993	14 524.0	129.9	26.2	373.9
1994	14 608.0	136.7	20.7	434.1
1995	15 004.0	145.3	20.3	476.8
1996	15 733.4	147.5	17.7	420.3
1997	16 074.1	158.3	18.7	460.3
1998	16 100.0	163.0	11.9	450.1
1999	16 000.0	183.2	14.2	382.9
2000	16 300.0	207.0	17.7	441.7
2001	16 395.9	234.2	25.6	532.4
2002	16 700.0	325.1	30.9	491.6
2003	16 960.0	444.4	30.6	486.0
2004	17 587.3	509.1	48.7	632.4
2005	18 135.3	570.5	51.1	571.4
2006	18 476.6	727.9	57.3	753.3
2007	18 631.8	888.9	64.7	762.4
2008	19 043.1	930.6	71.7	749.2
2009	18 949.0	1 379.5	58.6	637.7
2010	20 301.4	1 826.5	69.7	596.1
2011	20 287.6	1 841.64	88.68	651.9
2012	20 571.1	1 927.62	88.23	660.8
2013	20 991.9	2 212.09	87.55	628.2

① 加法模型即将四个成分加总得到变量的最终观测值，乘法模型即将四个成分相乘得到变量的最终观测值，较为常用的是乘法模型。

续表

年份	原油产量（万吨）	汽车产量（万辆）	金属切削机床产量（万台）	棉花产量（万吨）
2014	21 142.9	2 372.52	85.80	629.9
2015	21 456.0	2 450.35	75.50	590.7
2016	19 969.0	2 811.91	67.28	534.3
2017	19 151.0	2 901.81	60.85	565.3
2018	18 932.4	2 782.74	54.07	610.3
2019	19 101.4	2 567.67	42.10	588.9

资料来源：数据整理自各年中国统计年鉴。

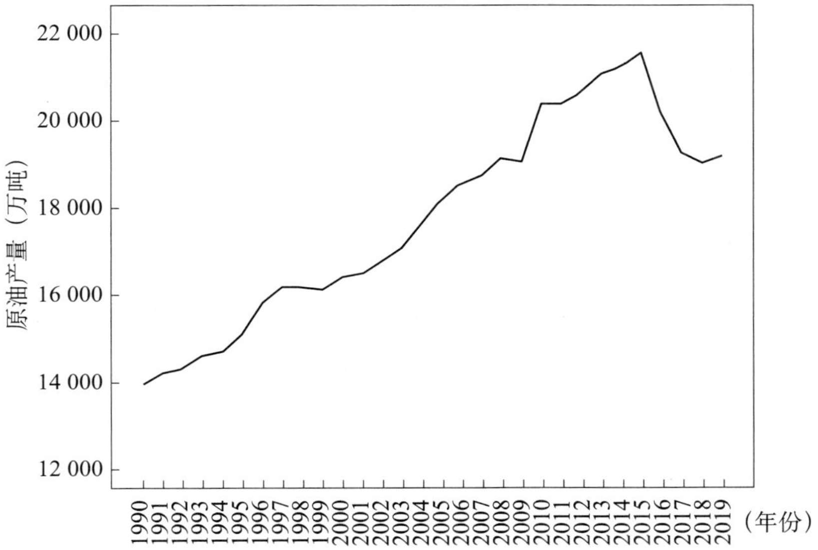

（a）原油产量序列

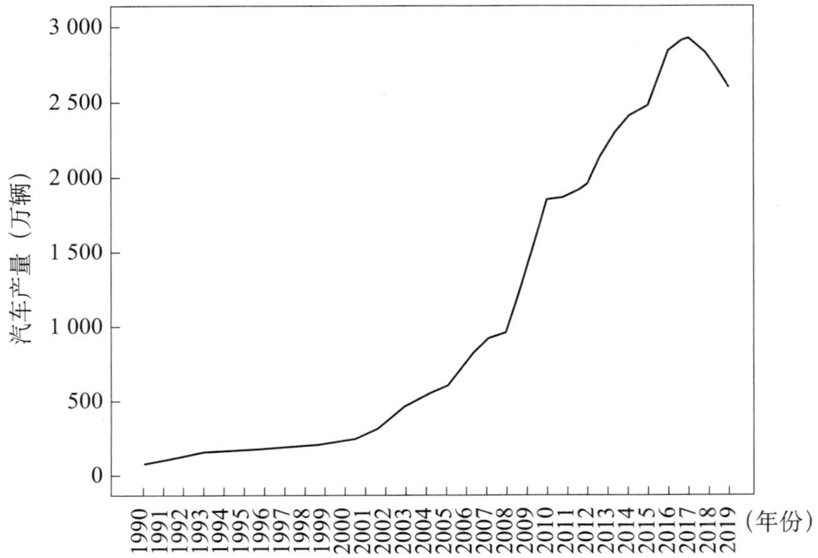

（b）汽车产量序列

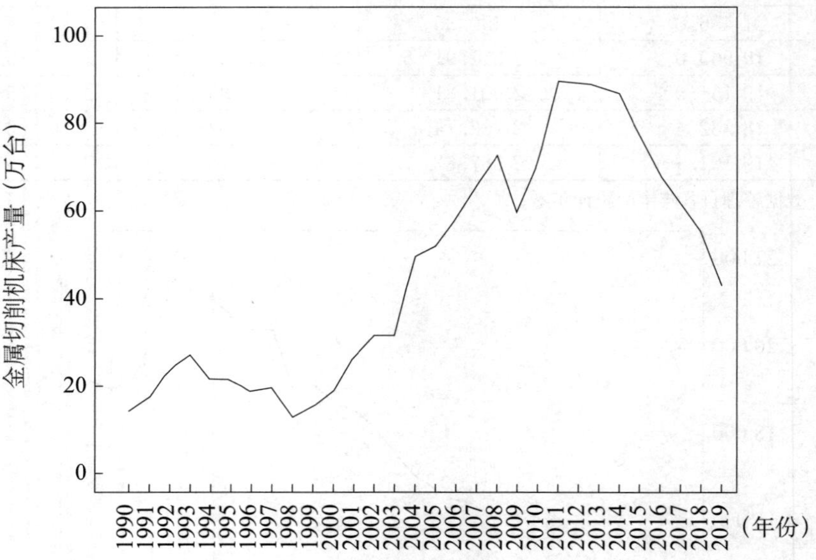

（c）金属切削机床产量序列

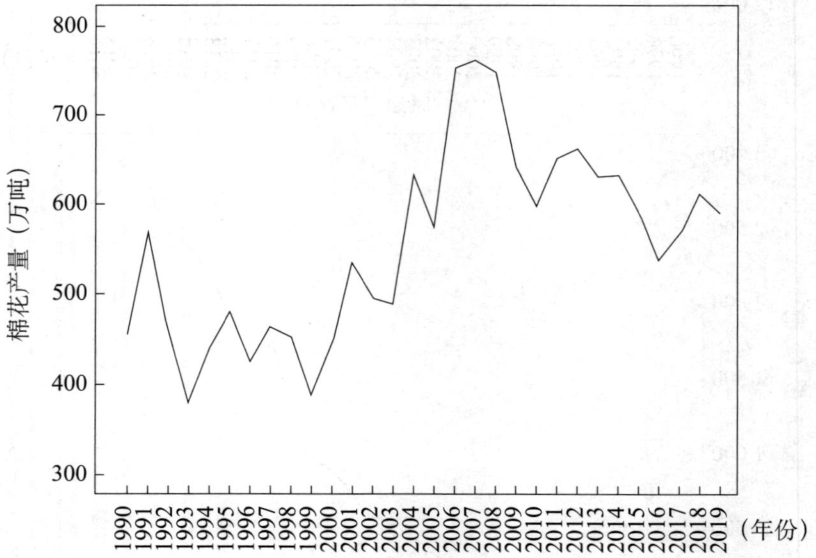

（d）棉花产量序列

图8-1　含有不同成分的时间序列

从图 8－1 可以看出，原油产量序列呈现一定的线性趋势；汽车产量序列则呈现一定的指数变化趋势；金属切削机床产量序列则呈现一种三阶曲线形态；棉花产量序列则没有任何趋势，呈现出一定的随机波动。

8.2　时间序列预测的程序

时间序列预测的关键是确定已有时间序列的变化模式，并假定这种模式会延续到未来。由于一个具体的时间序列可能只含有一种成分，也可能同时含有几种成分，而含有不同成分的时间序列所用的预测方法是不同的，因此，在对时间序列进行预测时，首先需要确定包含哪些成分，然后找出适合此类序列的预测方法，并对可能的预测方法进行评估，以确定最佳预测方案。

8.2.1　确定时间序列的成分

从图形观察可以粗略看出时间序列中包含哪些成分。表 8－2 是我国 2010—2019 年各月份的社会消费品零售总额数据，图 8－2 则是其趋势图。

表 8－2　2010—2019 年我国社会消费品零售总额　　单位：亿元

	2010 年	2011 年	2012 年	2013 年	2014 年	2015 年	2016 年	2017 年	2018 年	2019 年
1 月	12 718.1	15 249.0	17 490.6	19 641.9	21 959.6	24 309.3	26 788.8	29 333.7	32 179.1	34 817.8
2 月	12 334.2	13 769.1	15 793.2	17 735.8	19 828.6	21 950.3	21 949.2	24 034.4	26 365.7	28 527.7
3 月	11 321.7	13 588.0	15 650.2	17 641.2	19 800.6	22 722.8	25 114.1	27 863.7	29 193.6	31 725.7
4 月	11 510.4	13 649.0	15 603.1	17 600.3	19 701.2	22 386.7	24 645.8	27 278.5	28 541.9	30 586.1
5 月	12 455.1	14 696.8	16 714.8	18 886.3	21 249.8	24 194.8	26 610.7	29 459.2	30 359.1	32 955.7
6 月	12 329.9	14 565.1	16 584.9	18 826.7	21 166.4	24 280.3	26 857.4	29 807.6	30 841.6	33 878.1
7 月	12 252.8	14 408.0	16 314.9	18 513.2	20 775.8	24 338.8	26 827.4	29 609.8	30 733.7	33 073.3
8 月	12 569.8	14 705.0	16 658.9	18 886.2	21 133.9	24 893.4	27 539.6	30 329.7	31 542.3	33 896.3
9 月	13 536.5	15 865.1	18 226.6	20 653.3	23 042.4	25 270.6	27 976.4	30 870.3	32 005.4	34 494.9
10 月	14 284.8	16 546.4	18 933.8	21 491.3	23 967.2	28 278.9	31 119.2	34 240.9	35 534.4	38 104.3
11 月	13 910.9	16 128.9	18 476.7	21 011.9	23 474.7	27 937.3	30 958.5	34 108.2	35 259.7	38 093.8
12 月	15 329.5	17 739.7	20 334.2	23 059.7	25 801.3	28 634.6	31 757.0	34 734.1	35 893.0	38 776.7

注：数据收集整理自国家统计局网站，2012 年至 2019 年各年 1 月、2 月的数据按照 1—2 月份名义同比增长率推算得到。

从图 8－2 中可以看出，2010—2019 年间我国社会消费品零售总额逐年增加，具有明显的上升趋势。但这种趋势是线性上升还是指数上升，则需要进一步判断。另外，1 月份和 12 月份都是一年中的相对高点，其他月份相对较低，而且一个年度内 12 个月的变化与另一个年度12个月的变化形态基本相同，这表明零售总额的多少与季节变化有关，含有季节成分。当然，其中也夹杂着随机波动。

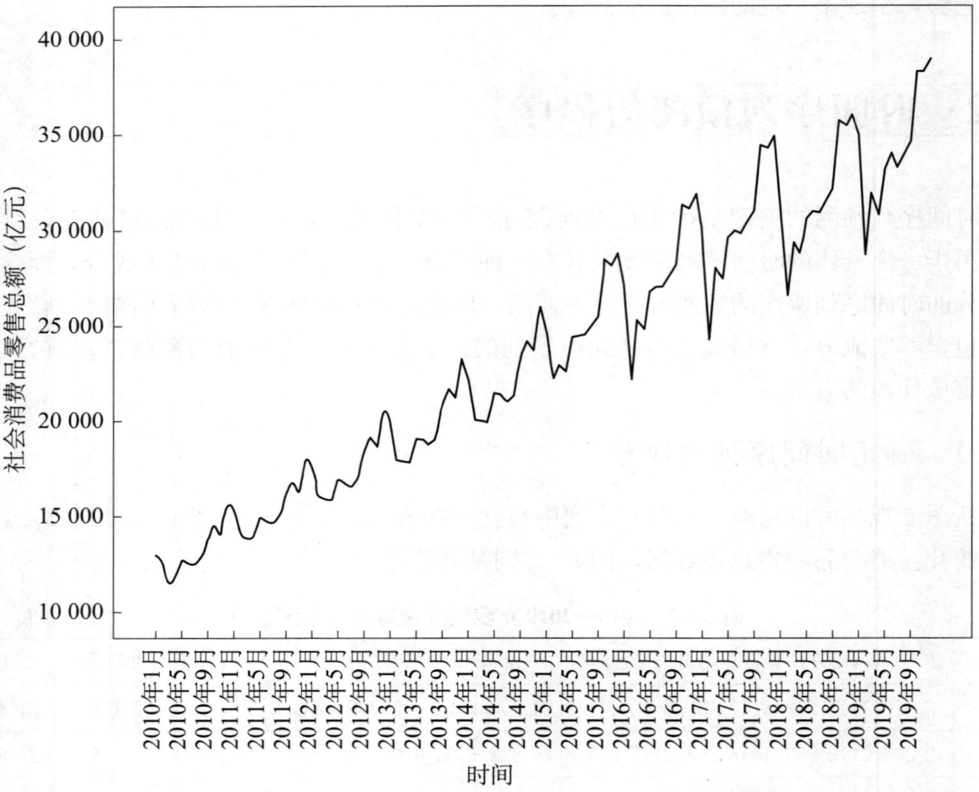

图 8-2　2010—2019 年我国社会消费品零售总额走势图

确定季节成分是否存在的一种简单办法是绘制年度**折叠时间序列图**（folded annual time series plot）。绘制该图时，需要将每年的数据分开画在图上，也就是横轴只有一年的长度，每年的数据分别对应纵轴。如果时间序列只存在季节成分，则各折线的形状基本一样，而且图中的折线将会有交叉；如果时间序列既含有季节成分又含有趋势，那么年度折叠时间序列图中的折线将不会有交叉。如果趋势是线性上升的，后面年度的折线将会高于前面年度的折线；如果趋势是下降的，则后面年度的折线将会低于前面年度的折线，而且各折线间的距离基本一样。如果趋势是指数上升的，后面年度的折线将会高于前面年度的折线，而且各折线间的距离越来越大；如果趋势是指数下降的，后面年度的折线将会低于前面年度的折线，而且各折线间的距离越来越小。图 8-3 是表 8-2 数据的年度折叠时间序列图。

从图 8-3 可以看出，各年折线的形状基本相同，后面年度的折线高于前面年度的折线，没有交叉，而且各年折线间的距离有扩大的趋势，说明社会消费品零售总额数据中既含有季节成分，也含有一定的指数上升趋势。

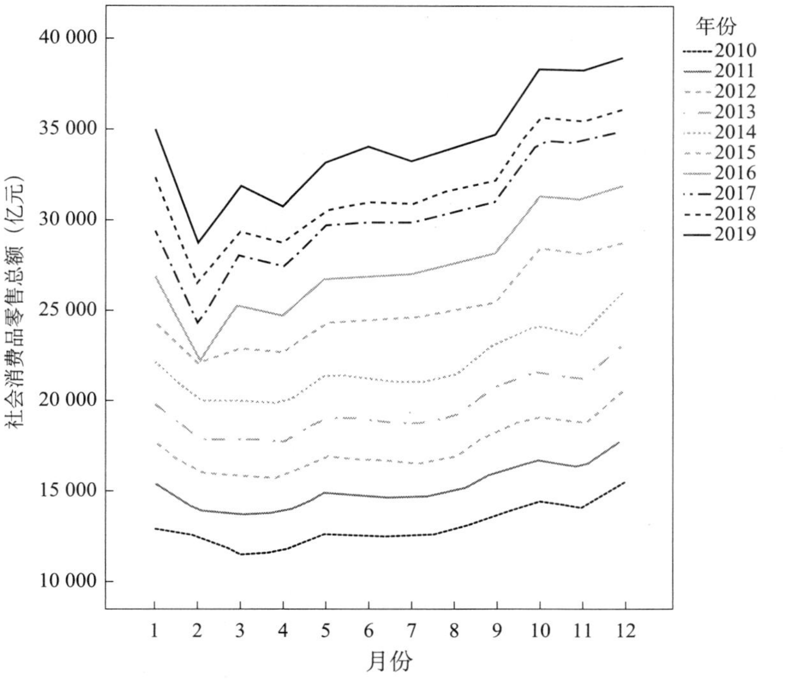

图 8-3　社会消费品零售总额的年度折叠时间序列图

8.2.2　选择预测方法并进行评估

选择什么样的方法进行预测，首先取决于历史数据的变化模型，即时间序列所包含的成分；其次取决于所能获得的历史数据的多少，有些方法只要有少量的数据就能进行预测，而有些方法则要求有较多的数据；最后，方法的选择还取决于所要求的预测期的长短，有些方法只能进行短期预测，有些则可进行相对长期的预测。表 8-3 给出了时间序列的部分预测方法及其所适合的数据模式、对数据的要求和预测期的长短等。

表 8-3　预测方法的选择

预测方法	适合的数据模式	对数据的要求	预测期
移动平均	平稳序列	数据个数与移动平均的步长相等	非常短
简单指数平滑	平稳序列	5 个以上	短期
Holt 指数平滑	线性趋势	5 个以上	短期至中期
一元线性回归	线性趋势	10 个以上	短期至中期
指数模型	非线性趋势	10 个以上	短期至中期
多项式函数	非线性趋势	10 个以上	短期至中期
Winter 指数平滑	趋势和季节成分	至少有 4 个周期的季度或月份数据	短期至中期

续表

预测方法	适合的数据模式	对数据的要求	预测期
含季节哑变量的多元回归	趋势和季节成分	至少有4个周期的季度或月份数据	短期、中期、长期
分解预测	趋势、季节和循环成分	至少有4个周期的季度或月份数据	短期、中期、长期
ARIMA模型	平稳或可平稳化的序列	至少为50	短期、中期、长期

在选择了预测方法并利用该种方法进行预测后，反过来需要对所选择的方法进行评估，以确定所选择的方法是否合适。

预测方法的好坏取决于预测误差的大小。预测误差是预测值与实际值的差距，度量方法有平均误差、平均绝对误差、均方误差、平均百分比误差和平均绝对百分比误差等，其中较为常用的是均方误差。对于同一个时间序列有几种可供选择的方法时，以预测误差最小者为宜。

均方误差是误差平方和的平均数，用 MSE 表示，计算公式为：

$$MSE=\frac{\sum_{i=1}^{n}(Y_i-F_i)^2}{n}$$

式中，Y_i是第 i 期的实际值；F_i是第 i 期的预测值；n 为预测误差的个数。

判断预测方法是否合适的另一种方法是分析预测的残差。如果所选方法正确，则预测的残差会以坐标零轴为中心随机分布在一个水平带之内，没有固定的模式。反之，则说明所选的方法不合适。

8.3 平滑法预测

如果序列中只含有随机成分，用平滑方法进行预测比较合适，主要有**移动平均法**（moving average）、**简单指数平滑法**（simple exponential smoothing）和 Box-Jenkins 方法（ARIMA 模型）等等。其中，移动平均法和简单指数平滑法都是对时间序列进行平滑以消除其随机波动，因而统称为平滑法。平滑法既可用于短期预测，也可用于对时间序列进行平滑以描述序列的趋势（包括线性趋势和非线性趋势）。

移动平均法是选择一定长度的移动间隔，对时间序列逐期移动求得平均数作为下一期的预测值。设移动间隔为 $k(1<k<t)$，则 $t+1$ 期的移动平均预测值为：

$$F_{t+1}=\bar{Y}_t=\frac{Y_{t-k+1}+Y_{t-k+2}+\cdots+Y_{t-1}+Y_t}{k}$$

移动平均法只使用最近 k 期的数据，每次计算移动平均值时移动的间隔都为 k。至于多长的移动间隔较为合理，预测时可采用不同的移动步长进行预测，然后选择一个使均方误差达到最小的移动步长。

指数平滑法是用 t 期实际值 Y_t与 t 期预测值 F_t的加权平均值作为第 $t+1$ 期的预测值。

该方法是加权平均的一种特殊形式，观察值时间越远，其权数将跟着呈现指数下降，因而称为指数平滑。就一次指数平滑而言，$t+1$ 期的预测值是一段时期的预测值与观察值的线性组合，其预测模型为：

$$F_{t+1}=\alpha Y_t+(1-\alpha)F_t$$

式中，$\alpha(0<\alpha<1)$ 为平滑系数。

由于在开始计算时，还没有第 1 个时期的预测值 F_1，通常可以设 F_1 等于第 1 期的实际值，即 $F_1=Y_1$。

使用指数平滑法预测的关键是确定一个合适的平滑系数 α。因为不同的 α 对预测结果会产生不同影响。当 $\alpha=0$ 时，预测值仅仅是重复上一期的预测结果；当 $\alpha=1$ 时，预测值就是上一期的实际值。α 越接近 1，模型对时间序列变化的反应就越及时，因为它对当前的实际值赋予了比预测值更大的权数。同样，α 越接近 0，意味着对当前的预测值赋予更大的权数，因此模型对时间序列变化的反应就越慢。一般而言，当时间序列有较大的随机波动时，宜选较大的 α，以便能很快跟上近期的变化；当序列的随机波动较小时，宜选较小的 α。但实际应用时，还应考虑预测误差，这里仍用均方误差来衡量预测误差的大小，预测时可选择几个 α 进行比较，然后找出使预测误差最小的作为最后的 α 值。

【例 8.1】根据表 8－1 中的棉花产量数据，分别采用移动平均法和指数平滑法预测 2020 年的棉花产量，并将原序列和预测后的序列绘制成图形进行比较。

采用 Excel【数据分析】中的【移动平均】（取 $k=3$）和【指数平滑】（取 $\alpha=0.3$）得到的预测结果如表 8－4 和图 8－4 所示。

表 8－4　棉花产量的移动平均和指数平滑预测

年份	棉花产量（万吨）	移动平均预测（$k=3$）	指数平滑预测（$\alpha=0.3$）
1990	450.8	—	—
1991	567.5	—	450.8
1992	450.8	—	485.8
1993	373.9	489.7	475.3
1994	434.1	464.1	444.9
1995	476.8	419.6	441.6
1996	420.3	428.3	452.2
1997	460.3	443.7	442.6
1998	450.1	452.5	447.9
1999	382.9	443.6	448.6
2000	441.7	431.1	428.9
2001	532.4	424.9	432.7
2002	491.6	452.3	462.6

续表

年份	棉花产量（万吨）	移动平均预测（k=3）	指数平滑预测（α=0.3）
2003	486.0	488.6	471.3
2004	632.4	503.3	475.7
2005	571.4	536.7	522.7
2006	753.3	563.3	537.3
2007	762.4	652.4	602.1
2008	749.2	695.7	650.2
2009	637.7	755.0	679.9
2010	596.1	716.4	667.2
2011	651.9	661.0	645.9
2012	660.8	628.6	647.7
2013	628.2	636.3	651.6
2014	629.9	647.0	644.6
2015	590.7	639.6	640.2
2016	534.3	616.3	625.3
2017	565.3	585.0	598.0
2018	610.3	563.4	588.2
2019	588.9	570.0	594.8
2020	—	588.2	593.1

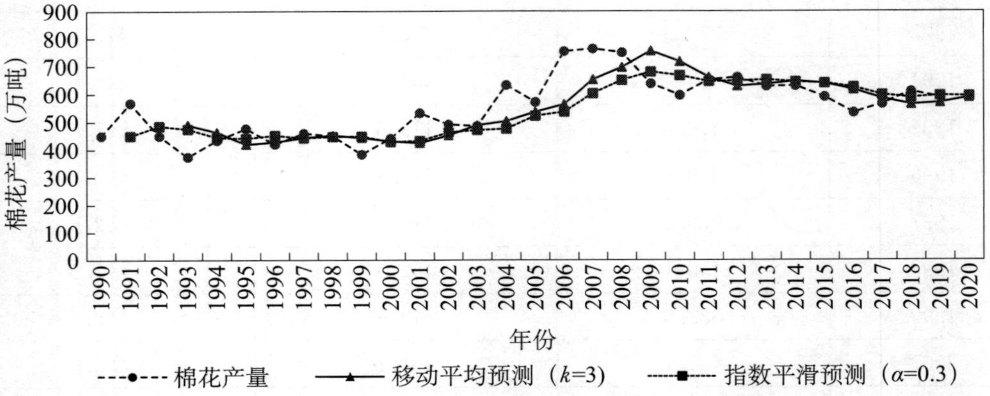

图 8-4　棉花产量的移动平均和指数平滑预测

8.4 趋势模型预测

当序列存在明显的趋势成分时，如果这种趋势能够延续到未来，就可以利用趋势进行外推预测。趋势预测的方法主要有线性趋势预测、非线性趋势预测等。

8.4.1 线性趋势预测

线性趋势（linear trend）是现象随着时间的推移呈现出稳定增长或下降的线性变化规律。例如，观察图 8-1（a）中的原油产量序列图就会发现其有较为明显的线性趋势。如果这种趋势能延续到未来，就可以拟合一个线性趋势方程来预测未来原油产量。用 $\hat{Y}_t$ 表示 Y_t 的预测值，t 表示时间变量，线性趋势方程可表示为：

$$\hat{Y}_t = b_0 + b_1 t$$

式中，b_1 是趋势线的斜率，表示时间 t 变动一个单位时，观察值的平均变动量。趋势方程中的两个待定系数 b_0 和 b_1 可按回归中的最小二乘法求得。趋势预测的误差可用线性回归中的估计标准误差来衡量。

【例 8.2】根据表 8-1 中的原油产量数据，用直线趋势方程预测 2020 年的原油产量，并给出各年的预测值和预测残差，将实际值和预测值绘制成图形进行比较。

根据最小二乘法求得的线性趋势方程为：$\hat{Y}_t = -476\ 585.139 + 246.559t$，$R^2 = 0.863$，预测的标准误差为 $s_e = 881.374$。$b_1 = 246.559$，表示时间每增加一年，原油产量平均增加 246.559 万吨。将 $t = 2020$ 代入趋势方程可以得到 2020 年的预测值①。各年的预测值及其残差见表 8-5，原油产量变化及其预测结果如图 8-5 所示②。

表 8-5　原油产量的线性趋势预测及残差

年份	原油产量（万吨）	线性趋势预测值	残差
1990	13 831.0	14 067.14	−236.14
1991	14 099.0	14 313.69	−214.69
1992	14 210.0	14 560.25	−350.25
1993	14 524.0	14 806.81	−282.81
1994	14 608.0	15 053.37	−445.37
1995	15 004.0	15 299.93	−295.93
1996	15 733.4	15 546.49	186.91

① 因趋势方程中的系数为四舍五入后的结果，如果将 t 的取值直接代入方程后计算得到的预测值与表 8-5 中软件自动预测的结果可能存在一定差异，以下同。

② 2016 年以来，受宏观政策、环境及突发事件等因素的影响，原油产量出现了持续下降趋势，导致残差偏大，有兴趣的读者可自行分析其具体原因。

续表

年份	原油产量（万吨）	线性趋势预测值	残差
1997	16 074.1	15 793.05	281.05
1998	16 100.0	16 039.61	60.39
1999	16 000.0	16 286.17	−286.17
2000	16 300.0	16 532.72	−232.72
2001	16 395.9	16 779.28	−383.38
2002	16 700.0	17 025.84	−325.84
2003	16 960.0	17 272.40	−312.40
2004	17 587.3	17 518.96	68.34
2005	18 135.3	17 765.52	369.78
2006	18 476.6	18 012.08	464.52
2007	18 631.8	18 258.64	373.16
2008	19 043.1	18 505.20	537.90
2009	18 949.0	18 751.76	197.24
2010	20 301.4	18 998.31	1 303.09
2011	20 287.6	19 244.87	1 042.73
2012	20 571.1	19 491.43	1 079.67
2013	20 991.9	19 737.99	1 253.91
2014	21 142.9	19 984.55	1 158.35
2015	21 456.0	20 231.11	1 224.89
2016	19 969.0	20 477.67	−508.67
2017	19 151.0	20 724.23	−1 573.23
2018	18 932.4	20 970.79	−2 038.39
2019	19 101.4	21 217.34	−2 115.94
2020	—	21 463.90	—

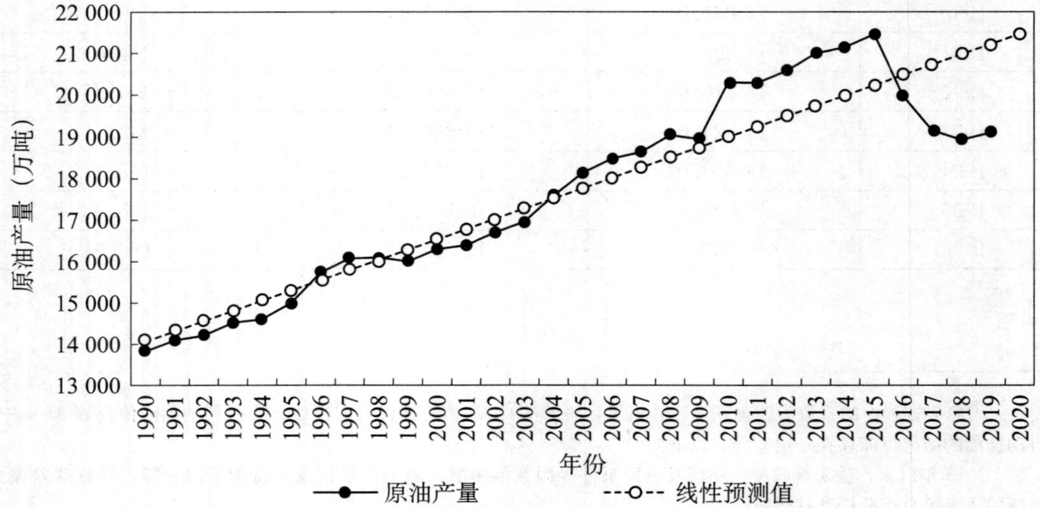

图 8-5　原油产量的线性趋势预测

8.4.2　非线性趋势预测

非线性趋势（non-linear trend）有各种各样的形态，下面介绍几种常用的趋势曲线。

1. 指数曲线

时间序列的观察值 Y_t 按指数规律变化，或者说逐期观察值按一定的增长率增长或衰减，这时可用**指数曲线**（exponential curve）进行预测。观察图 8－1（b）中的汽车产量趋势就会发现其呈现出某种指数曲线形态。指数曲线的趋势方程为：

$$\hat{Y}_t = b_0 \exp(b_1 t) = b_0 e^{b_1 t}$$

式中，b_0，b_1 为待定系数；exp 表示自然对数 ln 的反函数；e≈2.718。

【例 8.3】根据表 8－1 中的汽车产量数据，用指数曲线预测 2020 年的汽车产量，并计算出各期的预测值和残差，将实际值和预测值绘制成图形进行比较。

求得的指数曲线方程为 $\hat{Y}_t = 55.914e^{0.145t}$，将 $t=31$ 代入趋势方程得到 2020 年的预测值。各年的预测值及其残差见表 8－6，汽车产量变化及其预测的走势如图 8－6 所示[①]。

表 8－6　汽车产量的指数趋势预测及残差

年份	汽车产量（万辆）	指数趋势预测值	残差
1990	51.40	64.656 14	－13.256 14
1991	71.40	74.765 25	－3.365 25
1992	106.70	86.454 93	20.245 07
1993	129.90	99.972 32	29.927 68
1994	136.70	115.603 17	21.096 83
1995	145.30	133.677 94	11.622 06
1996	147.50	154.578 73	－7.078 73
1997	158.30	178.747 40	－20.447 40
1998	163.00	206.694 88	－43.694 88
1999	183.20	239.012 01	－55.812 01
2000	207.00	276.381 97	－69.381 97
2001	234.20	319.594 80	－85.394 80
2002	325.10	369.564 03	－44.464 03
2003	444.40	427.346 04	17.053 96
2004	509.10	494.162 38	14.937 62
2005	570.50	571.425 57	－.925 57
2006	727.90	660.769 01	67.130 99

① 2016 年以来，受宏观政策、环境及突发事件等因素的影响，汽车产量出现了持续下降趋势，导致残差偏大，有兴趣的读者可自行分析其具体原因。

续表

年份	汽车产量（万辆）	指数趋势预测值	残差
2007	888.90	764.081 45	124.818 55
2008	930.60	883.546 98	47.053 02
2009	1379.50	1021.691 17	357.808 83
2010	1826.50	1181.434 46	645.065 54
2011	1841.64	1366.153 90	475.486 10
2012	1927.62	1579.754 56	347.865 44
2013	2212.09	1826.752 08	385.337 92
2014	2372.52	2112.368 11	260.151 89
2015	2450.35	2442.640 73	7.709 27
2016	2811.91	2824.552 08	−12.642 08
2017	2901.81	3266.175 97	−364.365 97
2018	2782.74	3776.848 56	−994.108 56
2019	2567.67	4367.365 74	−1799.695 74
2020	—	5050.211 37	—

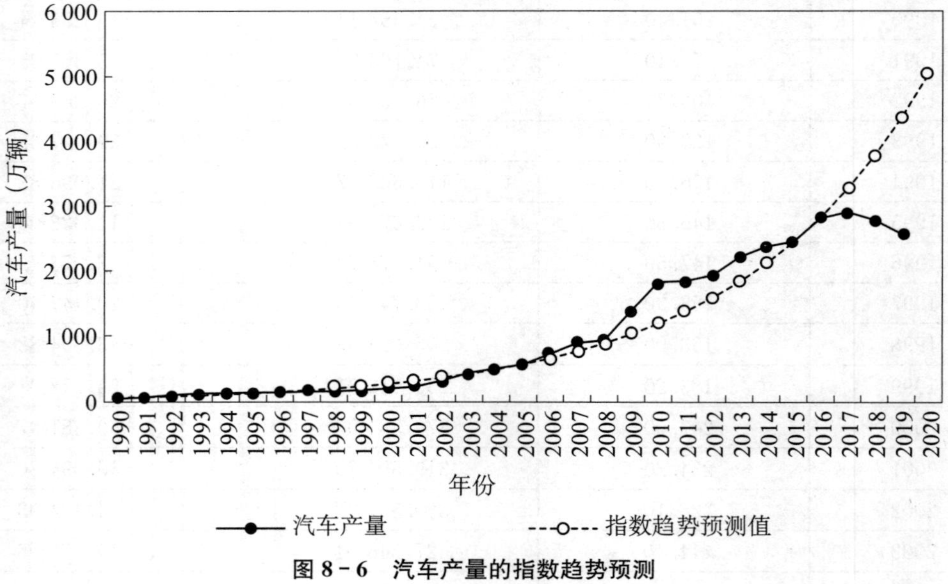

图8-6 汽车产量的指数趋势预测

2. 多阶曲线

有些现象的变化形态比较复杂，它们不是按照某种固定的形态变化，而是有升有降，在变化过程中可能有几个拐点，这时就需要拟合多项式函数。当只有一个拐点时，可以拟合二阶曲线，即抛物线；当有两个拐点时，需要拟合三阶曲线；当有 $k-1$ 个拐点时，需要拟合 k 阶曲线。k 阶曲线函数的一般形式为：

$$\hat{Y}_t = b_0 + b_1 t + b_2 t^2 + \cdots + b_k t^k$$

将其线性化后可根据最小二乘法求得曲线中的系数 b_0，b_1，…，b_k。

【例 8.4】 根据表 8-1 中的金属切削机床产量数据，拟合适当的趋势曲线，预测 2020 年的金属切削机床产量，并计算出各期的预测值和残差，将实际值和预测值绘制成图形进行比较。

从图 8-1（c）可以看出，金属切削机床产量的变化有多个拐点，因此可考虑拟合三阶曲线或四阶曲线，然后比较预测误差，选择误差小者即可。用最小二乘法得到的三阶曲线趋势方程为：

$$\hat{Y}_t = 38.632 - 10.278t + 1.092t^2 - 0.025t^3$$

四阶曲线趋势方程为：

$$\hat{Y}_t = 19.195 + 0.658t - 0.436t^2 + 0.051t^3 - 0.001t^4$$

将 $t=1$，2，…，31 代入趋势方程得到各期的预测值。三阶曲线和四阶曲线的预测结果见表 8-7，预测走势及残差如图 8-7 和图 8-8 所示。

表 8-7　金属切削机床产量的三阶曲线和四阶曲线预测

年份	金属切削机床产量（万台）	三阶预测值	三阶残差	四阶预测值	四阶残差
1990	13.50	29.42	−15.92	19.47	−5.97
1991	16.40	22.25	−5.85	19.16	−2.76
1992	22.90	16.96	5.94	18.53	4.37
1993	26.20	13.41	12.79	17.81	8.39
1994	20.70	11.45	9.25	17.21	3.49
1995	20.30	10.93	9.37	16.90	3.40
1996	17.70	11.71	5.99	17.03	.67
1997	18.70	13.63	5.07	17.71	.99
1998	11.90	16.55	−4.65	19.03	−7.13
1999	14.20	20.32	−6.12	21.05	−6.85
2000	17.70	24.79	−7.09	23.79	−6.09
2001	25.60	29.81	−4.21	27.26	−1.66
2002	30.90	35.24	−4.34	31.41	−.51
2003	30.60	40.92	−10.32	36.20	−5.60
2004	48.70	46.71	1.99	41.52	7.18
2005	51.10	52.46	−1.36	47.27	3.83
2006	57.30	58.02	−.72	53.30	4.00

续表

年份	金属切削机床产量（万台）	三阶预测值	三阶残差	四阶预测值	四阶残差
2007	64.70	63.25	1.45	59.42	5.28
2008	71.70	67.98	3.72	65.43	6.27
2009	58.60	72.09	−13.49	71.09	−12.49
2010	69.70	75.41	−5.71	76.15	−6.45
2011	88.68	77.81	10.87	80.29	8.39
2012	88.23	79.12	9.11	83.21	5.02
2013	87.55	79.21	8.34	84.53	3.02
2014	85.80	77.92	7.88	83.89	1.91
2015	75.50	75.11	.39	80.87	−5.37
2016	67.28	70.63	−3.35	75.03	−7.75
2017	60.85	64.33	−3.48	65.90	−5.05
2018	54.07	56.06	−1.99	52.97	1.10
2019	42.10	45.67	−3.57	35.72	6.38
2020	—	33.02	—	13.58	—

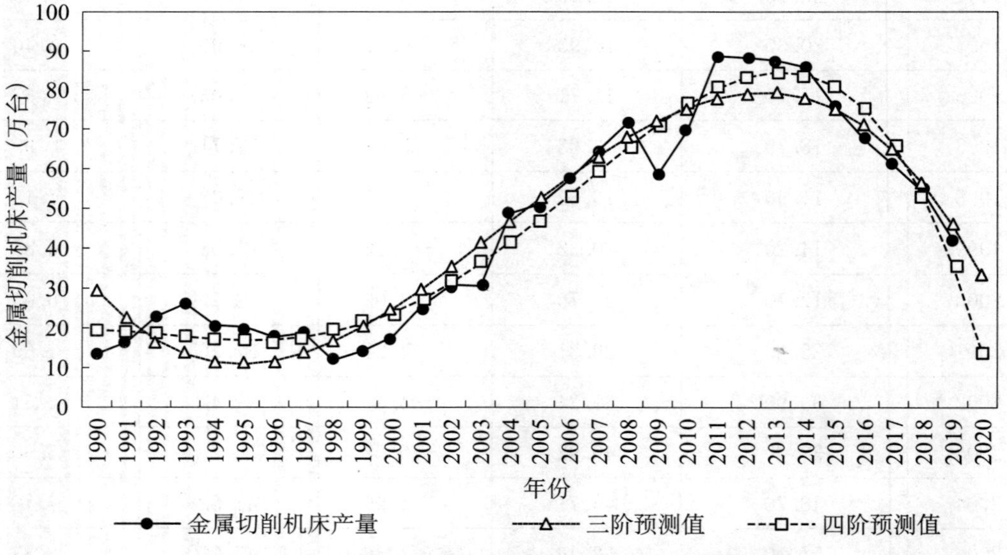

图8-7　金属切削机床产量的三阶曲线和四阶曲线预测

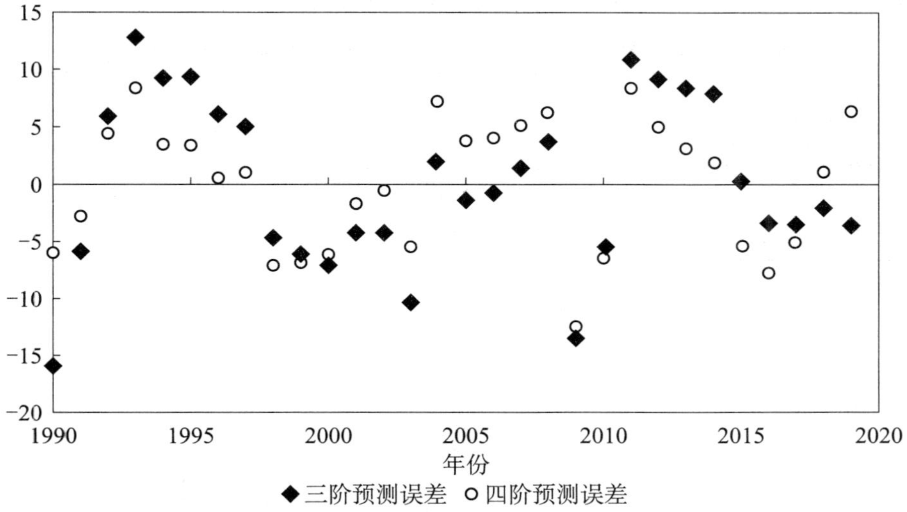

图 8-8　金属切削机床产量的三阶曲线和四阶曲线残差图

8.5　多成分序列的预测

有些时间序列可能同时含有多种成分。对只含有季节成分的时间序列，其预测方法有多元线性回归预测、Winter 指数平滑预测、分解预测等。

8.5.1　多元线性回归预测

如果时间序列除含有季节成分外还含有线性趋势，则可以将季节作为虚拟变量引入多元线性回归模型进行预测。按季度记录的数据，需要引入 3 个虚拟变量；按月份记录的数据，需要引入 11 个虚拟变量。对月份时间序列数据，引入的虚拟变量（12 月份为参照月份）为：

$$M_1=\begin{cases}1,1\text{ 月份}\\0,\text{其他月份}\end{cases},\ M_2=\begin{cases}1,2\text{ 月份}\\0,\text{其他月份}\end{cases},\ \cdots,\ M_{11}=\begin{cases}1,11\text{ 月份}\\0,\text{其他月份}\end{cases}$$

则季节性多元回归方程可表示为：

$$\hat{Y}=b_0+\underbrace{b_1 t}_{\text{趋势}}+\underbrace{b_2 M_1+b_3 M_2+\cdots+b_{12} M_{11}}_{\text{季节成分}}$$

式中，b_0是时间序列的平均值；b_1是趋势成分的系数，表示趋势给时间序列带来的影响值；M_1，M_2，…，M_{11}表示 11 个虚拟变量；b_2，b_3，…，b_{12}是系数，表示每一个月份与参照的 12 月份的平均差值。

【例 8.5】根据表 8-2 的社会消费品零售总额数据，用多元线性回归模型预测 2020 年各月份的零售总额。

将月份作为虚拟变量引入多元线性回归模型，得到 2020 年各月份零售总额的预测结果见表8-8，2010年至2020年各月份预测结果的图形见图8-9，残差图见图8-10。

表8-8　2020年各月份社会消费品零售总额的线性回归预测结果

月份	1月	2月	3月	4月	5月	6月
预测值	36 689.0	33 469.1	34 702.4	34 390.6	35 998.5	36 154.1
月份	7月	8月	9月	10月	11月	12月
预测值	35 925.0	36 455.8	37 434.4	39 490.4	39 176.3	40 446.2

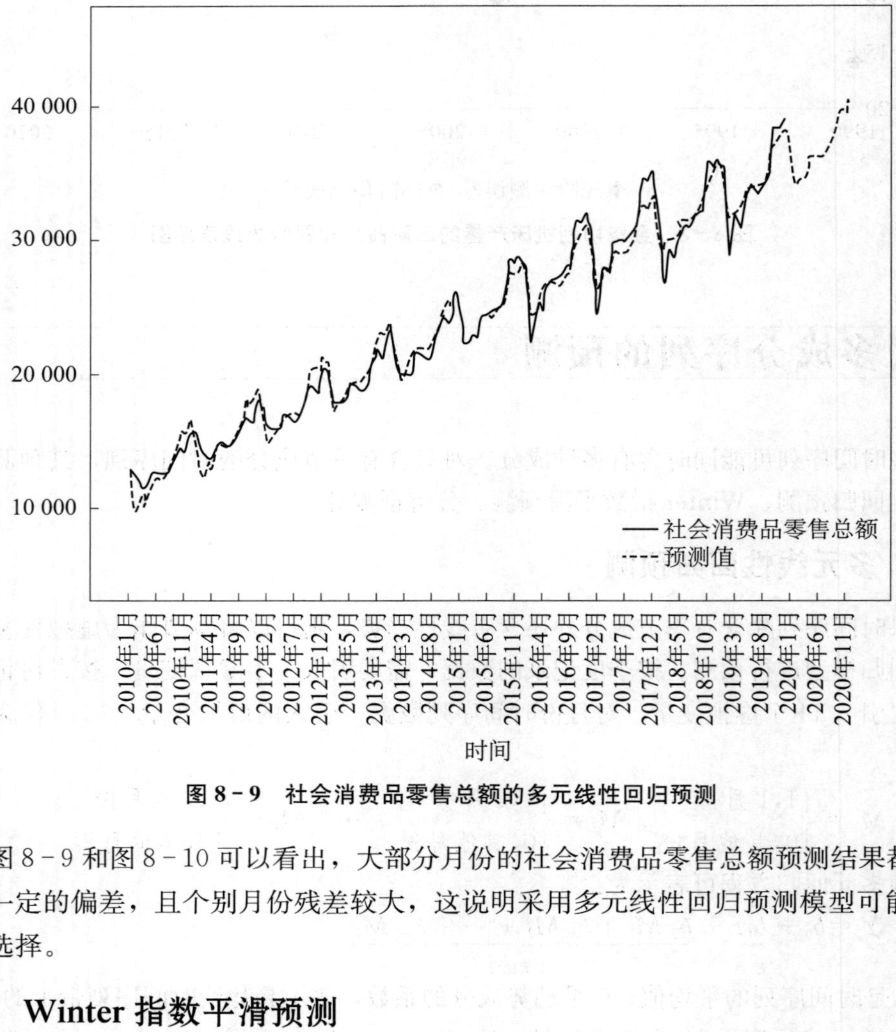

图8-9　社会消费品零售总额的多元线性回归预测

从图8-9和图8-10可以看出，大部分月份的社会消费品零售总额预测结果都与实际值存在一定的偏差，且个别月份残差较大，这说明采用多元线性回归预测模型可能并不是最佳的选择。

8.5.2　Winter指数平滑预测

时间序列中既含有趋势成分又含有季节成分，也可以使用Winter指数平滑模型进行预测，一般简称为**Winter模型**（Winter's model）。

Winter指数平滑模型包含三个平滑参数，即α，γ，δ(取值均在0和1之间）和以下四个方程：

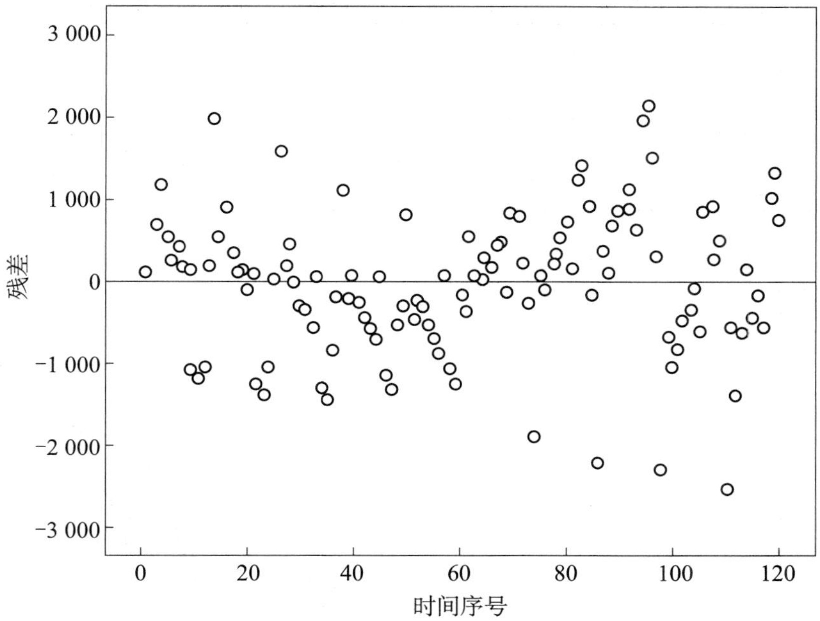

图 8-10　社会消费品零售总额的多元线性回归预测的残差图

平滑值：$S_t=\alpha\dfrac{Y_t}{I_{t-L}}+(1-\alpha)(S_{t-1}+T_{t-1})$

趋势项更新：$T_t=\gamma(S_t-S_{t-1})+(1-\gamma)T_{t-1}$

季节项更新：$I_t=\delta\dfrac{Y_t}{S_t}+(1-\delta)I_{t-L}$

未来第 k 期的预测值：$F_{t+k}=(S_t+kT_t)I_{t-L+k}$

式中，L 为季节周期的长度，季度数据的 $L=4$，月份数据的 $L=12$；I 为季节调整因子。

第一个方程用来求平滑值。Y_t/I_{t-L}是用季节调整因子 I_{t-L} 去除观测值 Y_t，以消除季节变动。

第二个方程是对趋势值的修正。用参数 γ 加权趋势增量（S_t-S_{t-1}），用（$1-\gamma$）加权前期趋势值 T_{t-1}，以此来对趋势值进行修正。

第三个方程中，Y_t/S_t是根据季节变动来调整实际值。用参数 δ 加权这一调整值，用（$1-\delta$）加权前一个季度数据 I_{t-L}，其结果就是 t 期的季节调整因子。

第四个方程是用于预测的模型。

使用 Winter 模型进行预测，要求数据至少是按季度或月份收集的，而且需要有 4 个以上的季节周期（4 年以上的数据）。

【例 8.6】根据表 8-2 的社会消费品零售总额数据，用 Winter 指数平滑模型预测 2020 年各月份的零售总额。

由 Winter 模型得到 2020 年各月份零售总额的预测结果见表 8-9，2010—2020 年各月份预测结果的图形见图 8-11，残差图见图 8-12。

表 8-9　2020 年各月份社会消费品零售总额的 Winter 模型预测结果

月份	1月	2月	3月	4月	5月	6月
预测值	37 449.5	31 103.0	34 225.9	33 083.0	35 408.0	36 257.2
月份	7月	8月	9月	10月	11月	12月
预测值	35 469.1	36 313.5	36 924.9	40 542.1	40 516.1	41 184.0

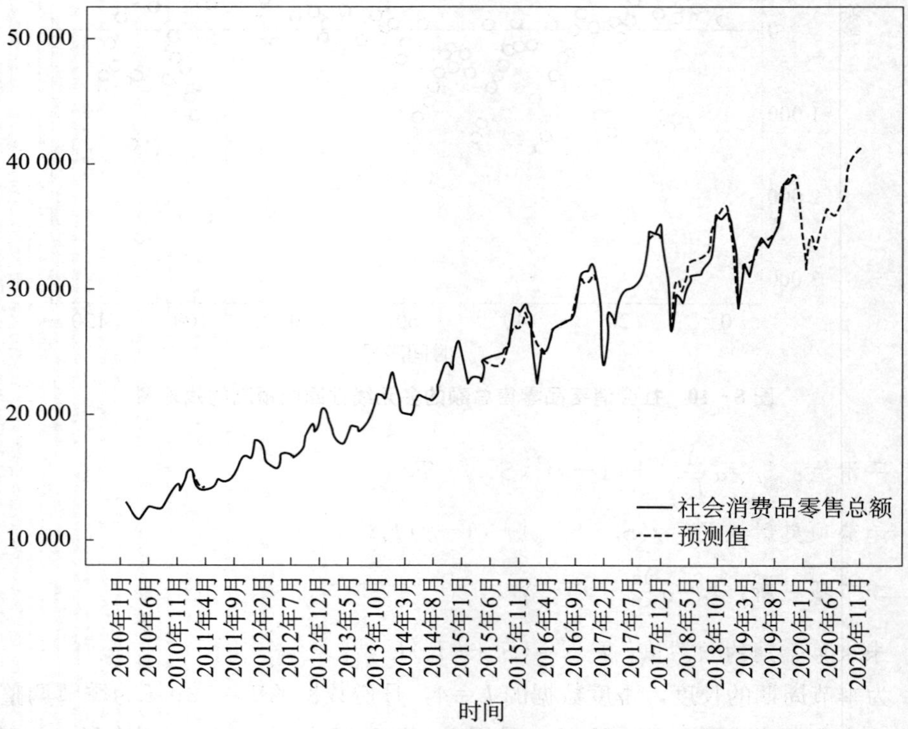

图 8-11　社会消费品零售总额的 Winter 模型预测

从图 8-11 和图 8-12 可以看出，大部分月份的社会消费品零售总额预测结果与实际值十分接近，残差较小，只有极个别月份残差偏大，说明相较于多元线性回归模型，Winter 模型的预测效果明显改善很多，是更为理想的选择。

8.5.3　分解预测

分解预测是先将时间序列的各个成分依次分解出来，而后再进行预测。由于循环波动成分的周期通常很长（一般来说循环时间为 2～15 年），实际中往往难以获得足够长的时间序列数据来对其进行分析，因此可只考虑趋势、季节成分和随机波动成分。采用分解法进行预测时，需要先找出季节成分并将其从序列中分离出去，然后再建立模型进行预测。

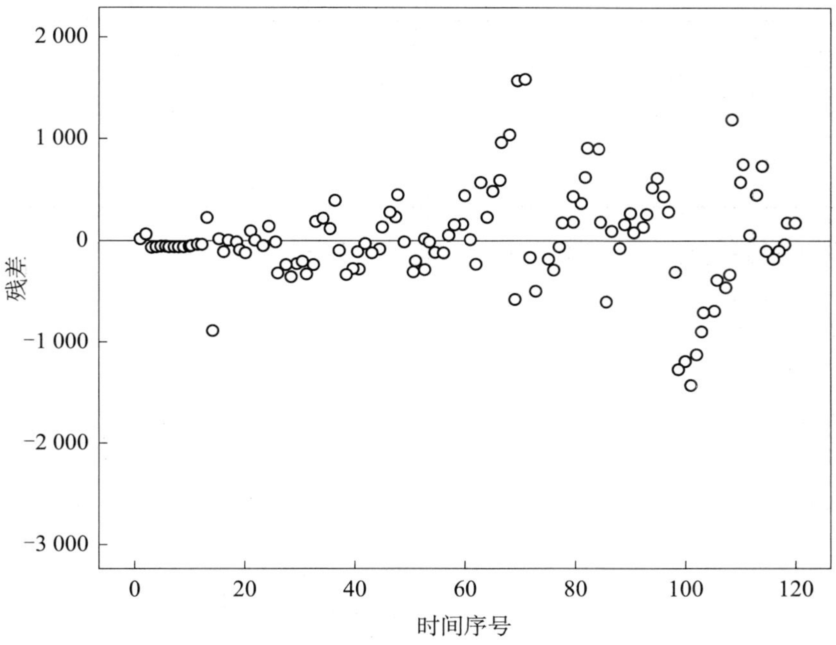

图 8-12　社会消费品零售总额 Winter 模型预测的残差图

季节成分可以用**季节指数**（seasonal index）来表示，它用某一月份或季度的数值占全年平均数值的大小来表示季节特征。季节指数可按移动平均趋势剔除法计算。该方法首先计算出移动平均值①，并将其结果进行“中心化”处理，也就是将移动平均的结果再进行一次 2 项移动平均，即得出中心化移动平均值（CMA）②；然后将实际值除以相应的中心化移动平均值计算出移动平均的比值，也称为季节比率；再将这一比值按季度（或月份）平均，经调整后③即为季节指数。

计算出季节指数后，将各实际值分别除以相应的季节指数④，便将季节成分从时间序列中分离出去了，再根据分离季节成分后的时间序列选择适当的模型进行预测，最后将预测结果乘以相应的季节指数，就是最终的预测值。

【例 8.7】根据表 8-2 的社会消费品零售总额数据，用分解法预测 2020 年各月份的零售总额。

按照前文的方法计算出各月份的季节指数如表 8-10 所示。

---

① 如果是季度数据采用 4 项移动平均，月份数据则采用 12 项移动平均。用每 4 项或 12 项数据的平均值作为这些数据中间位置的数值，此时中间位置没有对应的季度或月份，需要经过下一步的“中心化”处理使得最终的数值有对应的具体时期。

② 经过“中心化”处理后，第一个中心化移动平均值恰好对应的是第一年的 3 季度或 7 月份的数值。

③ 由于各季节指数的平均数应等于 1 或 100%，若季节比率的平均值不等于 1 时，则需要进行调整。具体方法是将每个季节比率除以它们的总平均值。

④ 基于常用的乘法模型，通过将实际观测值除以季节指数来分离季节成分。

表 8-10 各月份的季节指数

月份	1月	2月	3月	4月	5月	6月
季节指数	1.054 3	0.905 3	0.946 3	0.925 1	0.985 5	0.980 8
月份	7月	8月	9月	10月	11月	12月
季节指数	0.959 0	0.972 6	1.017 4	1.083 2	1.056 5	1.113 9

经季节调整后社会消费品零售总额的变化趋势如图 8-13 所示。

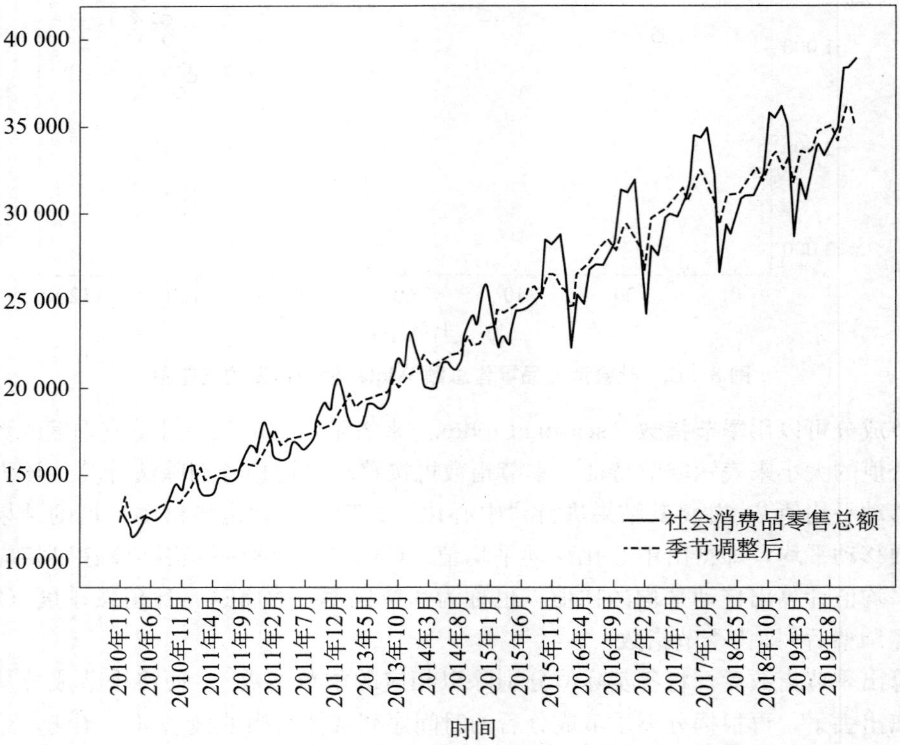

图 8-13 剔除季节变动后社会消费品零售总额的变化趋势

从图 8-13 可以看出，剔除季节变动后，社会消费品零售总额具有较为明显的线性变化趋势，因此采用线性回归模型对剔除季节变动后的数据进行预测，然后再将预测结果乘以相应的季节指数。最终预测得到的 2020 年各月份结果如表 8-11 所示，2010—2020 年各月份预测结果的图形见图 8-14，残差图见图 8-15。

表 8-11 2020 年各月份社会消费品零售总额的分解预测结果

月份	1月	2月	3月	4月	5月	6月
预测值	37 478.6	32 362.5	34 018.4	33 442.5	35 820.6	35 847.3
月份	7月	8月	9月	10月	11月	12月
预测值	35 243.8	35 938.6	37 797.8	40 456.8	39 674.4	42 050.9

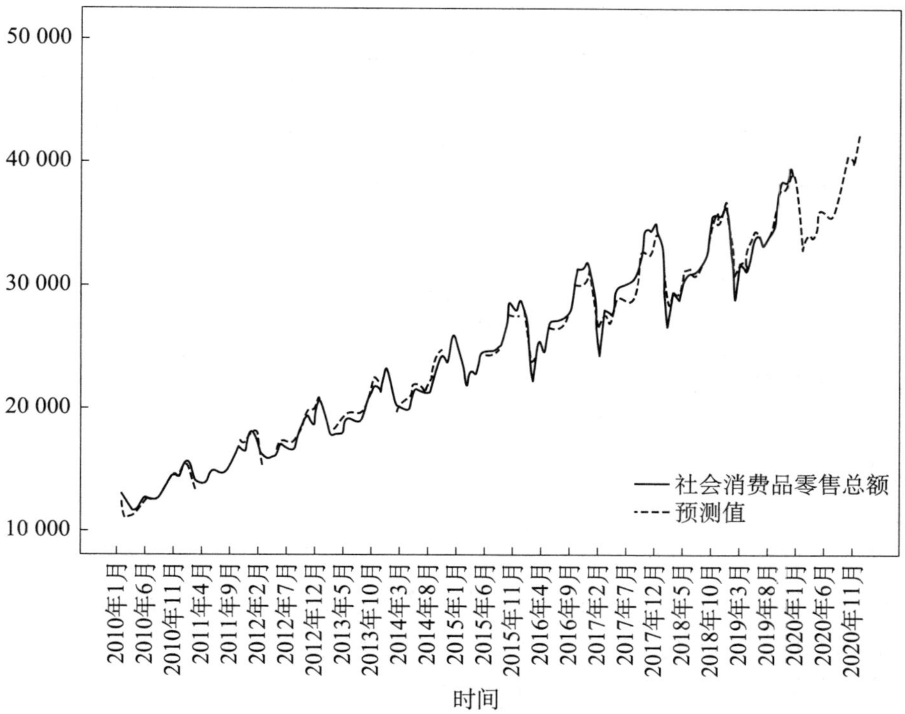

图 8－14　社会消费品零售总额的分解预测

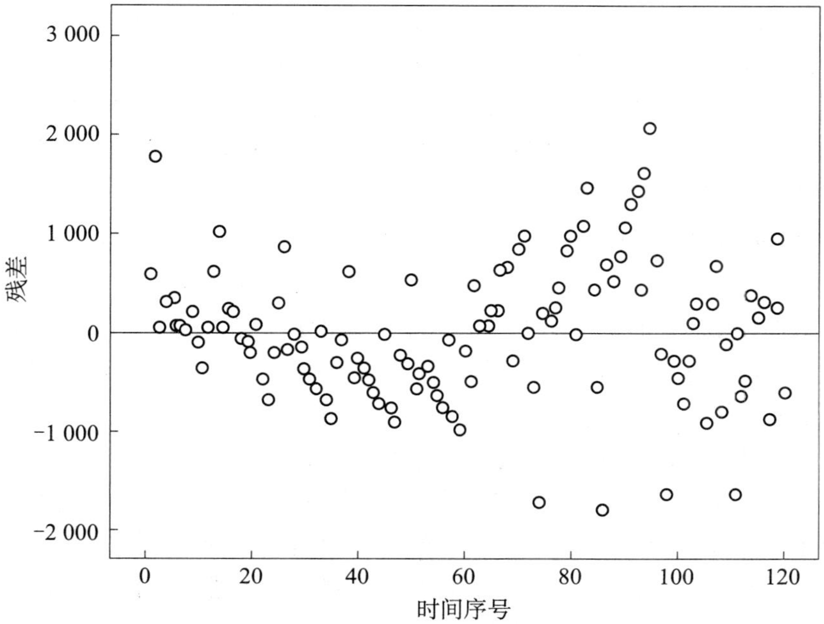

图 8－15　社会消费品零售总额分解预测的残差图

从图 8－14 和图 8－15 可以看出，分解预测效果似乎介于多元线性回归模型和 Winter

模型之间。表8-12给出了三种预测方法的均方误差，进一步验证了该结论。

表8-12　三种方法下社会消费品零售总额预测的均方误差比较

预测方法	多元线性回归模型	Winter指数平滑模型	分解预测
均方误差	816 395.115	302 950.107 9	467 532.993 3

软件应用

1. 用Excel进行预测

（1）移动平均预测。

第1步：点击【数据】→【数据分析】。

第2步：在弹出的对话框中选择【移动平均】，点击【确定】。

第3步：在弹出的对话框【输入区域】中选择时间序列数据所在的单元格区域；在【间隔】中输入移动平均的步长；在【输出区域】中选择预测结果的输出位置（注意：为了使预测值与相应的实际值相对应，在选择输出区域时，应将输出区域的第一个单元格设置在第1期原始数值的下一行）；单击【确定】按钮。

（2）简单指数平滑预测。

第1步：点击【数据】→【数据分析】。

第2步：在弹出的对话框中选择【指数平滑】，点击【确定】。

第3步：在弹出的对话框【输入区域】中选择时间序列数据所在的单元格区域；在【阻尼系数】中输入$1-\alpha$的值（阻尼系数$=1-$平滑系数α）；在【输出区域】中选择预测结果的输出位置（通常选择与第1期原始数值对应的单元格）；单击【确定】按钮。

2. 用SPSS进行指数平滑预测

使用SPSS进行时间序列预测时，首先需要对观测值序列附加时间因素。方法是选择【数据】→【定义日期】，然后在【个案为】框内根据需要选择【年】、【年、季度】等具体的数据时间格式，然后在右侧显示的【第一个个案为】下输入第1期观测值对应的时间，单击【确定】按钮。这样，SPSS会在数据编辑窗口中自动生成原始观测值序列对应的时间变量。接下来，按照以下步骤对数据进行指数平滑预测：

第1步：选择【分析】→【预测】→【创建模型】，进入主对话框。

第2步：将被预测变量选入【因变量】，在【方法】下拉框内选择【指数平滑法】，并点击右侧的【条件】，进入子对话框后，在【模型类型】下根据需要选择相应的预测模型，点击【继续】返回主对话框。（做简单指数平滑预测，选择【简单】；做Winter指数平滑预测，如果序列的趋势不依赖于序列的水平，选择【Winters可加性】，否则，选择【Winters相乘性】。）

第3步：点击【保存】，在【保存变量】下选择需要保存的预测结果，如【预测值】、

【置信区间的下限】、【置信区间的上限】、【噪声残值】等。点击【选项】，在【预测阶段】下选中【模型评估期后的第一个个案到指定日期之间的个案】，进行简单指数平滑预测时，在【日期】框内输入要预测的时期（例如，要预测 2020 年的值，在【年】中输入 2020）；进行 Winter 指数平滑预测时，在【日期】下的【年】中输入要预测的年份，在【月】中输入要预测的月份数（例如，要预测 2020 年 1—12 月的值，在【年】中输入 2012，在【月】中输入 12），单击【确定】按钮。

本章主要公式

名称	公式
均方误差	$MSE=\dfrac{\sum_{i=1}^{n}(Y_i-F_i)^2}{n}$
移动平均预测	$F_{t+1}=\overline{Y}_t=\dfrac{Y_{t-k+1}+Y_{t-k+2}+\cdots+Y_{t-1}+Y_t}{k}$
指数平滑预测	$F_{t+1}=\alpha Y_t+(1-\alpha)F_t$
线性趋势方程的斜率和截距	$b_1=\dfrac{n\sum tY-\sum t\sum Y}{n\sum t^2-(\sum t)^2}$ $b_0=\bar{y}-b_1\bar{t}$
指数曲线预测方程	$\hat{Y}_t=b_0\exp(b_1t)=b_0e^{b_1t}$
k 阶曲线函数	$\hat{Y}_t=b_0+b_1t+b_2t^2+\cdots+b_kt^k$
Winter 指数平滑预测	$F_{t+k}=(S_t+kT_t)I_{t-L+k}$

习　题

8.1　时间序列通常由哪几个要素组成？如何理解各要素的含义？

8.2　有哪些常用的时间序列预测方法？简述如何根据时间序列数据的特征选择合适的方法进行预测。

8.3　下面是一家旅馆过去 18 个月的营业额数据：

月份	营业额（万元）	月份	营业额（万元）
1	295	10	473
2	283	11	470
3	322	12	481
4	355	13	449
5	286	14	544
6	379	15	601
7	381	16	587
8	431	17	644
9	424	18	660

（1）用3期移动平均法预测第19个月的营业额。

（2）采用指数平滑法，分别用平滑系数 $\alpha=0.3$，$\alpha=0.4$ 和 $\alpha=0.5$ 预测各月的营业额，分析预测误差，说明用哪一个平滑系数预测更合适。

（3）建立一个趋势方程预测各月的营业额，计算出估计标准误差。

8.4　下表是2000—2020年人均国内生产总值数据：

年份	人均国内生产总值（元）	年份	人均国内生产总值（元）
2000	7 942	2011	36 302
2001	8 717	2012	39 874
2002	9 506	2013	43 684
2003	10 666	2014	47 005
2004	12 487	2015	50 028
2005	14 368	2016	53 680
2006	16 738	2017	59 201
2007	20 494	2018	64 644
2008	24 100	2019	70 892
2009	26 180	2020	72 447
2010	30 808		

（1）绘制时间序列图描述其趋势。

（2）选择一条合适的趋势线拟合数据，并根据趋势线预测2021年的人均国内生产总值。

8.5　对下面的数据分别拟合线性趋势线 $\hat{Y}_t=b_0+b_1t$、二阶曲线 $\hat{Y}_t=b_0+b_1t+b_2t^2$ 和三阶曲线 $\hat{Y}_t=b_0+b_1t+b_2t^2+b_3t^3$，并对预测结果进行比较。

时间 t	观测值 Y	时间 t	观测值 Y
1	372	19	360
2	370	20	357
3	374	21	356
4	375	22	352
5	377	23	348
6	377	24	353
7	374	25	356
8	372	26	356
9	373	27	356
10	372	28	359
11	369	29	360
12	367	30	357
13	367	31	357
14	365	32	355
15	363	33	356
16	359	34	363
17	358	35	365
18	359		

8.6　下表中的数据是一家电子商务平台过去十年各季度的销售额（单位：万元）。对这一时间序列的构成要素进行分解，计算季节指数剔除季节变动，并拟合剔除季节变动后的趋势方程，预测该电子商务平台 2020 年各季度的销售额。

年份	1 季度	2 季度	3 季度	4 季度
2010	993.1	971.2	2 264.1	1 943.3
2011	1 673.6	1 931.5	3 927.8	3 079.6
2012	2 342.4	2 552.6	3 747.5	4 472.8
2013	3 254.4	4 245.2	5 951.1	6 373.1
2014	3 904.2	5 105.9	7 252.6	8 630.5
2015	5 483.2	5 997.3	8 776.1	8 720.6
2016	5 123.6	6 051.0	9 592.2	8 341.2
2017	4 942.4	6 825.5	8 900.1	8 723.1
2018	5 009.9	6 257.9	8 016.8	7 865.6
2019	6 059.3	5 819.7	7 758.8	8 128.2

第 9 章

用少数变量代表多个变量

好的模型选择可遵循一个称为奥克姆剃刀（Occam's Razor）的基本原理：最好的科学模型往往最简单，且能解释所观察到的事实。

——威廉·纳维迪（William Navidi）

如果你到裁缝店定做一件上衣，需要测量多个尺寸，譬如衣长、袖长、胸围、腰围、肩宽等，但某服装厂要生产一批服装，却不可能完全按照每个人的这些尺寸来对型号进行划分，而是把各个方面进行高度概括，用少数几个指标作为分类的依据，既简单明了又能有效地反映不同人群的体态特征。实际上，我们在日常生活中经常遇到包含多个变量的数据，例如，各个地区的若干经济指标数据，上市公司审计报表公布的多项财务数据，等等。这些数据中的变量虽然很多，但往往相互之间都有一定的关联，存在着信息重叠，使得只要找出少数几个“代表”变量就可以对复杂的信息进行比较完整的描述了。**主成分分析**（principal component analysis）和**因子分析**（factor analysis）便是实现这一过程的两种常用方法。

9.1 主成分分析

9.1.1 主成分分析的基本思想

先看下面的例子。

【例 9.1】表 9－1 是北京市某高中 50 名学生的 6 门课程测试成绩数据。

表 9－1 北京市某高中 50 名学生测试成绩数据 单位：分

学生代码	数学	物理	化学	语文	历史	英语	学生代码	数学	物理	化学	语文	历史	英语
1	71	64	94	52	61	52	26	73	72	70	88	86	79
2	78	96	81	80	89	76	27	77	81	62	85	90	87
3	69	56	67	75	94	80	28	61	65	81	98	94	95
4	77	90	80	68	66	60	29	79	95	83	89	89	79
5	84	67	75	60	70	63	30	81	90	79	73	85	80
6	62	67	83	71	85	77	31	85	77	75	52	73	59
7	74	65	75	72	90	73	32	68	85	70	84	89	86
8	91	74	97	62	71	66	33	85	91	95	63	76	66
9	72	87	72	79	83	76	34	91	85	100	70	65	76
10	82	70	83	68	77	85	35	74	74	84	61	80	69
11	63	70	60	91	85	82	36	88	100	85	49	71	66
12	74	79	95	59	74	59	37	63	82	66	89	78	80
13	66	61	77	62	73	64	38	87	84	100	74	81	76
14	90	82	98	47	71	60	39	81	98	84	57	65	69
15	77	90	85	68	73	76	40	64	79	64	72	76	74
16	91	82	84	54	62	60	41	60	51	60	78	74	76
17	78	84	100	51	60	60	42	75	84	76	65	76	73
18	90	78	78	59	72	66	43	59	75	81	82	77	73
19	80	100	83	53	73	70	44	64	59	56	71	79	67
20	58	51	67	79	91	85	45	64	61	49	100	99	95
21	72	89	88	77	80	83	46	56	48	61	85	82	80
22	64	55	50	68	68	65	47	62	45	67	78	76	82
23	77	89	80	73	75	70	48	86	78	92	87	87	77
24	72	68	77	83	92	79	49	66	72	79	81	87	66
25	72	67	61	92	92	88	50	61	66	48	98	100	96

乍一看，很难从这 6 门课程的测试成绩来评价这些学生的成绩优劣，也很难分析这些学生的成绩分布特征。要解决这些问题，自然希望能把这一数据中包含的 6 个变量概括成一两个综合变量。那么这一做法是否可行呢？提炼出来的少数变量能够代表原数据的多少信息？如何解释它们呢？我们首先来了解一下主成分分析的基本思想。

对于例9.1中的数据，每一个观测值（每个学生的成绩信息）都包含了6个变量，所以在坐标系中每一个观测值就是六维空间中的一个点，每一维代表一个变量。要把6个变量概括成一两个综合变量，实质上就是一个降维的过程。为便于直观阐述，我们先假定原始数据只包含两个变量，即原始数据是二维数据，以最简单的二维正态变量来说明主成分的几何意义。我们分别用横轴和纵轴表示两个变量，每个观测值就是二维坐标系中的一个点，所有的数据点大致散布成一个椭圆形[①]，如图9-1所示。从图中的散点分布特征可以看出，它们的取值沿着两个坐标轴的方向都具有较大的变异性（离散程度，通常用方差或标准差来表示），也就是两个变量包含的信息量都较大，如果直接舍弃任何一个变量，另一个变量仅反映了原始数据信息的一小部分，信息损失较大，因此不是降维的有效办法。

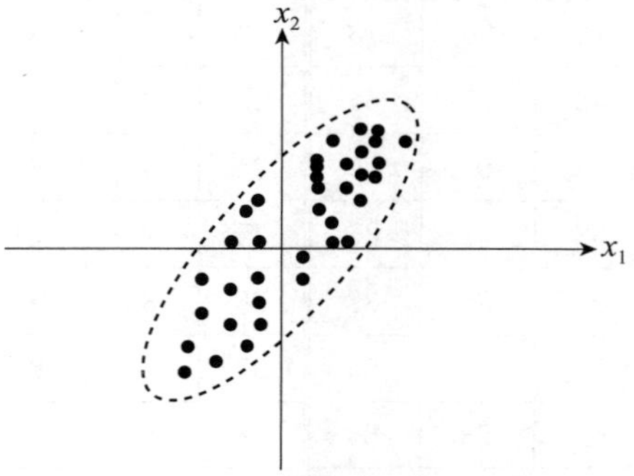

图9-1　两个原始变量的散点图

但我们发现，这两个变量呈现出较为明显的线性相关性，并且数据分布的椭圆有一个长轴和一个短轴，我们称之为主轴，主轴之间是相互垂直的。显然，短轴方向上，数据点之间的差异较小；长轴方向上，数据变化则较大。如果原坐标系中的横轴和纵轴能够分别与椭圆的长短轴平行，那么相对来说，长轴所代表的变量就描述了数据的主要变化，短轴所代表的变量则描述了数据的次要变化。这样，我们就可以把原始数据构成的坐标系进行旋转，产生一个新的坐标系，使得新坐标系的横轴和纵轴与椭圆的长短轴平行，实质上也就是把原始数据中的两个变量变换成两个新的变量。直观上看，椭圆的长轴和短轴相差越大，说明长轴方向所代表的变量包含的原始信息越多，那么用这个新变量来代替原始的两个变量（忽略包含少数信息的短轴变量）也就越合理，从而二维数据就可以降为一维数据。图9-2给出了示意图。

由此可见，主成分分析的基本思想就是要把原始数据构成的椭圆的主轴找出来，再用代表绝大部分信息的那个轴（也就是长轴）作为代替原始变量的新变量。多维变量的情况虽然更为复杂，但其降维过程与上述过程类似。只要把原始数据散布的高维椭球的各个主轴找出来，选择最长的几个轴作为新变量，主成分分析就基本完成了。在新的坐标系中，

① 在一定条件下数据点的散布形状才会接近椭圆形，例如我们在这里假定变量为二维正态变量。对于多个变量，同样要在其近似服从多元正态分布时，数据点才散布成椭圆形。

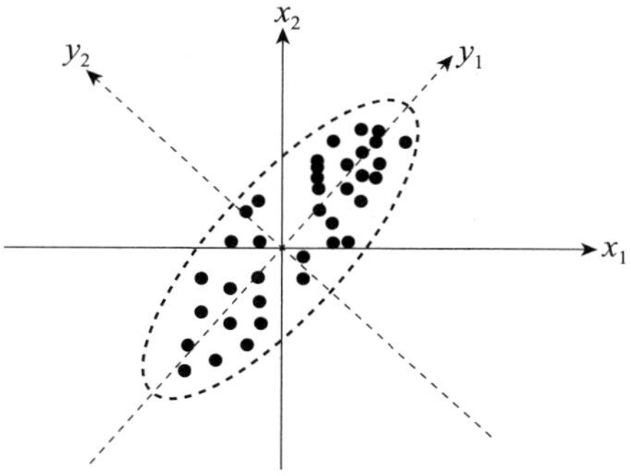

图 9-2　主成分分析的几何意义

作为椭圆（或椭球）的主轴，它们之间是相互垂直的，说明新变量之间是互不相关的。而在代数上，这些新变量是原始变量的线性组合，叫做**主成分**（principal component），线性组合的系数由坐标轴旋转的角度决定。

从上面的分析过程可以看出，原始数据中有几个变量，它们构成的椭球就有几个主轴，也就意味着最终可以找到几个主成分。而降维的目的，自然是选择越少的主成分来代表原始变量的绝大部分信息效果越好。根据前文描述的主成分分析的几何意义，选择的标准则是要求被选中的主成分所对应的主轴的长度之和能够占所有主轴长度总和的大部分。至于占到多少才足够具有代表性，并没有一个硬性的说法，有些文献建议 80%或 85%均可。显然，降维效果是否理想与原始变量之间的关联性（数据的分布形状）直接相关。在实际中，如果原始变量之间相关性很差，降维也就很难实现，因为不相关的变量显然无法找到一个很好的共同的代表。所以具体选几个主成分，要视实际情况而定。

9.1.2　如何选择主成分

针对例 9.1 中的学生成绩数据，我们来看看它的主成分是什么。利用 SPSS 得到的输出结果见表 9-2。

表 9-2　例 9.1 主成分分析输出结果

解释的总方差

成分	初始特征值			提取平方和载入		
	合计	方差的%	累积%	合计	方差的%	累积%
1	3.729	62.146	62.146	3.729	62.146	62.146
2	1.206	20.096	82.242	1.206	20.096	82.242
3	0.403	6.724	88.966			
4	0.325	5.414	94.380			
5	0.204	3.395	97.775			
6	0.134	2.225	100.000			

提取方法：主成分分析。

表 9－2 中的初始特征值对应的就是关于主成分的信息。如前所述，由于原数据中包含了 6 个变量，所以表中输出的结果也就包含了 6 个主成分。“初始特征值”下面的第一列“合计”即原始数据构成的高维椭球的 6 个主轴的长度，数学上又称之为特征值；第二列“方差的％”则是每个主轴长度占所有主轴长度总和（也就是所有特征值的总和，又叫总方差）的百分比，称为主成分的方差贡献率，可以看出，SPSS 是按照各个主轴长度由大到小的顺序给出的，因此，第三列“累积％”分别对应的就是由大到小排列的前若干个主轴长度之和占所有主轴长度总和的累积百分比，即累积方差贡献率。这样我们很容易发现，最长的主轴（第一主成分）长度为 3.729，它占 6 个主轴长度总和的 62.146％；第二长的主轴（第二主成分）长度为 1.206，占所有主轴长度总和的 20.096％。二者的长度之和累积起来则占到了所有主轴长度总和的 82.242％，可以说，头两个主成分对原先的 6 个变量已经具有了一定的代表性。如果按照更高的标准，则可以考虑选择前三个主成分，它们的长度之和占所有主轴长度总和的 88.966％。不过，我们发现后面四个主轴的长度在所有主轴长度总和中所占的比例相对较小，从而对代表原先 6 个变量的贡献很小，因此在这里我们采用 SPSS 输出结果中所建议的（见表 9－2 的最右侧三列），对例 9.1 的学生成绩数据选择头两个主成分。

此外，SPSS 还提供了一个更为直观的图形工具来帮助选择主成分，即**碎石图**（scree plot），如图 9－3 所示。

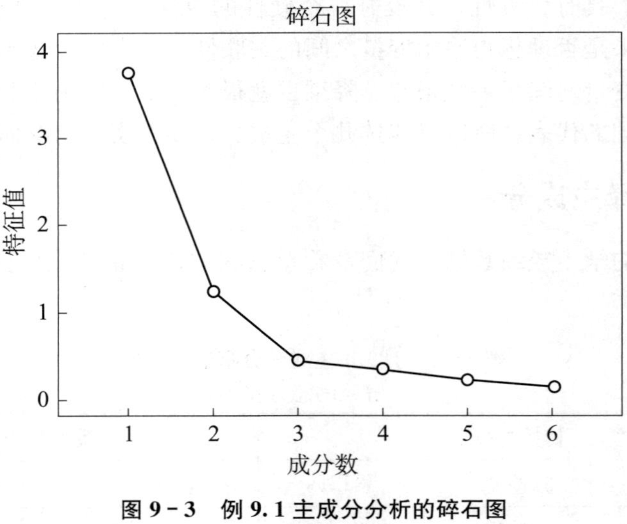

图 9－3　例 9.1 主成分分析的碎石图

从碎石图中可以直观地看到例 9.1 中 6 个主轴长度变化的趋势。显然，第三个主轴的长度相对于头两个主轴长度差异较大，而后面四个主轴长度变化则相对平缓。实践中，通常结合具体情况，选择碎石图中变化趋势出现拐点的前几个主成分作为原始变量的代表，在该例中选择前两个主成分即可。

9.1.3　怎样解释主成分

到此为止，我们已经解决了如何从多个变量中提取少数几个主成分，以及这些主成分对原始变量具有多大代表性等问题。接下来的问题是，原始数据中的各个变量都具有一定的实际含义，那么从它们里面提取出来的新变量与原始变量之间有什么样的关系？是否能够给出一定合理的解释呢？

由主成分分析的基本思想我们已经知道，寻找主成分的过程实质上就是寻找椭球主轴的过程，而这些主轴所代表的新变量在代数上是原始变量的线性组合（坐标旋转）。SPSS同样可以自动输出关于这些组合的计算结果。

输出结果“成分矩阵”中的每一列分别给出了所选择的每一个主成分作为原始变量线性组合的系数。在本例中，第一主成分作为原始数据中数学、物理、化学、语文、历史、英语等6门课程成绩的线性组合，其系数分别为－0.778，－0.58，－0.784，0.893，0.826，0.833（表9－3中“成分”的第一列）；而第二主成分作为这6个变量的线性组合，其系数则分别为0.43，0.682，0.318，0.312，0.406，0.438。如果我们分别用x_1，x_2，x_3，x_4，x_5，x_6表示原始数据中的6门课程成绩，而用y_1，y_2，y_3，y_4，y_5，y_6表示6个主成分，那么根据表9－3给出的结果，我们选择的头两个主成分与原先6个变量的关系如下：

$$y_1=-0.778x_1-0.58x_2-0.784x_3+0.893x_4+0.826x_5+0.833x_6$$

$$y_2=0.43x_1+0.682x_2+0.318x_3+0.312x_4+0.406x_5+0.438x_6$$

表9－3　例9.1主成分载荷矩阵

成分矩阵[a]

	成分	
	1	2
数学	－.778	.430
物理	－.580	.682
化学	－.784	.318
语文	.893	.312
历史	.826	.406
英语	.833	.438

提取方法：主成分。

a. 已提取了2个成分。

主成分对应原始变量的每一个系数可以看做是主成分与每一个原始变量之间的线性相关系数①，称为主成分**载荷**（loading）。从理论上说，相关系数（绝对值）越大，说明主成分与该变量之间的线性相关关系越强，从而主成分对该变量的代表性也就越大。根据这一点，例9.1中提取的第一主成分与原先6个变量之间的相关系数都较大（与“物理”的相关系数相对偏低），说明它可以充分地解释原先的所有变量。而第二主成分与原始数据

① 理论上严格来说，主成分与每一个原始变量的相关系数不仅与线性组合的系数成正比，还与每一个原始变量的标准差成反比，当各原始变量的取值范围相差不大时，可将线性组合的系数近似看做相关系数。

中的“物理”之间的相关系数较大，与其他变量的相关系数较小，这可能是由“物理”这门课程与其他课程性质上存在的差别所导致的。（从这一结果来看，尚难给出两个主成分的直观解释，这正是主成分分析通常存在的一个不足。）

对于该例中提取两个主成分的情形，SPSS还提供了一张二维图来直观显示它们对原始变量的解释情况，详见图9-4。图中把每一个原始变量与提取的两个主成分之间的线性变换系数分别作为坐标系中两个方向的坐标值，这样每一个原始变量对应的主成分载荷就对应坐标系中的一个点（如“数学”这一变量就对应点（−0.778，0.43）），因此人们把这种图形称为**载荷图**（loading plot）。当然，例9.1主成分分析的最终结果相对来说比较简单，当原始数据中包含的变量更多、更复杂时，往往需要提取两个以上的主成分才足以有效地代表所有的原始变量。此时虽然同样可以绘制载荷图，但在高维图中观察主成分对原始变量的解释情况却失去了直观的意义。

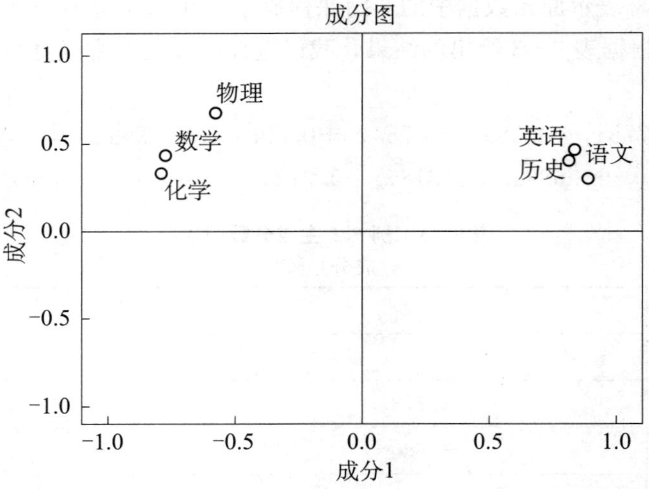

图9-4　例9.1提取的2个主成分的载荷图

实际中，主成分分析的一个重要应用则在于利用主成分与原始变量之间的线性关系，根据每一个观测对象各个变量的原始取值，计算出其所对应的各个主成分的值。这样便可以按照少数几个主成分的数值，简单明了地分析研究对象的状况，从而解决对包含多个复杂变量的数据进行排序、评价的问题。比如例9.1，我们就可以把每个学生的6门课程成绩数据转换成2个主成分的值，然后再按照它们的大小对每个学生成绩的优劣进行比较。

9.2　因子分析

9.2.1　什么是因子分析

因子分析和主成分分析有很多相似之处，它们的目的是一致的，都是要将具有一定关联的多个变量进行高度概括，寻找合适的少数变量来代表原先的所有变量。尤其在计算机上实现时，两种方法所耗费的时间并没有太大差异，除了可能有一两个选项不同之外，它们的输出结果所包含的内容基本相同。因此，人们往往对二者不加区分。

实际上，主成分分析可以看做因子分析的一个特例，因子分析是主成分分析的推广和发展，二者最直观的区别就在于变量和主成分/因子个数的一致性。我们已经知道，主成分分析的基本思想是要寻找高维椭球的所有主轴，因此，原始数据包含多少个变量，就有多少个主成分，人们对于主成分的选择是依据最终的分析结果来确定的。而因子分析则需要事先确定要找几个成分，也就是所谓的**因子**（factor），因子个数可能从一开始就远少于原始变量的个数①。

例如，某公司对 100 名应聘人员的知识和能力进行测试，设计了一份包含 50 道题的试卷，其中每一道题的得分就可以看做一个变量，由这些应聘人员每一道题的得分所构成的数据就包含了 50 个变量，这无疑是十分复杂的。但对于该公司来讲，它事先就确定了这些试题将主要从以下 6 个方面来测试应聘人员的知识和能力水平：语言表达能力、逻辑思维能力、判断事物的敏捷果断程度、思想修养、兴趣爱好、生活常识等。那么，这里所说的每一个方面就是一个因子。

可见，因子分析也是将具有一定关系的多个变量综合为数量较少的几个因子，以再现原始变量与因子之间的相互关系的一种降维方法。但变量和因子个数的不一致性，使得因子分析和主成分分析不仅在数学模型上，而且在实际求解过程中，都有一定的区别，在计算上因子分析更为复杂。然而，因子分析可能存在的一个优点是，在对主成分和原始变量之间的关系进行描述时，如果主成分的直观意义比较模糊不易解释，主成分分析没有更好的改进方法；因子分析则额外提供了“因子旋转”这样一个步骤，可以使分析结果尽可能达到易于解释且更为合理的目的。

9.2.2　怎样解释因子分析结果

为了便于比较，我们仍以例 9.1 的数据进行因子分析。在 SPSS 中，因子分析与主成分分析类似②，也可以根据各个特征值的大小来选择因子，并绘制直观的碎石图来帮助判断，标准也是类似的。不同的是，因子分析可以通过“因子旋转”这一步骤得到如表 9－4 所示的输出结果。旋转后的载荷图如图 9－5 所示。

---

① 从数学模型来说，因子分析是事先确定因子个数，但在统计软件的实现中可以事先确定因子个数，也可以按照某些标准选择因子，后者与主成分分析对主成分的选择类似。

② 除了主成分法，SPSS 还提供了其他提取因子的方法，感兴趣的读者可参考其他相关文献。

表9-4　例9.1旋转后的因子载荷矩阵

旋转成分矩阵[a]

	成分	
	1	2
数学	−.341	.821
物理	−.028	.895
化学	−.415	.737
语文	.893	−.312
历史	.899	−.196
英语	.924	−.176

提取方法：主成分。

旋转法：具有Kaiser标准化的正交旋转法。

a. 旋转在3次迭代后收敛。

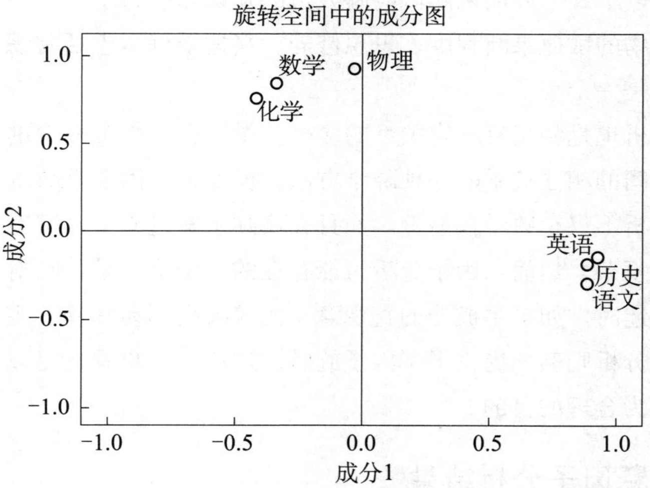

图9-5　例9.1提取的两个因子的载荷图（旋转后）

在输出结果表9-4中，每一个数值同样代表了所选择的因子和每一个原始变量之间的相关系数，因此称为**因子载荷**（factor loading）。这个表也描述了原先的6个变量与2个因子的关系，但不同的是，具体的关系表达式改变了。仍以x_1，x_2，x_3，x_4，x_5，x_6表示原始数据中的6门课程成绩，而用f_1，f_2表示提取的2个因子，根据上面的输出结果，因子f_1，f_2和这些原始变量之间的关系为：

$$x_1=-0.341f_1+0.821f_2$$

$$x_2=-0.028f_1+0.895f_2$$

$$x_3=-0.415f_1+0.737f_2$$

$$x_4=0.893f_1-0.312f_2$$

$$x_5=0.899f_1-0.196f_2$$

$x_6 = 0.924 f_1 - 0.176 f_2$

这里因子写在了方程的右边，而原始变量写在了方程的左边，与主成分分析中主成分载荷矩阵给出的表达式恰好相反。但两种分析方法下得到的系数均代表了各个成分（因子）和各个原始变量之间的线性相关系数，所以系数的绝对值大小说明了成分（因子）对原始变量的解释程度。进一步分析就会发现，因子分析得到的两个因子经过旋转后，因子载荷表现出了较为明显的特征。第一个因子和语文、历史、英语三门课程成绩的相关性最强，且均为正值，与其他三门课程成绩的相关性较弱；第二个因子则恰好相反，它与数学、物理、化学三门课程成绩的相关性最强，也均为正值。相对于前面的主成分分析，这样的结果似乎能够使人们更容易结合实际，对两个因子的直观意义进行合理说明，即可以给第一个因子取名为“文科因子”，给第二个因子取名为“理科因子”。

然而无论怎样，主成分分析和因子分析的最终目的都是希望借助提炼出的主成分或因子解决对研究对象进行评价、排序的问题，那么因子分析如何得到各个因子的取值呢？SPSS 可以输出如表 9－5 所示的矩阵，该矩阵给出了每个因子作为所有原始变量线性组合的系数①。

表 9－5　例 9.1 因子得分矩阵

成分得分系数矩阵

	成分	
	1	2
数学	.059	.409
物理	.231	.539
化学	.000	.337
语文	.349	.054
历史	.383	.126
英语	.401	.145

提取方法：主成分。
旋转法：具有 Kaiser 标准化的正交旋转法。
构成得分。

$$f_1 = 0.059x_1 + 0.231x_2 + 0.349x_4 + 0.383x_5 + 0.401x_6$$

$$f_2 = 0.409x_1 + 0.539x_2 + 0.337x_3 + 0.054x_4 + 0.126x_5 + 0.145x_6$$

根据上述表达式可以计算每个学生对应的第一个因子和第二个因子的取值，把它们称为**因子得分**（factor score）。有了因子得分，就可以对每个学生分别按照“文科因子”水平和“理科因子”水平进行评价和排序。

① 因子分析中将因子表示成原始变量的线性组合的系数估计方法有很多种，此处给出的是 SPSS 的默认估计结果。

9.2.3 几点说明

理想与现实之间总是存在一定的距离，这就决定了在采用任何统计方法对实际问题进行分析时都应抱着“求是”的态度，而不能一味地迷信方法。

作为多元分析中降维的两种常用统计方法，无论是主成分分析还是因子分析，我们已经知道，只有当原始数据中的变量之间具有较强的相关关系时，降维的效果才会明显，试图用少数几个变量代表多个变量的操作才是可行的。主成分和因子的选择标准也应基于定量分析的结果，结合具体情况予以确定。而选出的主成分或因子虽然都可以表示成原始变量的线性组合，并且人们总是希望能够根据它们之间的关系特征对主成分或因子进行命名，但结果并不会总是那么清晰。要想得到像例 9.1 那样恰如人意的好因子，你所拥有的数据质量、变量特征、问题性质等都是至关重要的影响因素。即使得到了满意的主成分或因子，在运用它们进行评价、排序时，也要高度谨慎，因为评价、排序本身就是一个极具主观色彩的话题，当你想要刻意控制排序结果时，统计方法便成了一种“障眼法”。

软件应用

1. 用 SPSS 进行主成分分析

第 1 步：选择【分析】→【降维】→【因子分析】，进入主对话框。

第 2 步：在主对话框中将所有原始变量选入【变量】。

第 3 步：点击【抽取】，在【输出】下选择【碎石图】，点击【继续】回到主对话框。

第 4 步：点击【旋转】，在【输出】下选择【载荷图】，点击【继续】回到主对话框，单击【确定】按钮。

2. 用 SPSS 进行因子分析

第 1 步：选择【分析】→【降维】→【因子分析】，进入主对话框。

第 2 步：在主对话框中将所有原始变量选入【变量】。

第 3 步：点击【抽取】，在【方法】下选择一种因子提取的方法，在【输出】下选择【碎石图】，在【抽取】下可以选择按照特征值大小选因子，也可以选定因子的个数，点击【继续】回到主对话框。

第 4 步：点击【旋转】，在【方法】下选择一种因子旋转方法，在【输出】下选择【旋转解】和【载荷图】，点击【继续】回到主对话框，单击【确定】按钮。

本章主要公式

名称	公式
主成分分析	
主成分 y_1，y_2，…，y_p 和原始变量 x_1，x_2，…，x_p之间的关系	$y_1=a_{11}x_1+a_{12}x_2+\cdots+a_{1p}x_p$ $y_2=a_{21}x_1+a_{22}x_2+\cdots+a_{2p}x_p$ $\vdots$ $y_p=a_{p1}x_1+a_{p2}x_2+\cdots+a_{pp}x_p$
因子分析	
m 个因子 f_1，f_2，…，f_m 与 p 个原始变量 x_1，x_2，…，x_p（$m<p$）的理论模型	$x_1-\mu=a_{11}f_1+a_{12}f_2+\cdots+a_{1m}f_m+\varepsilon_1$ $x_2-\mu=a_{21}f_1+a_{22}f_2+\cdots+a_{2m}f_m+\varepsilon_2$ $\vdots$ $x_p-\mu=a_{p1}f_1+a_{p2}f_2+\cdots+a_{pm}f_m+\varepsilon_p$
由原始变量的取值计算因子得分	$f_1=b_{11}x_1+b_{12}x_2+\cdots+b_{1p}x_p$ $f_2=b_{21}x_1+b_{22}x_2+\cdots+b_{2p}x_p$ $\vdots$ $f_m=b_{m1}x_1+b_{m2}x_2+\cdots+b_{mp}x_p$

习　题

9.1　主成分分析的基本思想是什么？如何理解主成分分析的几何意义？

9.2　因子分析与主成分分析的异同是什么？

9.3　如何解释主成分载荷与因子载荷？

9.4　下表是美国 50 个州每 100 000 人中的犯罪人数数据，对其进行主成分分析。可以选择几个综合变量来代表这些州的 6 种犯罪数据？

州代码	杀人罪	强奸罪	抢劫罪	斗殴罪	偷盗罪	汽车犯罪
1	14.2	25.2	96.8	278.3	3 017.4	280.7
2	10.8	51.6	96.8	284.0	4 701.5	753.3
3	9.5	34.2	138.2	312.3	6 813.5	439.5
4	8.8	27.6	83.2	203.4	2 834.7	183.4
5	11.5	49.4	287.0	358.0	5 639.2	663.5
6	6.3	42.0	170.7	292.9	5 838.4	477.1
7	4.2	16.8	129.5	131.8	3 966.7	593.2

续表

州代码	杀人罪	强奸罪	抢劫罪	斗殴罪	偷盗罪	汽车犯罪
8	6.0	24.9	157.0	194.2	5 361.0	467.0
9	10.2	39.6	187.9	449.1	5 700.4	351.4
10	11.7	31.1	140.5	256.5	3 521.3	297.9
11	7.2	25.5	128.0	64.1	5 831.9	489.4
12	5.5	19.4	39.6	172.5	3 650.4	237.6
13	9.9	21.8	211.3	209.0	3 913.5	528.6
14	7.4	26.5	123.2	153.5	3 584.9	377.4
15	2.3	10.6	41.2	89.8	3 497.6	219.9
16	6.6	22.0	100.7	180.5	4 009.7	244.3
17	10.1	19.1	81.1	123.3	2 534.3	245.4
18	15.5	30.9	142.9	335.5	3 635.4	337.7
19	2.4	13.5	38.7	170.0	3 603.8	246.9
20	8.0	34.8	292.1	358.9	4 577.7	428.5
21	3.1	20.8	169.1	231.6	3 843.5	1 140.1
22	9.3	38.9	261.9	274.6	4 681.7	545.5
23	2.7	19.5	85.9	85.8	3 694.0	343.1
24	14.3	19.6	65.7	189.1	2 155.5	144.4
25	9.6	28.3	189.0	233.4	3 742.5	378.4
26	5.4	16.7	39.2	156.8	3 578.1	309.2
27	3.9	18.1	64.7	112.7	3 076.1	249.1
28	15.8	49.1	323.1	355.0	6 665.7	559.2
29	3.2	10.7	23.2	76.0	3 385.6	293.4
30	5.6	21.0	180.4	185.1	4 210.3	511.5
31	8.8	39.1	109.6	343.4	4 427.3	259.5
32	10.7	29.4	472.6	319.1	4 510.0	745.8
33	10.6	17.0	61.3	318.3	3 191.9	192.1
34	7.8	27.3	190.5	181.1	3 912.8	400.4
35	0.9	9.0	13.3	43.8	2 289.1	144.7
36	8.6	29.2	73.8	205.0	3 516.3	326.8
37	4.9	39.9	124.1	286.9	5 142.5	388.9
38	5.6	19.0	130.3	128.0	2 501.6	333.2

续表

州代码	杀人罪	强奸罪	抢劫罪	斗殴罪	偷盗罪	汽车犯罪
39	3.6	10.5	86.5	201.0	4 333.6	791.4
40	11.9	33.0	105.9	485.3	3 956.0	245.1
41	2.0	13.5	17.9	155.7	2 274.9	147.5
42	10.1	29.7	145.8	203.9	3 036.2	314.0
43	13.3	33.8	152.4	208.2	4 591.8	397.6
44	3.5	20.3	68.8	147.3	4 176.2	334.5
45	1.4	15.9	30.8	101.2	3 549.2	265.2
46	9.0	23.3	92.1	165.7	3 507.4	226.7
47	4.3	39.6	106.2	224.8	4 992.5	360.3
48	6.0	13.2	42.2	90.9	1 939.1	163.3
49	2.8	12.9	52.2	63.7	3 461.1	220.7
50	5.4	21.9	39.7	173.9	3 583.8	282.0

9.5　如果事先确定选择两个因子来代表习题 9.4 中 50 个州的 6 种犯罪数据，试对该数据进行因子分析。

9.6　为了掌握我国各地区主要行业的城镇私营企业就业人员平均工资水平，现选取了 2016 年我国 30 个地区 9 个行业就业人员的平均工资数据（单位：元），包括 X_1（农、林、牧、渔业），X_2（制造业），X_3（电力、热力、燃气及水生产和供应业），X_4（建筑业），X_5（住宿和餐饮业），X_6（金融业），X_7（房地产业），X_8（教育业），X_9（文化、体育和娱乐业），如下所示。试运用主成分分析对上述指标进行简化，进而对 30 个地区的就业人员工资水平进行综合评价。

地区	X_1	X_2	X_3	X_4	X_5	X_6	X_7	X_8	X_9
北京	39 138	58 042	53 062	49 455	43 187	143 717	94 956	65 646	64 250
天津	36 007	61 667	47 103	50 372	43 400	68 436	58 365	44 999	51 602
河北	31 330	37 333	35 800	36 976	33 168	37 756	40 386	35 583	33 065
山西	21 145	30 736	31 722	35 151	25 722	34 298	33 398	27 957	23 396
内蒙古	31 084	38 296	39 644	39 719	32 674	42 301	35 588	30 959	31 807
辽宁	28 618	33 884	32 464	37 930	28 811	34 981	35 940	31 771	29 453
吉林	22 137	29 395	26 099	32 881	27 225	36 990	30 983	35 481	26 079
黑龙江	26 367	29 592	32 277	34 021	27 556	34 216	35 178	29 425	25 032
上海	28 523	43 129	37 998	46 474	39 502	65 737	45 153	48 130	48 177
江苏	37 048	48 133	43 928	48 351	36 197	46 658	42 121	45 802	43 600

续表

地区	X_1	X_2	X_3	X_4	X_5	X_6	X_7	X_8	X_9
浙江	37 295	43 381	51 896	46 103	39 143	46 995	48 467	41 950	39 623
安徽	29 959	40 685	34 047	45 063	32 265	43 610	41 579	34 444	31 223
福建	34 226	44 424	32 494	51 249	33 896	55 266	45 101	35 511	34 641
江西	26 620	37 471	36 214	40 839	29 593	37 578	43 236	33 331	32 818
山东	42 927	48 488	52 674	50 069	43 503	53 183	47 456	48 162	45 784
河南	27 450	33 157	30 413	36 021	33 817	30 091	38 208	32 784	30 192
湖北	26 956	34 037	32 936	37 157	29 900	39 226	38 739	32 628	29 014
湖南	30 757	33 191	35 295	39 598	28 487	43 586	39 837	42 233	30 715
广东	35 019	45 859	36 753	52 664	37 131	38 970	54 663	43 864	47 878
广西	29 441	37 741	37 989	36 814	29 042	42 692	39 501	32 704	29 305
海南	37 431	38 497	32 463	38 100	33 474	43 336	59 618	32 525	34 852
重庆	36 437	49 116	44 843	48 973	36 607	62 977	50 396	43 518	44 979
四川	30 382	37 777	39 061	38 417	32 686	37 419	41 973	38 380	36 289
贵州	25 039	39 977	49 572	39 700	31 766	58 088	46 916	38 560	31 491
云南	27 754	36 343	34 553	39 011	38 207	31 146	41 376	35 432	33 236
陕西	26 255	37 044	34 596	36 002	28 393	35 384	38 328	35 752	29 999
甘肃	30 052	36 771	36 455	34 928	32 402	33 970	34 445	32 471	33 723
青海	27 389	33 161	43 754	36 882	31 381	26 447	27 527	31 081	39 689
宁夏	29 894	40 419	40 406	44 725	31 685	36 143	40 016	33 277	31 258
新疆	32 645	40 663	46 129	48 984	29 817	44 406	40 291	34 799	39 310

9.7 查阅《中国统计年鉴》，试运用主成分分析对我国31个地区的工业企业经济效益进行综合评价。

9.8 查阅《中国统计年鉴》，试运用因子分析对我国31个地区的科研发展状况进行综合评价。

第 10 章 把对象分成不同的类别

让混沌涌来吧！让云彩形成一片沼泽！我等待着成形。

——*罗伯特·弗罗斯特*（Robert Frost）

“物以类聚，人以群分。”现实生活中，人们经常习惯用某一标准将感兴趣的对象进行分门别类。在自然科学和社会科学的各个领域，实际上都存在着大量的分类问题。例如，根据人均 GDP、人均消费水平等多项指标把世界各国划分成不同的经济发展程度；在地质勘探中，根据岩石标本的多种特性来判别地层所属的地质年代等。而这些分类问题中，有的是事先并不知道存在哪些类别，完全按照反映对象特征的数据所揭示的规律把对象分类；有的则是在事先有了某些可信的分类标准之后，判定一个新的研究对象应该归属到哪一类别。这两种研究分类的基本方法分别是多元分析中的**聚类分析**（cluster analysis）和**判别分析**（discriminant analysis），二者之间既有区别又有联系。

10.1 聚类分析

聚类分析的目的就是把分类对象按照一定的规则分成合理的若干类别，这些类别不是事先给定的，而是直接根据数据的特征确定的。当面对一个数据时，人们既可以按照观测值（以下称为样品）对多个变量进行分类，也可以按照变量对不同的观测值进行分类，这在聚类分析中分别称为 R 型聚类和 Q 型聚类。但在数学上和实现过程中，这两种聚类并没有什么本质区别，考虑到人们更感兴趣的往往是基于变量信息对样品进行分类，因此本书重点以Q型聚类为例来介绍该方法。

10.1.1 按什么来聚类

这个问题似乎很简单。我们通常认为，不同的研究对象之间存在程度不同的相似性，被分到同一个类别的对象在某种意义上应该倾向于彼此相似，而在不同类别中的对象就应该尽可能地不相似。也就是说，聚类分析的目的是使类内对象的同质性最大化和类间对象的异质性最大化。那么对象之间所谓的相似性又应该如何度量呢？我们先看下面的例子。

【例10.1】表10-1是2019年我国15个地区的经济和人口相关指标数据，试基于这些数据特征，对15个地区进行分类。

表10-1　2019年我国15个地区经济和人口数据

地区	居民人均可支配收入（元）	出生率（‰）	死亡率（‰）	城镇人口比重（%）	人口老龄化程度（%）
北京	67 755.9	8.12	5.49	86.60	11.45
天津	42 404.1	6.73	5.30	83.48	12.08
河北	25 664.7	10.83	6.12	57.62	13.15
黑龙江	24 253.6	5.73	6.74	60.90	13.78
上海	69 441.6	7.00	5.50	88.30	16.26
浙江	49 898.8	10.51	5.52	70.00	14.03
安徽	26 415.1	12.03	6.04	55.81	13.97
山东	31 597.0	11.77	7.50	61.51	15.84
湖北	28 319.5	11.35	7.08	61.00	13.07
湖南	27 679.7	10.39	7.28	57.22	13.14
广东	39 014.3	12.54	4.46	71.40	8.58
四川	24 703.1	10.70	7.09	53.79	15.74
云南	22 082.4	12.63	6.20	48.91	9.88
甘肃	19 139.0	10.60	6.75	48.49	11.52
新疆	23 103.4	8.14	4.45	51.87	8.07

资料来源：中国统计年鉴（2020）。

在古老的分类学中，人们只能依靠经验和专业知识进行定性的分类，但在有了上述数据之后，一个很自然的想法就是，能不能按照这些指标取值进行定量分类。如果我们只考虑有关这些地区的某一项指标，分类就很简单了，只要把该指标取值相差不大的归为一类即可。但现实中，摆在我们面前的往往是包含多个变量的复杂信息，那么该如何同时根据表10-1中的5个变量来对这些地区进行聚类呢？其实想法是一样的，就是把离得比较近的地区归为一类，而把离得比较远的地区放在不同的类。在数学处理上，即用“距离”来度量对象之间的相似性①。

10.1.2　怎样度量距离远近

假设在例 10.1 中，我们只知道 15 个地区的“居民人均可支配收入”数据，那么这些数据表现在直线上就是 15 个点，每一个点对应一个地区。当我们要按照该变量来对它们进行分类时，就可以把在直线上离得比较近的那些点归为一类，也就是在直线坐标上取值比较接近的那些地区归为一类。如果除了这些地区的“居民人均可支配收入”之外，我们还知道它们的“人口老龄化程度”，那么每个地区的这两个变量数据就构成了二维平面上的一个点，15 个地区就是平面中的 15 个点，按照某种规则计算的点与点之间的距离自然可以作为分类的标准。依此类推，包含多个变量的数据也都可以表示成高维空间中的一个点，虽然不够直观，但按照某种规则计算的点与点之间的距离同样是聚类的重要依据。我们把这种距离统称为点间距离。计算点间距离的公式有很多种，常用的包括绝对值距离、欧氏距离、马氏距离②等，相对来说较为简单也最为常用的是欧氏距离。只要选择了一种距离的定义，就可以计算出研究对象（点）之间的距离，从而可以确定这些点之间距离的远近。

此外，我们马上会想到，一个点可以单独构成一个最基本的类，但通常一个类别会包含多个点，这时又该如何度量类与类之间的距离呢？类间距离的定义方法也有很多种，包括最短距离法、最远距离法、重心法等，它们都是基于点间距离来计算的。例如，最短距离法是以两个类别中最近的两个点之间的距离作为这两个类之间的距离；最远距离法恰好相反，是以两个类别中最远的两个点之间的距离作为这两个类之间的距离；重心法则是以两个类别的重心之间的距离作为这两个类之间的距离。

定义好了上述两种距离，也就选择了度量研究对象之间距离远近的标尺，接下来就可以按照具体的聚类方法来对对象进行分类了，这些都可以利用统计软件中的几个选项轻松实现。下面介绍的是两种最简单也较为常用的聚类方法：层次聚类法和 K-均值聚类法。

10.1.3　层次聚类法

层次聚类法又称**系统聚类法**（hierarchical cluster），是聚类分析诸方法中用得最多的一种，它的基本思想是：先将 n 个样品各自单独作为一类，然后按照定义好的样品之间的距离（即点间距离，此时的点间距离等同于类间距离）进行计算，将距离最近的两个样品合并成一个新类，其他类不变，这样就形成了 $n-1$ 类；再按照定义好的类间距离，计算不同类之间的相似性，找出距离最近的两个类合并成一个类；如此重复，每次合并便减少一个类，直至最后把所有的样品合并为一个大类。很明显，层次聚类法事先并不会指定最后希望分成多少类，而是把所有可能的分类结果都列出，整个聚类过程存在着嵌套关系或

① 距离是基于变量度量观测值之间的相似性，而基于观测值度量变量之间相似性的常用工具是相似系数。虽然距离和相似系数的定义不同，但二者所起的作用是类似的，两个变量的相似系数越大，也就相当于二者的距离越近。

② 具体计算公式见本章附录部分。

者说层次关系，人们可以视具体情况选择一个合适的分类结果。

表10－2给出了例10.1中数据的层次聚类过程[①]，此处我们采用的点间距离为平方欧氏距离，类间距离为类平均法[②]（组内联结法）。

表10－2　例10.1中15个地区的聚类过程表

聚类表

阶	群集组合		系数	首次出现阶群集		下一阶
	群集1	群集2		群集1	群集2	
1	9	10	.312	0	0	4
2	3	7	.428	0	0	4
3	8	12	.933	0	0	6
4	3	9	1.194	2	1	5
5	3	14	1.438	4	0	6
6	3	8	1.956	5	3	7
7	3	13	2.613	6	0	9
8	1	2	3.044	0	0	10
9	3	6	3.462	7	0	11
10	1	5	4.308	8	0	14
11	3	4	4.325	9	0	12
12	3	11	5.900	11	0	13
13	3	15	7.016	12	0	14
14	1	3	10.000	10	13	0

表10－2中的第1列是聚类的步骤号，第2列和第3列给出了每一步合并的样品序号。如前所述，首先把例10.1中的15个地区各自作为一类，即开始总共有15类，然后最早被合并的两个距离最近的类是第9个地区（湖北）和第10个地区（湖南），在后面的步骤中，对于包含多个样品的类别，实际上是用类中的一个样品序号来代表该类别。表中的第4列还给出了每一次被合并的两个类之间的聚类系数（即距离，也称聚合系数），聚类系数越小，表示合并的两个类的相似程度越大，显然，越早合并的类间距离越近。第5列和第6列说明了每一步中参加合并的两个类别是在第几步中首次出现的，0代表该类别是第一次出现在聚类过程中。第7列则给出了在每一个步骤中合并形成的新类别下一次将在第几步中与其他类别合并。

---

① Excel没有聚类分析的功能，本章均为SPSS软件输出结果。

② 类平均法是将两个类之间的距离定义为两个类中任意两个样品之间距离的平均值。如果仅考虑两类之间样品距离的平均，称为组间联结法；如果将两类中所有样品两两之间的距离都考虑在内，称为组内联结法。类平均法被认为是聚类效果较好、应用较为广泛的一种类间距离定义方法。

在实际应用中，大部分时候人们可能并不关心聚类的具体过程，但是当需要判断数据最终应该分为多少类别时，表 10－2 中的聚类系数有很好的参考价值。层次聚类法提供的另一个最重要也最直观的聚类分析结果是下面的**谱系图**（dendrogram）（见图 10－1），也可以把它形象地称为树状图。利用谱系图可以非常直观地观察整个聚类过程和聚类的结果，并方便地做出分类选择。

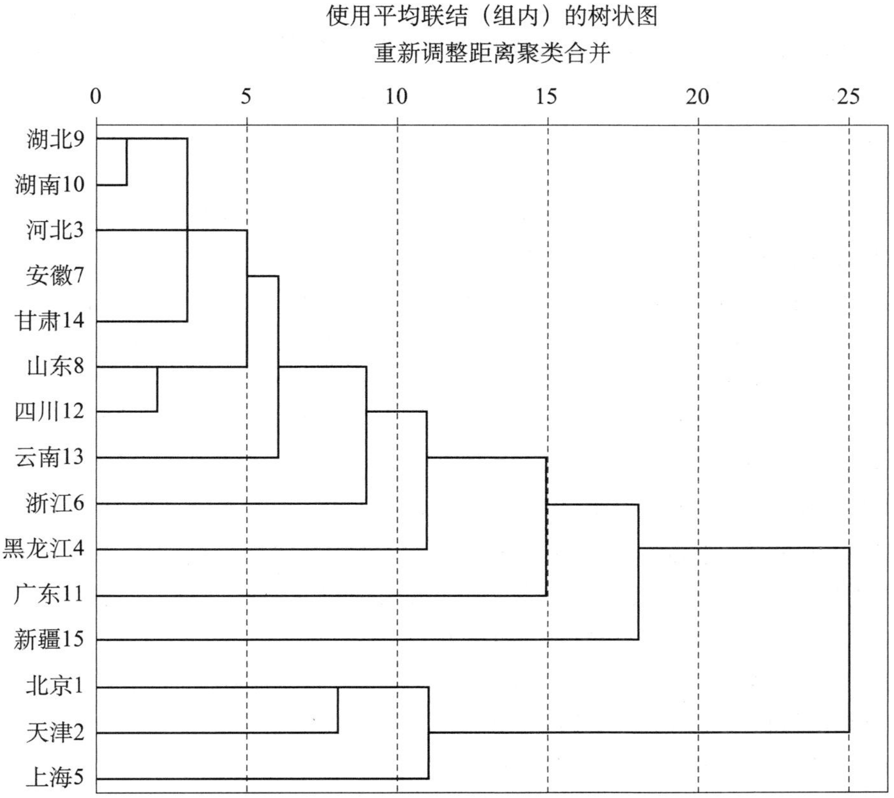

图 10－1　例 10.1 中 15 个地区的层次聚类谱系图

图 10－1 的左边是参加聚类的对象（15 个地区），对象和类别的合并则通过线条连接的方式来表示，线条的长短实质上代表了类别之间的相对距离（SPSS 将最远的类间距离刻度定义为 25，并将实际计算的距离转换到该尺度下）。在谱系图中，如果想要把这 15 个地区大体分为两类，就在图中只有两条横线的地方纵向“切开”，得到原数据中的北京、天津、上海 3 个地区归为一类，其他 12 个地区归为一类。如果觉得这样的分类结果有些粗糙，或者缺乏信服力，那么在图中有三条横线的地方纵向“切开”，则可以把原来的 15 个地区分为三类，新疆单独成一类，北京、天津、上海归为一类，其他地区归为一类。类似地，我们可以得到 1～15 个类别中的任何一种分类结果。当然，SPSS 还可以把每种聚类结果以变量的形式保存到原数据中（用变量标识每个样品所属的类别）。需要说明的是，考虑到例 10.1 中不同变量的量纲差异较大，这里的层次聚类结果是在对原始数据进行了正态标准化处理以后得到的（在 SPSS 中可以通过勾选一个选项自动实现）。

10.1.4 K-均值聚类法

上面介绍的层次聚类法有着非常明显的“边走边瞧”的聚类特征，类别的多少是在所有分析结果出来之后再确定的。但当原始数据非常庞杂时，层次聚类的优点（如谱系图的直观性）容易受到限制，聚类过程相对冗长，而下面将要介绍的**K-均值聚类法**（K-means cluster）则更为适用。

K-均值聚类法不像层次聚类法那样把所有可能的聚类结果都“分层”列出来，而是要求研究者先指定需要划分的类别个数（这也就是“K-均值”中 K 的含义）。比如例 10.1，假定按照通常的分类习惯，我们想要把 15 个地区分为 3 类，那么 K-均值聚类法会进一步要求确定 3 个类别的初始“聚类中心”（SPSS 也可以自动根据数据本身的结构初步确定 3 个中心点）；然后逐一计算每一地区到各个类别中心点的距离，同样按照定义好的距离最近原则把所有样品分别归入到 3 个类别之中，并计算新形成的 3 个类别的中心点（用均值表示，这也就是“K-均值”中均值的含义）；再把这 3 个计算出来的中心点作为新的类别中心点，重新按照距离远近对样品进行分类；如此重复迭代下去，直至达到一定的收敛标准或事先指定的迭代次数为止。

由于事先指定了类别数，而且这一数值远远小于原有的样品数，所以 K-均值聚类法的计算量相对于层次聚类法要小很多，聚类的速度也就明显快于后者，因而又称为快速聚类法。在处理多变量、大样本数据时，该方法十分有效。但在聚类之前便事先确定分多少类别，显得过于主观。实际分析过程中，研究者往往需要根据问题性质，反复尝试把数据分成不同的类别数，通过比较找出最令人信服的聚类方案，因此，理论上而言，K-均值聚类法实际上也可以给出分任意类别数的结果。

为便于比较，我们仍以例 10.1 的数据来展示 K-均值聚类结果。假设我们事先指定分 3 类，由于数据量较小，SPSS 只迭代了 2 次就达到了收敛目标。表 10－3 给出了最终的 3 个类别的中心点（原数据中包含了 5 个变量，因此每个聚类中心都是五维空间中的一个点），表 10－4 则给出了最终的 3 个类别所包含的样品个数。

表 10－3 例 10.1 数据分成 3 类形成的聚类中心

最终聚类中心

	聚类		
	1	2	3
居民人均可支配收入	68 598.80	43 772.40	25 295.80
出生率	7.56	9.93	10.42
死亡率	5.50	5.09	6.53
城镇人口比重	87.45	74.96	55.71
人口老龄化程度	13.86	11.56	12.81

表 10-4　例 10.1 数据分成 3 类时每类包含的样品个数

每个聚类中的案例数

聚类	1	2
	2	3
	3	10
有效		15
缺失		0

与层次聚类法相同的是，SPSS 也可以把每个样品所属的类别以变量形式保存到原数据中，根据分 3 类的结果可以看到：北京、上海为一类；天津、浙江、广东为一类；剩下的地区为一类。这个结果与前面给出的层次聚类结果不尽相同，一方面是因为 SPSS 的 K-均值聚类法没有数据自动标准化的选项，另一方面也跟两类方法的聚类思想不同有关。如果有需要，可以在实施 K-均值聚类之前，手动对原始数据进行标准化变换，这样得到的结果与层次聚类法更加接近一些，在某些实例中还有可能完全一致。当然，最终我们应该根据研究目的以及专业解释来选择最适用的聚类结果。

10.1.5　几点说明

从上面的介绍可以看出，无论是层次聚类法还是 K-均值聚类法，最终到底要把研究对象分成多少类别，并不完全由方法本身来决定。因为实质上它们都可以提供所有可能的分类结果，而如何找到使各个类别里面的样品差异尽可能地小，各个类别之间的差异尽可能地大，并且能够给出令人满意的解释的聚类结果，则要依靠方法之外的东西了。实际上，在研究任何现实问题的过程中，研究初衷和研究目的是影响最终结果取向的最根本的因素。如何基于最初的研究目标收集原始数据，挑选合适的分类变量，相对于具体方法的选择，似乎更为重要。若把一些风马牛不相及的变量堆在一起，进而对对象进行分类，恐怕想破脑袋也很难解释所得到的荒谬结果。

10.2　判别分析

10.2.1　判别分析有什么不同

判别分析也是一种应用十分广泛的分类方法，有人甚至认为它可以与回归分析相媲美。判别分析与聚类分析既有联系又有区别。

通过前面的学习我们已经知道，聚类分析事先并不明确或者说并不一定要明确应该把对象分成几类，更不知道每一类中会包含哪些样品，必须由数据特征来最终确定。而判别分析要解决的问题则是在已知历史上用某些方法已经把研究对象分成若干类别，并取得了这些类别的一批样品观测数据的基础上，来判定新的观测样品应该归属到哪一个类别。

正因为此，判别分析和聚类分析往往联合起来使用，当研究对象的总体分类不清楚时，可以先用聚类分析把原来的一批样品进行分类，然后再用判别分析对新样品进行类别判定。在判别分析中，通常把已经明确知道类别的那批样品称为“训练样本”。判别分析就是要利用训练样本，根据某些准则建立判别式（或称判别函数），从而通过判别式中的预测变量来对未知类别的样品进行分类。

判别分析的内容很丰富，方法也很多。常用的主要包括距离判别法、Fisher 判别法和逐步判别法等。虽然各种方法从不同角度提出问题，建立不同的判别准则，但其实质与聚类分析相同，都是利用距离远近来将对象分类，并且后两种方法都以第一种方法为基础。在介绍这些方法之前，我们先看下面的例子。

【例 10.2】 某专家用下列 6 个训练项目成绩来评价一个标枪运动员的标枪水平：30 米跑（x_1），投掷小球（x_2），挺举重量（x_3），抛实心球（x_4），前抛铅球（x_5），五级跳（x_6）。表 10－5 是通过测试得到的 53 名运动员的上述 6 项成绩，并且专家已经根据这些成绩将他们划分为一级标枪运动员（group＝1，28 名）和健将级标枪运动员（group＝2，25 名）。

那么，当我们测试得到一名新运动员的各项成绩时，应该怎么判定他是一级标枪运动员还是健将级标枪运动员呢？这就是判别分析可以帮助解决的问题。表 10－5 给出的已知类别的 53 名运动员的样本数据就是一个训练样本，根据这些运动员的 6 项测试成绩（也就是 6 个变量 x_1，x_2，x_3，x_4，x_5，x_6的取值）和他们各自的已知类别（变量 group 的取值），建立一个合理的判别标准，然后利用这一标准对未知类别的新运动员进行分类。

表 10－5　标枪运动员训练项目数据

代码	group	x_1	x_2	x_3	x_4	x_5	x_6	代码	group	x_1	x_2	x_3	x_4	x_5	x_6
1	1	3.60	4.30	82.30	70.0	90	18.52	15	1	3.30	4.30	90.10	80.0	100	19.86
2	1	3.30	4.10	87.48	80.0	100	18.48	16	1	3.12	4.20	89.00	85.0	100	20.00
3	1	3.30	4.22	87.74	85.0	115	18.56	17	1	3.10	4.20	90.20	85.0	115	20.80
4	1	3.21	4.05	88.60	75.0	100	19.10	18	1	3.60	4.20	81.96	65.0	80	17.20
5	1	3.10	4.38	89.98	95.0	120	20.14	19	1	3.70	4.40	81.00	80.0	95	17.00
6	1	3.20	4.90	89.10	85.0	105	19.44	20	1	3.30	4.30	90.00	80.0	110	19.80
7	1	3.30	4.20	89.00	75.0	85	19.17	21	1	3.80	4.09	80.00	60.0	80	16.89
8	1	3.50	4.50	84.20	80.0	100	18.80	22	1	3.70	4.30	83.90	85.0	100	18.76
9	1	3.70	4.60	82.10	70.0	85	17.68	23	1	3.50	4.20	85.40	85.0	100	18.70
10	1	3.40	4.40	90.18	75.0	100	19.14	24	1	3.40	4.10	86.70	85.0	110	18.50
11	1	3.60	4.30	82.10	70.0	90	18.10	25	1	3.30	4.10	88.10	75.0	85	18.96
12	1	3.60	4.50	82.00	55.0	70	17.40	26	1	3.70	4.10	84.10	70.0	95	18.70
13	1	3.60	4.20	82.20	70.0	90	18.12	27	1	3.60	4.30	82.00	70.0	90	18.40
14	1	3.40	4.20	85.40	85.0	100	18.66	28	1	3.20	4.20	89.20	85.0	115	19.88

续表

代码	group	x_1	x_2	x_3	x_4	x_5	x_6	代码	group	x_1	x_2	x_3	x_4	x_5	x_6
29	2	3.40	4.00	103.00	95.0	110	24.80	42	2	3.00	3.90	93.80	85.0	90	21.08
30	2	3.30	4.50	118.00	90.0	120	25.70	43	2	3.40	3.91	96.30	110.0	120	21.98
31	2	3.10	4.50	105.00	85.0	110	25.10	44	2	3.63	3.78	98.56	85.0	120	22.36
32	2	3.80	4.10	104.53	80.0	100	24.98	45	2	3.30	3.98	97.40	85.0	100	22.34
33	2	3.00	4.20	112.00	95.0	125	25.35	46	2	3.30	4.40	112.00	75.0	110	25.10
34	2	3.90	3.70	98.20	85.0	90	21.80	47	2	3.50	4.10	107.70	87.5	110	25.10
35	2	3.50	4.10	98.70	90.0	120	22.78	48	2	3.40	4.20	92.10	80.0	120	22.16
36	2	3.10	3.90	98.20	60.0	90	21.98	49	2	3.60	4.10	99.48	85.0	120	23.10
37	2	3.30	3.90	109.00	100.0	120	25.30	50	2	3.10	4.40	116.00	75.0	110	25.30
38	2	3.10	3.95	98.40	95.0	115	25.20	51	2	3.12	4.00	102.70	80.0	110	24.68
39	2	3.14	3.90	95.30	90.0	110	21.42	52	2	3.60	4.10	115.00	85.0	115	23.70
40	2	3.60	4.30	93.60	75.0	85	20.84	53	2	3.50	4.30	97.80	75.0	100	24.10
41	2	3.12	3.90	95.80	80.0	105	21.80								

10.2.2　距离判别法

所谓建立判别标准，实际上就是要以训练样本中的 6 个变量作为预测变量（相当于自变量），结合类别变量 group（相当于因变量），建立一个判别式。显然，每一位运动员的 6 项测试成绩就是六维空间中的一个点，原数据总共有 53 个点，并且已经知道这些点分成了两类。因此，最简单的想法就是计算出每个类别的中心位置，再对一个新的未知类别的点（运动员），计算出它到两个类别中心的距离，离哪个类别的中心近，理应属于哪一类。这就是距离判别法的基本思想，也是任何其他判别方法的基础。

距离的多种定义与聚类分析中所介绍的完全一样，人们可以选择不同的度量方法，其中马氏距离是判别分析中比较常用的。而确定好了距离的定义之后，用来判定未知类别的点到不同类别中心距离远近的表达式就是我们最终需要的判别函数。当然，已知类别的数量不同（两个或是多个），以及距离的具体定义不同，都会使得这一函数的推导过程和最终表达形式不同，但其思想仍然是一致的。

10.2.3　Fisher 判别法

可以想象，对于训练样本中所有样品构成的空间中的点集，当不同类别的点组成的子集之间分得越开时，类别之间的界限就越明显，要判别一个新的点离哪个子集最近也就越容易。当变量只有 1 个或 2 个时，我们可以把样本点绘制在直线坐标轴或坐标平面上，从而比较直观地对各个类别加以辨认。但在实际问题中，用于描述对象特征的变量往往很多，多个变量的观测值在高维空间中构成点集，我们很难直接找出区分不同类别的界限。

这样很快就会联想到多元分析中一个非常重要的思想，就是降维。

与我们在上一章介绍的提取主成分和因子的思想十分类似，Fisher 判别法试图找到少数几个新的坐标方向，使得高维空间中的原样本数据点在这些方向构成的新的低维空间上的“投影”能够尽可能地将不同类别中的样本点区分开来，而使同一类别的点排列紧密。

在例 10.2 中，样品在任何一个方向上的投影实质上就是原先 6 个变量的一种线性组合，也就是一个判别函数。与主成分的选择一样，Fisher 判别法从判别效果最明显的那个投影选起，结合实际要求，确定可以给出满意的判别结果的投影个数。另一个相同之处是，用降维的方法进行判别分析，难免会损失原始数据的一部分信息，但通过找到理想的投影方向，可以达到保留原始数据中绝大部分有用信息的目的，同时这些有用信息能够很好地反映不同类别之间的差异。

10.2.4 逐步判别法

前面所介绍的两种判别分析方法都是把原始数据中的所有变量用于建立判别函数，然而与逐步回归所考虑的问题类似，有时候可能并非所有的变量都能为判别做出“贡献”。换句话说，各个变量在判别函数中表现出的判别能力是不同的，有些作用显著，有些则作用微弱。如果将后者保留在判别函数中，不仅会增加计算量，还可能影响判别效果。

逐步判别法就是在 Fisher 判别法的基础上，通过加入变量筛选的功能，选择判别能力显著的变量来建立判别函数。也就是采用“有进有出”的方法，在判别函数中逐步引入变量，一边判别，一边根据引入标准引入判别能力最强的变量，同时根据剔除标准淘汰某些已经在判别函数中但变得不重要的变量，直到判别函数中没有不重要的变量需要剔除，也没有重要的变量可以引入时为止。这个筛选过程实际上就是利用假设检验来找出显著性变量，剔除不显著变量。检验的方法有很多种，包括 Wilks' Lambda，Rao's V，Smallest F Ratio 等，在计算机上都可以通过简单的选项来指定。

表 10-6 和表 10-7 给出了例 10.2 中数据的逐步判别分析结果。

表 10-6 例 10.2 逐步判别分析变量筛选结果

输入的/删除的变量[a,b,c,d]

步骤	输入的	Wilks 的 Lambda							
		统计量	df1	df2	df3	精确 F			
						统计量	df1	df2	Sig.
1	x_6	.228	1	1	51.000	172.766	1	51.000	.000
2	x_2	.176	2	1	51.000	117.056	2	50.000	.000
3	x_5	.160	3	1	51.000	85.703	3	49.000	.000

在每个步骤中，输入了最小化整体 Wilks 的 Lambda 的变量。

a. 步骤的最大数目是 12。

b. 要输入的最小偏 F 是 3.84。

c. 要删除的最大偏 F 是 2.71。

d. F 级、容差或 VIN 不足以进行进一步计算。

表 10-7 例 10.2 逐步判别分析投影结果

特征值

函数	特征值	方差的%	累积%	正则相关性
1	5.247[a]	100.0	100.0	.916

a. 分析中使用了前 1 个典型判别式函数。

从表 10-6 我们可以看到，SPSS 中的逐步判别法剔除了原来的三个变量 x_1，x_3，x_4，保留了另外三个变量 x_2，x_5，x_6。而表 10-7 则显示，在保留的这三个变量的基础上，第一个投影就能十分理想地区分出一级标枪运动员和健将级标枪运动员了，因为它的方差贡献率达到了 100%。也就是说，只要把原来的六维空间中的所有样本点投影到这个方向的直线坐标轴上，就可以找到两个类别的界限，从而很容易判断一个新的样本点离哪个类别更近。那么这个投影对应的判别函数是怎样的呢？表 10-8 给出了投影后的坐标点作为原始变量的线性组合的系数。

根据表 10-8 中给出的系数值，例 10.2 建立的判别函数为：

$$F=-3.681-2.845x_2-0.034x_5+0.908x_6$$

表 10-8 例 10.2 逐步判别分析判别函数系数

典型判别式函数系数

	函数
	1
x_2	-2.845
x_5	-.034
x_6	.908
（常量）	-3.681

非标准化系数。

只要把原始数据中每个样品对应的 3 个变量值代入到上面的判别函数表达式中，就可以算出它们投影到坐标轴上的点的新坐标 F。为便于比较观察，我们分别绘制了原始变量 x_2，x_5 的二维点图（见图 10-2）以及原始变量 x_2 和判别函数值的二维点图（见图 10-3）。可以看到，在原始变量下绘制的点图没有办法把不同类别的样品清楚地区分开来，有些甚至重叠在一起，但利用第一个投影绘制的点图，不同类别之间的界限就很明显了。

在利用判别函数进行投影之后，还需要给出度量一个样品与不同类别中心距离远近的判别公式，SPSS 用一张分类函数系数表（见表 10-9）给出了例 10.2 中两个线性分类函数的系数。

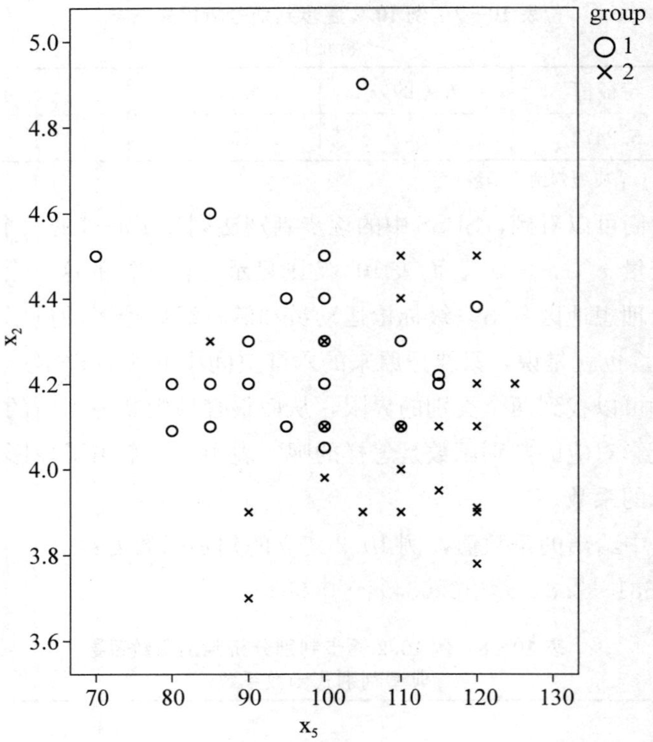

图 10－2　原始变量 x_2，x_5 的二维点图

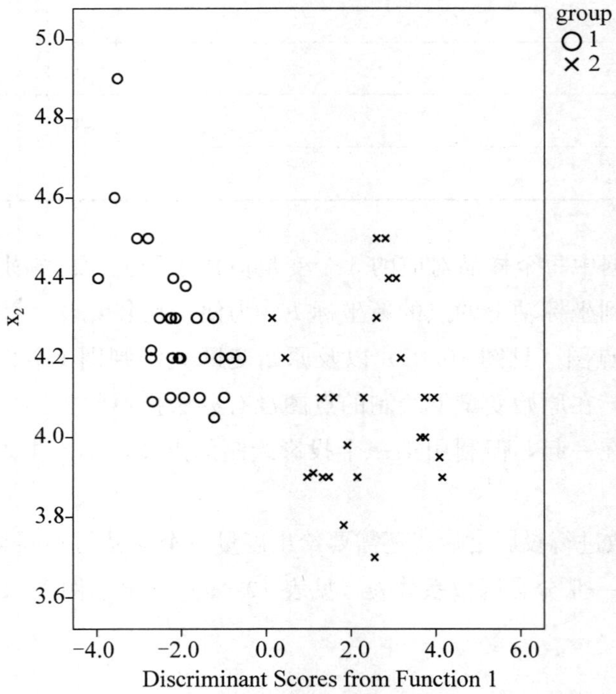

图 10－3　原始变量 x_2 和判别函数值的二维点图

表 10-9　例 10.2 逐步判别分析分类函数系数

分类函数系数

	group	
	1	2
x_2	95.719	82.912
x_5	.313	.162
x_6	4.609	8.694
（常量）	−263.975	−281.116

Fisher 的线性差别式函数。

具体的表达式为：

$$F_1=-263.975+95.719x_2+0.313x_5+4.609x_6$$

$$F_2=-281.116+82.912x_2+0.162x_5+8.694x_6$$

把每个样品的变量值 x_2，x_5，x_6 代入到上述两个公式中计算得到的 F_1，F_2 分别代表了这个样品距离两个已知的类别远近的判别值，哪个值最大，这个点距离哪个类别就最近，也就应该归属于哪个类别①。同样，SPSS 会自动把训练样本中的每个样品按照分类函数划分到不同的类别中，而我们一开始就已经知道了这些样品的正确分类结果，所以通过比较前者与后者的匹配程度，可以对分类函数的有效性进行验证。表 10-10 是按照上面的分类函数对例 10.2 中训练样本分类的结果。

表 10-10　例 10.2 逐步判别分析判别结果

分类结果[b,c]

		group	预测组成员		合计
			1	2	
初始	计数	1	28	0	28
		2	0	25	25
	%	1	100.0	0.0	100.0
		2	0.0	100.0	100.0
交叉验证[a]	计数	1	28	0	28
		2	1	24	25
	%	1	100.0	0.0	100.0
		2	4.0	96.0	100.0

a. 仅对分析中的案例进行交叉验证。在交叉验证中，每个案例都是按照从该案例以外的所有其他案例派生的函数来分类的。

b. 已对初始分组案例中的 100.0%进行了正确分类。

c. 已对交叉验证分组案例中的 98.1%进行了正确分类。

① 通过数学上的处理，这个判别值与实际距离成负相关关系。因此值越大，代表距离越近。

这个表分为上下两部分：上半部分（初始）是用基于全部训练样品数据得到的判别函数来判别每一个样品的类别；而下半部分（交叉验证）则是对每一个样品都只用除这个样品之外的其他样品数据得到的判别函数来判别该样品的类别。可以看到，SPSS对例10.2的逐步判别分析结果是比较理想的。上半部分的判别结果100%正确，而交叉验证法得到的判别结果也只有一个样品被错判，正确判别率约为98.1%。因此，我们可以认为上述分析最终得到的判别函数是具有一定信服力的。当得到一个新的标枪运动员的测试成绩时，我们就可以根据判别公式和判别原则判断出他的水平等级。

软件应用

1. 用SPSS进行层次聚类

第1步：选择【分析】→【分类】→【系统聚类】，进入主对话框。

第2步：在主对话框中将原始数据中用于聚类的所有变量选入【变量】，把区分样品的标签变量选入【标注个案】，在【分群】下选择【个案】（这是Q型聚类，如果要对变量进行R型聚类，则选择【变量】）。

第3步：点击【统计量】，选择【合并进程表】，点击【继续】回到主对话框。

第4步：点击【绘制】，选择【树状图】，点击【继续】回到主对话框。

第5步：点击【方法】，在【聚类方法】中选择类间距离的定义方法，在【度量标准】下选择点间距离的定义方法，在【转换值】或【转换度量】下选择是否对原始数据进行标准化处理或其他变换，点击【继续】回到主对话框。

第6步：点击【保存】，在【聚类成员】下根据需要选择在原始数据中保留分成多少类别的分类结果，点击【继续】回到主对话框，单击【确定】按钮。

2. 用SPSS进行K-均值聚类

第1步：选择【分析】→【分类】→【K-均值聚类】，进入主对话框。

第2步：在主对话框中将原始数据中用于聚类的所有变量选入【变量】，把区分样品的标签变量选入【个案标记依据】，在【聚类数】下填入想要分的类别数。

第3步：点击【保存】，选择【聚类成员】，可以输出每个样品所属类别的结果，点击【继续】回到主对话框，单击【确定】按钮。

3. 用SPSS进行判别分析

第1步：选择【分析】→【分类】→【判别】，进入主对话框。

第2步：在主对话框中将分类变量选入【分组变量】，点击进入【定义范围】，输入已知的类别范围。

第3步：回到主对话框中将原始数据中的所有变量选入【自变量】。如果考虑变量的筛选，再选中【使用步进式方法】，筛选变量的方法在【方法】中指定。

第4步：点击【统计量】，在【函数系数】下选择输出结果【Fisher】和【未标准化】，点击【继续】回到主对话框，点击【确定】。

第 5 步：点击【分类】，在【输出】下选择输出结果【摘要表】和【不考虑该个案时的分类】，还可以在【图】下根据需要选择【合并组】和【区域图】，点击【继续】回到主对话框，单击【确定】按钮。

本章主要公式

假定原始数据中包含 p 个变量，那么每个样品就是 p 维空间中的一个点。我们分别用 $X_i=(x_{i1}, x_{i2}, \cdots, x_{ip})'$，$X_j=(x_{j1}, x_{j2}, \cdots, x_{jp})'$表示数据中的第 i 个样品和第 j 个样品，这两个样品之间的距离也就是 p 维空间中两个点之间的距离，记作 d_{ij}。常用的点间距离计算公式包括：

名称	公式
绝对距离	$d_{ij}=\sum_{k=1}^{p}\lvert x_{ik}-x_{jk}\rvert$
欧氏距离	$d_{ij}=\sqrt{\sum_{k=1}^{p}(x_{ik}-x_{jk})^2}$
切比雪夫距离	$d_{ij}=\max_{1\leqslant k\leqslant p}\lvert x_{ik}-x_{jk}\rvert$
马氏距离	$d_{ij}{}^2=(X_i-X_j)\ S^{-1}\ (X_i-X_j)$ 式中，S 为样本协方差矩阵

用 G_1，G_2，…表示类，n_K，n_L 分别是类 G_K 和类 G_L 中包含的样品数，G_M 是类 G_K 和类 G_L 合并成的新类，用 D_{KL} 表示类 G_K 和类 G_L 之间的距离，常用的类间距离计算公式包括：

名称	公式
最短距离法	$D_{KL}=\min_{X_i\in G_K, X_j\in G_L} d_{ij}$
最长距离法	$D_{KL}=\max_{X_i\in G_K, X_j\in G_L} d_{ij}$
类平均法（组内联结法）	$D_{KL}{}^2=\frac{1}{n_K n_L}\sum_{X_i\in G_K}\sum_{X_j\in G_L} d_{ij}{}^2$
重心法	$D_{KL}{}^2=(\bar{X}_K-\bar{X}_L)'(\bar{X}_K-\bar{X}_L)$ 式中，$\bar{X}_K$，$\bar{X}_L$ 分别为类 G_K、类 G_L 的重心（每一类中所有样品的均值）

续表

名称	公式
离差平方和法	$D_{KL}{}^2 = W_M - W_K - W_L = \sum_{X_i \in G_M}(X_i - \bar{X}_M)'(X_i - \bar{X}_M) - \sum_{X_i \in G_K}(X_i - \bar{X}_K)'(X_i - \bar{X}_K) - \sum_{X_i \in G_L}(X_i - \bar{X}_L)'(X_i - \bar{X}_L)$ 式中，$\bar{X}_K$，$\bar{X}_L$，$\bar{X}_M$ 分别为类 G_K、类 G_L 和类 G_M 的重心

判别分析涉及的公式比较繁杂，且对应不同的距离定义和判别方法，具体公式也不尽相同，在此不予赘述，感兴趣的读者可以参阅多元统计分析的相关文献。

习　题

10.1　聚类分析与判别分析的本质区别是什么?

10.2　层次聚类法的基本步骤是什么?

10.3　K-均值聚类法与层次聚类法有什么不同?

10.4　解释 Fisher 判别法的基本思想。

10.5　下表是 2019 年我国 15 个地区的城市设施建设水平相关数据，包括人均城市道路面积、人均公园绿地面积、每万人拥有公共汽（电）车辆、每万人拥有公共厕所 4 个变量。试根据这些数据对这 15 个地区进行层次聚类分析，比较不同距离定义下的聚类结果，你会选择分几类?

地区	人均城市道路面积（平方米）	人均公园绿地面积（平方米）	每万人拥有公共汽（电）车辆（标台）	每万人拥有公共厕所（座）
北京	7.68	16.40	17.41	3.24
天津	12.98	9.21	10.93	1.16
河北	19.95	14.29	13.18	3.04
黑龙江	15.22	12.43	14.81	4.29
上海	4.72	8.73	9.29	2.56
浙江	19.02	14.03	16.42	3.02
安徽	23.69	14.80	13.23	2.60
山东	25.28	17.57	16.08	1.93

续表

地区	人均城市道路面积（平方米）	人均公园绿地面积（平方米）	每万人拥有公共汽（电）车辆（标台）	每万人拥有公共厕所（座）
湖北	17.45	11.96	10.82	2.50
湖南	17.69	11.81	17.94	2.41
广东	13.60	18.13	11.93	1.85
四川	16.38	14.03	13.25	2.53
云南	15.00	11.88	12.97	4.59
甘肃	19.31	14.28	13.29	3.05
新疆	23.67	14.88	13.39	2.74

10.6 查阅《中国统计年鉴》，按照城镇居民人均消费水平（不同项目消费支出），对我国 31 个地区进行分类。

10.7 利用例 10.2 的数据，试在 SPSS 中实现该判别分析，并判断下面这名运动员应该定为哪一级。

x_1	x_2	x_3	x_4	x_5	x_6
3.50	4.10	85.30	75.0	105	18.65

10.8 联合国开发计划署发布的《2016 年人类发展报告》中公布了世界大部分国家和地区的人类发展指数，并将人类发展水平划分为极高、高、中等和低 4 个等级。人类发展指数是基于出生时预期寿命、预期受教育年限、平均受教育年限和人均国民总收入 4 个指标计算得到的。下表是从该报告中选取的已公布了人类发展水平等级的部分国家（未选取低水平的地区）以及中国的上述指标数据，试采用 Fisher 判别分析对中国进行等级判定。

国家	出生时预期寿命（岁）	预期受教育年限（年）	平均受教育年限（年）	人均国民总收入（国际元/人）	等级
挪威	81.7	17.7	12.7	67 614	1
瑞士	83.1	16.0	13.4	56 364	1
美国	79.2	16.5	13.2	53 245	1
英国	80.8	16.3	13.3	37 931	1
韩国	82.1	16.6	12.2	34 541	1
意大利	83.3	16.3	10.9	33 573	1
乌拉圭	77.4	15.5	8.6	19 148	2
马来西亚	74.9	13.1	10.1	24 620	2
巴拿马	77.8	13.0	9.9	19 470	2

续表

国家	出生时预期寿命（岁）	预期受教育年限（年）	平均受教育年限（年）	人均国民总收入（国际元/人）	等级
土耳其	75.5	14.6	7.9	18 705	2
墨西哥	77.0	13.3	8.6	16 383	2
巴西	74.7	15.2	7.8	14 145	2
秘鲁	74.8	13.4	9.0	11 295	2
泰国	74.6	13.6	7.9	14 519	2
印度尼西亚	69.1	12.9	7.9	10 053	3
巴勒斯坦	73.1	12.8	8.9	5 256	3
菲律宾	68.3	11.7	9.3	8 395	3
南非	57.7	13.0	10.3	12 087	3
印度	68.3	11.7	6.3	5 663	3
巴基斯坦	66.4	8.1	5.1	5 031	3
中国	76.0	13.5	7.6	13 345	

第 11 章 不依赖于分布的检验

使我们陷入麻烦的通常并不是我们不知道的事情，而是那些我们知道却不正确的事情。

——阿蒂默斯·沃德（Artemus Ward）

11.1 关于非参数检验

到目前为止，对于统计学你有怎样的印象？或许总体、样本、分布、估计、检验等这样的字眼已经充满你的大脑，因为这些的确是初等统计学中最核心的概念。更为重要的是，在此之前我们所接触到的各种统计检验方法大多与总体的分布形态有关，要么要求总体分布是给定的，要么需要进行某种假设。这些都属于典型的参数统计方法。然而，如果遇到下列某种情况你该怎么办呢？不知道样本所属的总体到底服从什么分布；知道总体的分布形态但却与检验所要求的条件不符；某些变量无法精确测量；均值、方差的计算没有意义……在这些情况下，非参数检验方法或许会是更好的选择。

11.1.1 什么时候选择非参数检验

在第 4 章为大家介绍的各种假设检验方法，很多都是以总体服从正态分布的假定为前提的，但在实际生活中，这样的假定并不总是能随便做出的，有时甚至会出现假定与实际明显不符的状况。当遇到上面所提到的各种情况时，如果刻意忽略检验的前提，仍然牵强附会地使用参数统计方法，很可能产生错误的甚至灾难性的结果。

正确的做法应当是适时放弃对总体分布的依赖，转而寻求更多的纯粹来自数据自身的信息，通过建立与总体分布形态无关的检验统计量，实现对所研究的问题的推断。这种与数据所属总体的分布无关的统计检验方法称为**非参数检验**（nonparametric test），也有人将其称为不依赖于分布的检验。但要注意避免因这两个名字而产生误解，它们指的是检验推断的过程与总体的分布及其参数无关，而不是说在整个推断过程中什么分布、什么参数都不需要。事实上，除了对总体信息的要求很少之外，非参数检验所遵循的基本思想和基本准则与我们前面介绍的假设检验并无二致。同样需要建立一个检验统计量，找到它在原假设下的分布，进而判断这个统计量的样本实现在原假设下是否为小概率事件。只不过非参数检验独辟蹊径，通过巧妙的构造，最大限度地摆脱了总体分布的束缚，比传统的参数检验安全很多。

读到这里也许你会纳闷，既然非参数检验如此优越，为什么我们不彻底忘记参数检验，一直使用非参数检验呢？细心的读者或许早已注意到，非参数检验的优越性只有在总体分布未知的时候才能发挥出来。如果我们掌握了有关总体足够多的信息，能够确定或合理假定总体的具体分布，采用参数检验的效率会高于非参数检验。原因是显而易见的，本可以利用的信息后者并没有充分利用，使得往往在参数检验中可以拒绝的原假设，在非参数检验中却无法拒绝。当然，在总体分布未知的时候，非参数检验比随意假定总体分布的参数检验的效率要高，有时甚至会高很多。非参数检验不仅适用于小样本、无分布样本，还适用于污染样本、混杂样本等，在我们掌握了各种非参数检验方法的思想之后能够对其有更深的理解。

11.1.2 预备知识

1. 心中有数

实际上，无论是采用传统的参数统计方法还是采用非参数统计方法，我们始终强调在进行任何统计分析之前对数据的预处理工作。当拿到数据以后，首先应该考虑数据的类型，适合采用什么样的方法，是否应该进行一些数据转换；其次要充分利用图表等工具对数据的分布形态进行探索性分析，尽管绝大部分非参数检验不需要假定总体的具体分布形式，但在不同的方法中，可能对总体分布的形状有所要求，如对称等，直方图、茎叶图、箱线图等工具可以帮助我们非常直观地把握数据的基本特征，在可以对总体分布做出合理假定的情况下，不要浪费总体信息，而在适合采用非参数统计方法的情况下，进一步考虑是否应该对数据进行变换以满足某些特定方法的要求。总之，应从一开始分析问题的时候就尽量避免因盲目使用方法而得到错误甚至荒谬的结果。

2. 秩的概念

与假设检验一样，不同的非参数检验方法构造检验统计量的具体技巧不同，利用的数据信息也各有偏重，但秩是大部分非参数检验方法都要使用的概念。那么，什么是一个数据的秩呢？简单地说，**秩**（rank）就是一组数据按照从小到大的顺序排列之后，每一个观测值所在的位置。例如，我们有下面的数据（有 10 个观测值）：

12	6	15	2	14	5	3	10	4	16

这个数据按照从小到大的顺序排列之后为：

2	3	4	5	6	10	12	14	15	16

那么这 10 个观测值对应的次序号就是它们的秩：

观测值	2	3	4	5	6	10	12	14	15	16
秩	1	2	3	4	5	6	7	8	9	10

按照原来的顺序，每个观测值对应的秩为：

观测值	12	6	15	2	14	5	3	10	4	16
秩	7	5	9	1	8	4	2	6	3	10

用一般符号来表示，假定一组数据 X_1，X_2，…，X_n 按照从小到大的顺序排列，X_i 在所有观测值中排第 R_i 位，那么 X_i 的秩即为 R_i。显然，R_i 也是一个统计量，它测度的是数据观测值的相对大小，大多数非参数检验方法正是利用秩的这一性质来排除总体分布未知的障碍。当然，也有一些非参数检验方法并不涉及秩的性质。

3. 结的处理

很多情况下，数据中会出现相同的观测值，那么对它们进行排序后，这些相同观测值的排名显然是并列的，也就是说它们的秩是相等的，相同观测值被称为数据中的**结**（tie）。对于结的处理，通常是以排序后所处位置的平均值作为它们共同的秩。例如，数据 3，3，6，8，8，8，10，这个数据中共有两个结，第一个结中有两个相同的观测值（3），第二个结中则有三个相同的观测值（8）。我们用 τ_i 来表示第 i 个结中所包含的观测值个数，即有 $\tau_1=2$，$\tau_2=3$。这一数据相应的秩分别为 1.5，1.5，3，5，5，5，7。当一个数据中结比较多时，某些非参数检验中原假设下检验统计量的分布就会受到影响，从而需要对统计量进行修正。幸运的是，大部分统计软件都可以自动帮助用户完成这一工作。

作为与传统统计方法有着鲜明区别的一类独立的统计方法，非参数检验方法的内容同样十分丰富，各种新的理念层出不穷，本章仅介绍相对简单也比较常用的几种非参数检验方法。此外，由于下面的一些检验通常都可以选择精确计算或大样本近似计算两种方法，因此构建的检验统计量及其分布也不尽相同，但在统计软件中都可以方便地实现，输出结果中通常也都包含了两种计算结果。为避免混乱，下面我们在介绍每种方法的过程中就给出 SPSS 软件使用说明①，而不再像前面章节一样统一放到章后附录部分。

11.2 单样本的非参数检验

11.2.1 符号检验

先看一个例子。

【例 11.1】 某果汁饮料生产商称，其生产的饮料纯果汁含量不低于 90%，现在超市随机抽取了该生产商生产的 25 瓶饮料，并测量每瓶饮料中纯果汁含量，结果如下：

表 11-1 25 瓶饮料的纯果汁含量（%）

80	82	83	85	86	81	84
86	87	88	91	91	89	92
95	100	93	93	86	80	85
93	94	85	87			

如果你是消费者，根据这些样本数据，你是否会相信这个生产商所说的呢？在现实生活中，类似的问题比比皆是。按照在第 4 章所学习的内容，我们的第一反应就是检验其总体均值是否等于假定的值，而利用 t 检验方法可以十分轻松地完成对这类问题的检验。然而我们不能忘了，均值的 t 检验需要假定观测值所属总体服从正态分布。如果我们对这个厂家生产的饮料果汁含量的总体分布一无所知（现实往往如此），就不能随意做出正态假定，也就不能进行均值 t 检验。

这时我们应该想到，除了均值，还有一个用于描述总体"中心"位置的参数，即中位数。是否可以在不依赖总体分布的情况下，对例 11.1 中所研究的总体的中位数进行假设检验呢？**符号检验**（sign test）就是这样一种非参数检验方法。符号检验的原假设和备择假设的设立与参数检验完全相同，可以根据质疑的问题性质选择单侧检验或双侧检验。在上面的例子中，我们用 m 表示该厂家生产的饮料果汁含量的总体中位数，容易算出数据的样本中位数为 87%，小于 90%，所以我们怀疑该厂家生产的饮料果汁含量没有达到其所声称的水平，从而提出如下假设：

$$H_0：m \geqslant 90\%；H_1：m < 90\%$$

在 $m=m_0=90\%$ 成立时，数据中每个观测值大于 90%或小于 90%的概率都是 0.5，也就是说，每一次观测都以 0.5 的概率大于 m_0，也以 0.5 的概率小于 m_0，这显然是一次伯努利试验。那么，25 次观测的结果就服从二项分布 $B(25，0.5)$。符号检验就是利用这一原理，分别用 S^+ 和 S^- 表示样本数据中大于 m_0 的观测值个数和小于 m_0 的观测值个数，也就等价于分别代表观测值（$x_i - m_0$）大于零（符号为正）的个数和（$x_i - m_0$）小于零（符

① Excel 没有直接进行非参数检验的选项。

号为负）的个数（这也正是该检验取名为符号检验的原因）。很容易看出，例 11.1 中只有 9 瓶饮料的纯果汁含量达到了 90%的标准，而参数为 $n=25$，$p=0.5$ 的二项分布变量小于或等于 9 的概率为 0.115，这就是检验的 P 值了。因此，在显著性水平 $\alpha=0.05$ 时没有充分的理由可以拒绝原假设，也就是没有证据可以否认该厂家的声明。

当然，上述计算都可以通过 SPSS 软件几个简单的选项来实现，即使样本量很大，也可以轻松得到精确的计算结果。把例 11.1 中的数据导入到 SPSS 之后，选择【分析】→【非参数检验】→【旧对话框】→【二项式】进入主对话框，再把观测变量（在此例中为"Content"）选入右侧的【检验变量列表】框内，然后选中左下角【定义二分法】的【割点】，并在旁边输入总体中位数的假定值 $m_0=0.90$，最后在【检验比例】旁边输入二项分布的参数 $p=0.5$，单击【确定】按钮。SPSS 输出结果如表 11-2 所示。

表 11-2　例 11.1 符号检验结果（一）

二项式检验

		类别	N	观察比例	检验比例	精确显著性（双侧）
content	组 1	<=.9	16	.64	.50	.230
	组 2	>.9	9	.36		
	总数		25	1.00		

从表 11-2 可以看到，对例 11.1 中数据的精确双侧检验 P 值为 0.23，那么我们所提出的原假设的单侧检验 P 值就是它的一半，即上面手工计算出的 0.115。

如果样本量很大，我们想要看看数据中有多少个使得（x_i-m_0）符号为正的观测值，多少个使得（x_i-m_0）符号为负的观测值，可以通过 SPSS 的另一个选项来实现。首先，在原数据中产生一个新的变量 m，每个观测对应的 m 的取值都是假定值 0.90；然后选择【分析】→【非参数检验】→【旧对话框】→【2 个相关样本】进入主对话框，把原观测变量（"Content"）和新产生的变量 m 都选入右侧的【检验对】框内，在【检验类型】下选择【符号检验】，并点入【精确】中选择【精确】，返回主对话框，单击【确定】按钮。得到的输出结果如表 11-3 和表 11-4 所示。

表 11-3　例 11.1 符号检验结果（二）

频率

		N
m-content	负差分[a]	9
	正差分[b]	16
	结[c]	0
	总数	25

a. m<content。

b. m>content。

c. m=content。

表 11-4 例 11.1 符号检验结果（三）

检验统计量[b]

	m-content
精确显著性（双侧）	.230[a]
精确显著性（单侧）	.115
点概率	.061

a. 已使用的二项式分布。

b. 符号检验。

表 11-3 给出了原数据中观测值 x_i 与中位数假定值 m_0 的差值符号分别为负和正的个数，以及有没有打结（差值是否有零值）。表 11-4 的检验结果则与表 11-2 的结果一致，其中的“点概率”是参数为 $n=25$，$p=0.5$ 的二项分布变量等于 9 的概率。

11.2.2 Wilcoxon 符号秩检验

符号检验是最简单的非参数检验方法，但它体现了非参数统计的一些基本思想。尤为重要的是，通过前面的例子我们实际上还可以发现，即使是没有精确数值的定类数据，符号检验同样适用，而这是绝大多数参数检验方法无法实现的。感兴趣的读者可以自己找例子体会一下。不过，我们也注意到，符号检验仅仅利用了观测值与假定的中位数的差值符号来进行检验，也就是说，它仅仅利用了相对位置的信息（这恰好又是它同样适用于定类数据的原因）。正负符号只代表了每个观测值位于中位数的哪一边，而这一距离有多远却需要通过观测值与中位数差值的绝对值大小来衡量。Wilcoxon 符号秩检验结合了这两方面的信息，通过巧妙的构思达到比符号检验更有效的目的。

Wilcoxon 符号秩检验的基本步骤是这样的：首先，对每个观测值计算 $|x_i-m_0|$，它们代表了每个观测值与假定中位数的距离；然后把这些绝对值排序，找出每个 $|x_i-m_0|$ 对应的秩；把（x_i-m_0）符号为正的那些 $|x_i-m_0|$ 的秩加总起来，记作 W^+；把（x_i-m_0）符号为负的那些 $|x_i-m_0|$ 的秩加总起来，记作 W^-。显然，如果中位数的假定 $m=m_0$ 成立，W^+ 和 W^- 应该差不多，如果 W^+ 或 W^- 过大或过小，都应该怀疑 $m=m_0$ 的假定。所以，对双侧检验 H_0：$m=m_0$；H_1：$m\neq m_0$，取检验统计量 $W=\min(W^+,W^-)$，当 W 太小时，拒绝原假设；对左侧检验 H_0：$m\geqslant m_0$；H_1：$m<m_0$，就取 $W=W^+$，当 W 太小时，拒绝原假设；对右侧检验 H_0：$m\leqslant m_0$；H_1：$m>m_0$，就取 $W=W^-$，当 W 太小时，拒绝原假设。这个统计量 W 称为 Wilcoxon 符号秩检验统计量，如果要手工计算，一般的非参数统计书籍上都有其分布表，可以查表得到检验的 P 值，但实际上计算机可以快速地完成所有工作。为便于比较，我们仍以例 11.1 来说明，同样检验 H_0：$m\geqslant 90\%$；H_1：$m<90\%$。

在 SPSS 中实现 Wilcoxon 符号秩检验的过程与前面介绍的表 11-3 和表 11-4 的输出过程几乎完全一样，其中只有一个选项不同。为熟悉操作，我们给出完整的说明。选择【分析】→【非参数检验】→【旧对话框】→【2 个相关样本】进入主对话框，把原观测变量（“Content”）和新产生的变量 m 都选入右侧的【检验对】框内，在【检验类型】下选择【Wilcoxon】，并点入【精确】中选择【精确】，返回主对话框，单击【确定】按钮。得到输出结果如表 11－5 和表 11－6 所示。

表 11－5　例 11.1 Wilcoxon 符号秩检验结果（一）

秩

		N	秩均值	秩和
m-content	负秩	9[a]	9.50	85.50
	正秩	16[b]	14.97	239.50
	结	0[c]		
	总数	25		

a. m<content。
b. m>content。
c. m=content。

表 11－6　例 11.1 Wilcoxon 符号秩检验结果（二）

检验统计量[b]

	m-content
Z	－2.076[a]
渐近显著性（双侧）	.038
精确显著性（双侧）	.037
精确显著性（单侧）	.018
点概率	.001

a. 基于负秩。
b. Wilcoxon 带符号秩检验。

表 11－5 给出了例 11.1 中的 $W^+=239.5$，$W^-=85.5$，而表 11－6 则给出了例 11.1 单侧 Wilcoxon 符号秩检验的精确 P 值为 0.018。因此，利用这一检验方法，我们在显著性水平 $\alpha=0.05$ 时就可以拒绝原假设，而这是前面的符号检验所无法做到的。这说明对这个问题，Wilcoxon 符号秩检验比符号检验更有效，因为它不仅利用了观测值与中位数假定值的差值符号，还利用了差值绝对值的秩的大小来代表相对距离的远近。然而，需要注意的是，符号检验对总体分布没有任何假定，但 Wilcoxon 符号秩检验却要求样本来自分布连续对称的总体。所以上述检验只有在假定例 11.1 的数据来自连续对称总体的前提下才是可行的。实际上，利用一些检验方法可以证实并没有足够的理由拒绝例 11.1 的数据来自正态总体的假定，限于篇幅，本书没有做过多的介绍。读者应该理解的是，对于连续对称分布，总体中位数的假设检验等价于总体均值的假设检验。

11.3　两样本的非参数检验

11.3.1　两独立样本的 Wilcoxon（Mann-Whitney）秩和检验

前面介绍的两种非参数检验方法，实际上是在总体分布未知的情况下，帮助人们判断单个样本所属的总体的中心位置是否等于某一假定值。而当人们需要比较两个总体的中心位置是否相同时，如果我们使用第4章所介绍的假设检验方法，同样要求两个总体均服从正态分布。当这一假定不可靠时，我们就应该及时改换思路。

非参数统计提供了在总体分布未知的情况下用于检验两个总体的中位数是否相等的多种方法，Wilcoxon（Mann-Whitney）秩和检验是应用最广的一种。它的唯一假定是两个总体的分布形状类似（不要求对称）。我们用下面的例子来介绍该方法的原理。

【例11.2】 有人尝试对A和B两个电子商务平台的消费者群体进行研究，其中一方面是对其年龄进行比较。研究者随机收集了两个平台各12位消费者的年龄信息，如表11-7所示。

表11-7　两个电子商务平台消费者的年龄信息　　单位：岁

A	24	21	28	25	27	40	26	38	23	22	41	29
B	28	42	36	38	30	32	50	45	29	41	39	37

该研究者想要比较平台A和平台B的消费者年龄是否有差异，由于没有足够的信息可以假定这两类群体的总体年龄服从正态分布，抽取的样本也较小，因此应选择更加稳健安全的非参数检验方法。用m_X，m_Y分别代表A和B的消费者年龄中位数，由表11-7提供的数据很容易算出，A消费者的样本年龄中位数小于B消费者的样本年龄中位数，所以我们可以建立如下的假设：

$$H_0: m_X \geqslant m_Y; \quad H_1: m_X < m_Y$$

Wilcoxon（Mann-Whitney）秩和检验的思想和Wilcoxon符号秩检验有些类似，它把两个样本混合起来，然后对混合后的所有观测值从小到大进行排序，那么每一个观测值就有了自己的秩。然后又把每个观测值和它对应的秩按照所属的样本分开，同一个样本的观测值的秩相加，这样就得到了两个样本分别对应的所有秩的和。

我们用x_1，x_2，…，x_{12}表示例11.2中12个A消费者的年龄，用y_1，y_2，…，y_{12}表示12个B消费者的年龄。按照上述步骤，首先把这24个观测值混合在一起，从小到大排序之后，每一个观测值就有了自己对应的秩。用R_i^X表示A消费者样本中第i个观测值的秩，那么该样本中所有观测值的秩的和就为$W_X=\sum_{i=1}^{12}R_i^X$；同理，用R_i^Y表示B消费者样本中第i个观测值的秩，那么该样本中所有观测值的秩的和就为$W_Y=\sum_{i=1}^{12}R_i^Y$。显然，如果W_X很小，说明A消费者样本中的观测值偏小，其中心位置自然也偏小，那么就可以怀疑原假设。W_X或W_Y被称为Wilcoxon秩和统计量，实际上它们是可以互推的。由于Mann和Whitney提出了另一个等价的统计量，因此该检验也被称为Mann-Whitney检验，感兴趣的读者可以参阅相关的非参数统计书籍。

在SPSS中实现Wilcoxon秩和检验，我们需要把两个样本的观测值作为一个变量（如例11.2中为“age”）输入，然后设计另一个变量用于标记每个观测值所属的样本（如例11.2为“type”，1表示A，2表示B），选择【分析】→【非参数检验】→【旧对话框】→【2 个独立样本】进入主对话框，把待检验的变量（“age”）选入右侧的【检验变量列表】框内，把分类变量（“type”）选入右侧的【分组变量】框内，并进入【定义组】分别输入类别代码“1”和“2”，返回主对话框，在【检验类型】下选择【Mann-Whitney U】，并点入【精确】中选择【精确】，返回主对话框，单击【确定】按钮。得到的输出结果如表 11－8 所示。

表 11－8　例 11.2 Wilcoxon 秩和检验结果

检验统计量[b]

	age
Mann-Whitney U	25.000
Wilcoxon W	103.000
Z	−2.716
渐近显著性（双侧）	.007
精确显著性［2＊（单侧显著性）］	.006[a]
精确显著性（双侧）	.005
精确显著性（单侧）	.003
点概率	.000

a. 没有对结进行修正。

b. 分组变量：type。

表 11－8 中的头两行分别显示的就是 Mann-Whitney 统计量和 Wilcoxon 秩和统计量，第六行和第七行则分别给出了双侧检验和单侧检验下精确计算的 P 值，后者是前者的一半（表中均为四舍五入后的数值）。可见，在显著性水平 $\alpha=0.05$ 下，可以拒绝例 11.2 中的原假设，因为检验的 P 值是 0.003，即有理由认为 B 电子商务平台消费者的年龄中位数要比 A 电子商务平台消费者的年龄中位数大一些。

11.3.2　配对样本的中位数检验

关于配对样本的非参数检验方法，其基本逻辑与参数检验方法并没有实质区别。回顾第 4 章所介绍的内容，配对样本的参数检验方法是先求出两个配对样本的差值，然后对差值所属总体的均值是否等于零进行 t 检验，而这一检验需要假定差值的总体服从正态分布。那么，很容易想到，当正态假定不成立时，就不能利用均值这个与总体分布有关的参数来对配对总体进行检验，应该考虑另一个位置参数——中位数。也就是说，配对样本的非参数检验方法同样是先求出两个配对样本的差值，然后对差值所属总体的中位数是否等于零进行检验。这样的检验我们已经很熟悉了，通过前面介绍的符号检验和 Wilcoxon 符号秩检验都可以实现。下面我们就通过一个例子简单地展示一下如何在 SPSS 中实现配对样本的中位数检验。

【例 11.3】有人建议，如果每天在车间提供背景音乐、免费咖啡和甜点，该车间的日产量就会增加。管理层同意按照这个办法试行一段时间，通过抽样得到的 14 名雇员在改进方法试行前后每周生产的产品数如表 11－9 所示。

表 11－9　改进方法试行前后雇员的产量　　单位：个

雇员	之前的产量	之后的产量	雇员	之前的产量	之后的产量
JD	23	33	WWJ	21	25
SB	26	26	OP	25	22
MD	24	30	CD	21	23
RCF	17	25	PA	16	17
MF	20	19	RRT	20	15
UHH	24	22	AT	17	9
IB	30	29	QQ	23	30

在总体分布未知的情况下，为了检验这一建议是否可行，用 m_d 表示试行这一建议前后所有雇员生产的产品数差值（之前的产量减之后的产量）的中位数，那么管理层可以建立如下的假设：

H_0：$m_d \geqslant 0$；H_1：$m_d < 0$

实际上，在介绍单样本的符号检验和 Wilcoxon 符号秩检验的过程中，我们已经接触到了用 SPSS 实现配对样本的中位数检验的操作步骤，只不过那里的“配对样本”是以中位数的假定值来代替的。这里我们再给出简要说明：将两个配对样本数据分别作为两个变量输入到 SPSS 中（在此分别以“before”和“after”代表“之前的产量”和“之后的产量”），选择【分析】→【非参数检验】→【旧对话框】→【2 个相关样本】进入主对话框，把两个匹配变量（“before”和“after”）选入右侧的【检验对】框内，在【检验类型】下选择【Wilcoxon】和【符号检验】，并点入【精确】中选择【精确】，返回主对话框，单击【确定】按钮。得到的输出结果如表 11－10 和表 11－11 所示。

表 11－10　例 11.3 配对样本的 Wilcoxon 符号秩检验结果

检验统计量[b]

	after-before
Z	－.805[a]
渐近显著性（双侧）	.421
精确显著性（双侧）	.444
精确显著性（单侧）	.222
点概率	.011

a. 基于负秩。

b. Wilcoxon 带符号秩检验。

表 11－11　例 11.3 配对样本的符号检验结果

检验统计量[b]

	after-before
精确显著性（双侧）	1.000[a]
精确显著性（单侧）	.500
点概率	.209

a. 已使用的二项式分布。

b. 符号检验。

显然，表 11－10、表 11－11 与前面的表 11－6、表 11－4 包含的内容是一致的。由两个表格中给出的单侧检验 P 值很容易看出，在显著性水平 $\alpha=0.05$ 下，无论是符号检验（单侧检验 P 值为 0.5）还是 Wilcoxon 符号秩检验（单侧检验 P 值为 0.222），都没有理由拒绝原假设，因而管理层没有理由相信这个建议者的说法。

与单样本情况类似，我们要记住，如果可以假定总体分布是连续对称的，选择 Wilcoxon 符号秩检验会比符号检验更有效，但如果不知道总体的任何信息，符号检验更安全。例 11.3 中的产量从严格意义上说并不是连续变量，所以使用符号检验更合理。

11.3.3　Spearman 秩相关检验

对于两个配对样本，人们除了关心其总体分布的中心位置是否相同之外，往往还想知道这两个样本所代表的变量之间有没有关系。第 7 章介绍的相关分析就是用来确定两个或者更多变量之间线性关系强度的统计方法，而从前文中给出的 Pearson 相关系数的定义容易看出，传统的相关系数度量的是数值变量之间的线性关系。当我们感兴趣的两个变量是顺序变量时，得到的数据只能排序而不能运算，Pearson 相关系数便不再适用了，因而学者们提出了非参数统计中的 Spearman 秩相关系数。

【例 11.4】在一项关于职业声望和可信赖程度的调查中，研究者列举了 12 种职业，要求受访者分别按照声望和可信赖程度高低对其进行排序（“1”代表声望最高，且信赖程度最高），结果如表 11－12 所示。试判断受访者对这 12 种职业的声望和可信赖程度的评价之间是否存在一定的关系。

表 11－12　12 种职业的声望和可信赖程度排序

职业	声望排序	可信赖程度排序
科学家	1	1
医生	2	2
工程师	6	4
政府官员	3	7
中小学教师	4	3
大学教师	5	5

续表

职业	声望排序	可信赖程度排序
新闻记者	7	8
律师	8	6
企业管理人员	9	12
银行管理人员	10	10
建筑设计人员	11	9
会计师	12	11

显然，该数据是典型的顺序数据，均值和方差等的计算都没有意义，因此不能计算这两个变量的 Pearson 相关系数，Spearman 秩相关系数则可以对两个顺序变量之间的相关程度进行度量。

设一组配对样本数据为（x_1，y_1），（x_2，y_2），…，（x_n，y_n），首先分别找出所有 x_i 在变量 X 样本中的秩 R_i($i=1, 2, \cdots, n$)，以及所有 y_i 在变量 Y 样本中的秩 S_i($i=1, 2, \cdots, n$)；然后对每一对观察值的秩进行比较，计算两个秩之间的差值 $d_i=R_i-S_i$，再按下面的表达式计算 Spearman 秩相关系数 r_s：

$$r_s = 1 - \frac{6\sum_{i=1}^{n} d_i^2}{n(n^2-1)}$$

例 11.4 中的调查数据本身就是排序的结果，因此每个观测值就是它在相应样本中的秩，只要把成对的观测值之差及样本量代入到上面的表达式中，便可得到这 12 种职业的声望排序与可信赖程度排序之间的相关系数。当然，计算机可以自动给出这一结果。

除此之外，与参数统计方法一样，我们还需要对由样本数据计算出来的这一相关系数的显著性进行检验。检验的原假设为 H_0：变量 X 与变量 Y 是不相关的，而备择假设可以视具体情况选择下面的一种：H_1：变量 X 与变量 Y 是（或正或负）相关的；H_1：变量 X 与变量 Y 是正相关的；H_1：变量 X 与变量 Y 是负相关的。Spearman 秩相关检验的基本思想是，如果配对样本的 $d_i^2=(R_i-S_i)^2$（$i=1, 2, \cdots, n$）都很大，说明这两个变量可能是负相关的，而如果它们都很小，这两个变量则可能是正相关的。因此，上面表达式定义的这一相关系数就是 Spearman 检验统计量，通过与查表得到的原假设下的临界值进行比较，得出是否拒绝原假设的结论。当然，统计软件也可以自动输出检验的 P 值，将其与指定的显著性水平进行比较，从而得出结论。下面我们就以例 11.4 的数据来说明如何在 SPSS 中实现 Spearman 秩相关检验。

将两个变量的样本数据输入到 SPSS 中，选择【相关】→【双变量】进入主对话框，把两个变量选入右侧的【变量】框内，在【相关系数】下选择【Spearman】，在【显著性检验】下选择【双侧检验】或【单侧检验】（在此我们以“变量 X 与变量 Y 是正相关的”为备择假设进行单侧检验），单击【确定】按钮。得到的输出结果如表 11 - 13 所示。

表 11-13　例 11.4 Spearman 秩相关检验结果

相关系数

			声望	信赖程度
Spearman 的 rho	声望	相关系数	1.000	.860**
		Sig.（单侧）	.	.000
		N	12	12
	信赖程度	相关系数	.860**	1.000
		Sig.（单侧）	.000	.
		N	12	12

**. 在置信度（单侧）为 0.01 时，相关性是显著的。

与传统的 Pearson 相关系数 ρ 相对应，Spearman 检验统计量也称为 Spearman ρ。由表 11-13 的分析结果可以看到，例 11.4 中受访者对 12 种职业的声望排序和可信赖程度排序之间的 Spearman 秩相关系数 $r_s=0.86$，单侧检验的 P 值约等于 0，小于 0.05 或 0.01，因此，在显著性水平 $\alpha=0.05$ 或 0.01 时，均可拒绝原假设，即可以认为受访者对这 12 种职业的声望和可信赖程度的评价之间存在显著的正相关关系。

显然，Spearman 秩相关系数不仅适用于顺序变量，也适用于度量数值变量之间的相关强度。而且相对于传统的相关系数，Spearman 秩相关系数度量的是更广义的单调关系，而不一定是线性关系，因为它利用的是变量秩的信息，而秩不会被变量的任何严格单调递增变换改变。

除了单样本和两样本，非参数统计同样可以处理多样本的问题。如果各个样本相互独立，可以采用 Kruskal-Wallis 检验或 Jonckheere-Terpstra 检验等方法对多个总体的位置参数是否相等进行检验；如果样本不独立，则可以采用 Friedman 秩和检验与 Page 检验等方法处理试验设计的相关检验问题。受篇幅所限，在此不做详细介绍，另外，非参数检验方法还涉及很多其他内容，感兴趣的读者可以参阅非参数统计的相关文献。

习　题

11.1　非参数检验与参数检验的主要区别是什么？

11.2　什么场合选择非参数检验方法更有效？

11.3　什么是秩和结？

11.4　阐述符号检验的基本思想。

11.5　Wilcoxon 符号秩检验与符号检验有什么不同？

11.6　如何对两个独立样本进行 Wilcoxon（Mann-Whitney）秩和检验？

11.7　为了解一种节能灯的使用寿命，随机抽取了 8 只灯泡，测得其使用寿命（单位：小时）如下：

3 250　3 500　2 850　3 700　3 010　2 910　2 980　3 420

检验这种节能灯使用寿命的中位数是否等于 3 000 小时（$\alpha=0.05$）。

11.8　某企业生产一种零件，规定其长度的中位数为 15 厘米，现从某天生产的一批零件中随机抽取 16 只，测得其长度（单位：厘米）如下：

15.1　14.5　14.8　14.6　15.2　14.8　14.9　14.6

14.8　15.1　15.3　14.7　15.0　15.2　15.1　14.7

检验该企业生产零件的中位数与 15 厘米是否有显著差异（$\alpha=0.05$）。

11.9　下面是世界卫生组织公布的亚洲 10 个国家 2019 年男性预期寿命数据：

国家	男性预期寿命（岁）	国家	男性预期寿命（岁）
中国	74.6	科威特	73.7
韩国	78.8	孟加拉国	70.6
日本	80.5	马来西亚	72.7
印度	66.9	菲律宾	65.3
越南	71.3	柬埔寨	66.6

根据上表数据检验亚洲国家男性平均预期寿命是否大于 70 岁（$\alpha=0.05$）。

11.10　由国际货币基金组织公布的 8 个亚洲国家和 9 个欧洲国家 2019 年人均国内生产总值（GDP）数据如下表所示。试检验亚洲国家和欧洲国家 2019 年的人均 GDP 是否有显著差异（$\alpha=0.05$）。

亚洲地区		欧洲地区	
国家	人均 GDP（美元）	国家	人均 GDP（美元）
中国	10 098	比利时	45 175
韩国	31 430	罗马尼亚	12 482
日本	40 846	丹麦	59 795
印度	2 171	法国	41 760
泰国	7 791	德国	46 563
马来西亚	11 136	西班牙	29 961
菲律宾	3 294	英国	41 030
巴基斯坦	1 388	瑞典	51 241
		荷兰	52 367

11.11　某种品牌的彩电在两个城市销售，其中在 A 城市有 6 个商场销售，在 B 城市有 8 个商场销售，下表是各商场一年的销售量（单位：台）。该品牌的彩电在这两个城市的销售量是否有显著差异（$\alpha=0.05$）？

商场序号	A 城市	商场序号	B 城市
1	545	1	560
2	489	2	551
3	505	3	535
4	585	4	479
5	539	5	476
6	449	6	545
		7	602
		8	495

11.12　一家权威的房屋建筑者协会提供了最流行的家居装修工程的成本数据（单位：元），如下表所示。在显著性水平 $\alpha=0.05$ 时，能否认为厨房的装修成本与主卧室的装修成本存在显著差异？

主卧室	厨房	主卧室	厨房
25 200	18 000	23 000	17 800
17 400	22 900	19 700	24 600
22 800	26 400	16 900	21 000
21 900	24 800	21 800	
19 700	26 900	23 600	

11.13　一家制造企业准备采用一种新的方法生产产品，为确定新方法与旧方法生产的产品数量是否相同，随机抽取 10 个工人，并让每个工人分别使用新旧两种方法生产产品，下表是这 10 个工人一天生产的产品数量（单位：个）。工人在新旧两种方法下所生产的产品数量是否有显著差异（$\alpha=0.05$）？

工人序号	旧方法	新方法
1	12	16
2	14	17
3	13	14
4	11	19
5	17	16
6	9	15
7	10	17
8	11	16
9	17	15
10	16	18

11.14　在证券市场上随机抽取了10只股票，得到2019年和2020年的基本每股收益（单位：元）数据如下表：

股票序号	2019年	2020年
1	1.15	1.17
2	1.32	1.64
3	1.54	1.4
4	0.68	0.94
5	1.37	1.63
6	3.47	3.62
7	1.21	1.23
8	2.35	2.42
9	3.62	3.79
10	0.95	0.94

2020年与2019年相比，证券市场股票的基本每股收益是否有显著提高（$\alpha=0.05$）?

11.15　一家日用化工企业拟采用两种去污配方生产新型去污剂，于是挑选了一系列沾有污渍的物件进行各种测试，其中一项是对两种去污配方清除不同污渍所需的时间（单位：秒）进行测试，记录如下。根据这些测试数据，试判断这两种去污配方在清除污渍所需的时间方面是否存在显著差异（$\alpha=0.05$）。

污渍编号	配方A所需时间	配方B所需时间
1	24.0	23.1
2	16.7	20.4
3	21.6	17.7
4	23.7	20.7
5	37.5	42.1
6	31.4	36.1
7	14.9	21.8
8	37.3	40.3
9	17.9	26.0
10	15.5	15.5
11	29.0	35.4
12	19.9	25.5

11.16　一项关于集体责任的研究项目想要确定女性是在婚前还是在结婚五年后更有

集体意识。随机抽取了 9 名女性，分别在她们未婚的时候和结婚五年后进行相同的集体意识测试，测试分数（单位：分）如下：

编号	婚前	婚后五年
1	110	114
2	157	159
3	121	120
4	96	103
5	130	139
6	186	196
7	116	116
8	160	140
9	149	142

根据该测试，检验女性在结婚前后的集体意识是否有显著差异（$\alpha=0.05$）。

11.17　抽选 9 个厂家生产的 VCD，得到销售价格和质量评定的名次如下表所示，计算二者的 Spearman 秩相关系数并进行显著性检验（$\alpha=0.05$）。

厂家	1	2	3	4	5	6	7	8	9
质量排名	6	9	2	8	5	1	7	4	3
销售价格（元）	780	695	875	850	810	845	700	765	720

11.18　在一项英语水平考试中，采用口试和笔试两种方式，抽取由 8 名学员组成的样本，其口试和笔试成绩如下表所示（单位：分）。计算这两项成绩的 Spearman 秩相关系数并进行显著性检验（$\alpha=0.05$）。

学员	口试成绩	笔试成绩
1	78	77
2	74	83
3	97	88
4	60	65
5	86	78
6	81	86
7	62	64
8	91	93

附录

各章习题答案

第 1 章　统计能为你做些什么

1.1 ～1.5（略）

1.6 （1）数值变量；（2）无序类别变量；（3）数值变量；（4）顺序变量；（5）无序类别变量。

1.7 （1）总体是所有 2020 届本科毕业生，样本是抽中的 2 000 名应届毕业生，总体单位是每一个 2020 届本科毕业生；（2）无序类别变量；顺序变量；数值变量。

1.8 （1）所有的网上购物者；（2）数值变量；无序类别变量。

第 2 章　用图表和统计量看数据

2.1 ～2.6（略）

2.7 （1）成都。

旅游城市

		频率	百分比	有效百分比	累积百分比
有效	成都	14	28.0	28.0	28.0
	三亚	11	22.0	22.0	50.0
	北京	11	22.0	22.0	72.0
	上海	8	16.0	16.0	88.0
	其他	6	12.0	12.0	100.0
	合计	50	100.0	100.0	

（2）

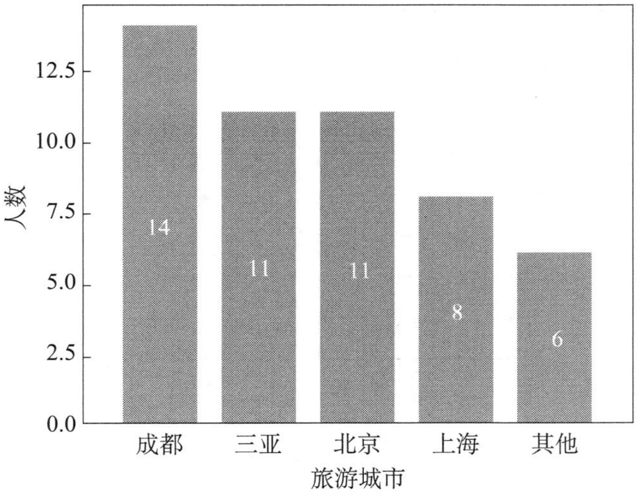

（3）

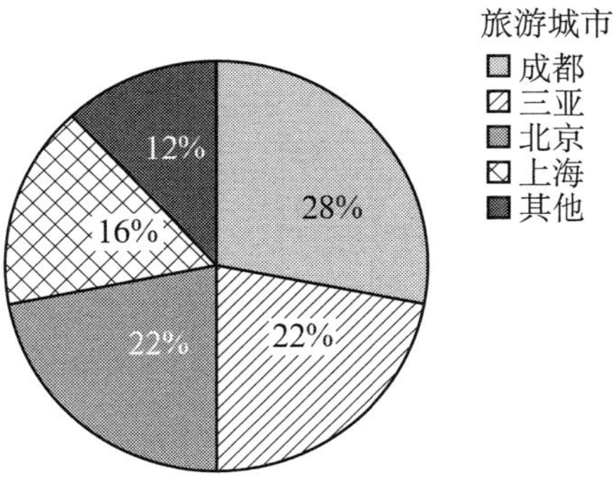

2.8 （1）频数分布表如下：

100只灯泡使用寿命的频数分布

按使用寿命分组（小时）	灯泡个数（只）	频率（%）
650～660	2	2
660～670	5	5
670～680	6	6
680～690	14	14
690～700	26	26
700～710	18	18
710～720	13	13
720～730	10	10
730～740	3	3
740～750	3	3
总计	100	100

（2）灯泡使用寿命分布的直方图如下：

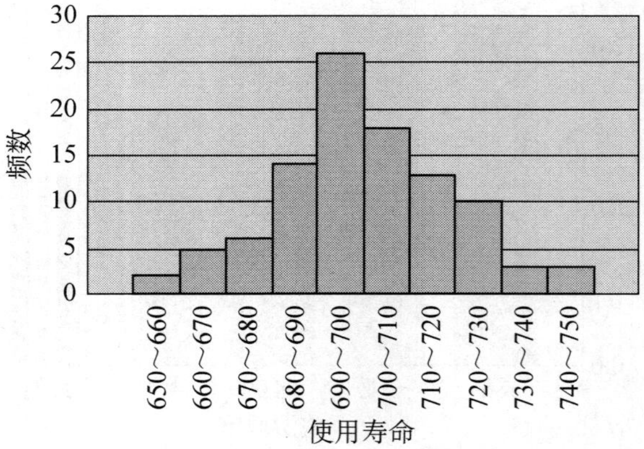

（3）灯泡使用寿命分布的箱线图如下：

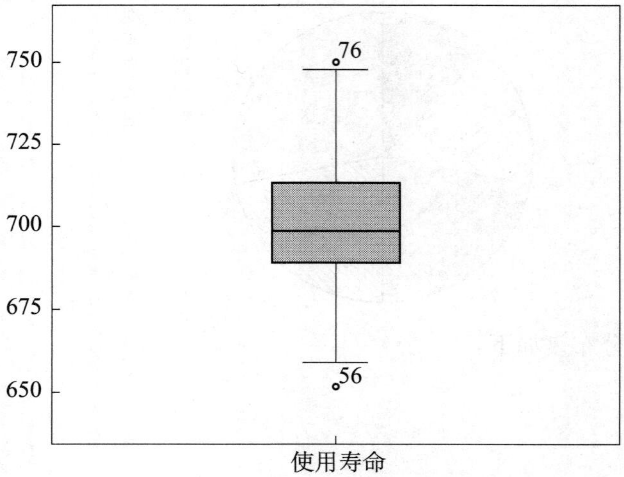

从灯泡使用寿命分布的直方图和箱线图可以看出，灯泡使用寿命接近于对称分布。

（4）有关的描述统计量如下：

平均	699.88
标准误差	1.964 6
中位数	698
众数	691
标准差	19.646 0
方差	385.965 3
峰度	0.011 8
偏度	0.093 8
极差	98
最小值	651
最大值	749
求和	69 988
观测数	100
置信度（95.0%）	3.898 2

从平均数、中位数和众数来看，三者差异不大，标准差和极差也都不大，说明数据的分布比较集中。偏度为正值，但小于0.5，说明数据略微有一定的右偏，但偏斜程度很小。

2.9 （1）食品重量的频数分布表如下：

按重量分组（克）	频数
40～42	2
42～44	3
44～46	7
46～48	16
48～50	17
50～52	10
52～54	20
54～56	8
56～58	10
58～60	4
60～62	3
总计	100

（2）食品重量频数分布的直方图如下：

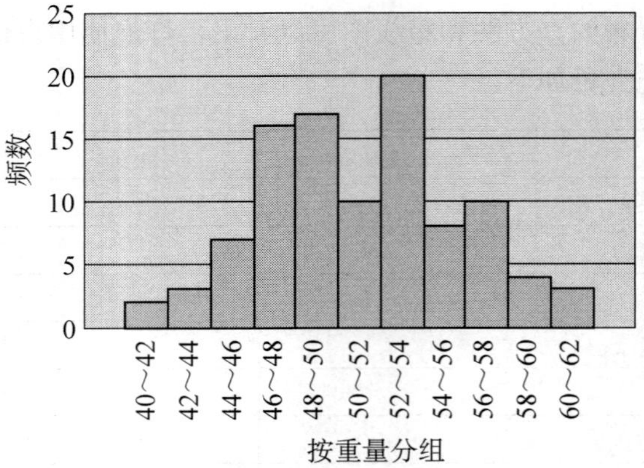

从直方图可以看出，食品重量的分布接近于对称分布。

(3) 食品重量分布的箱线图如下：

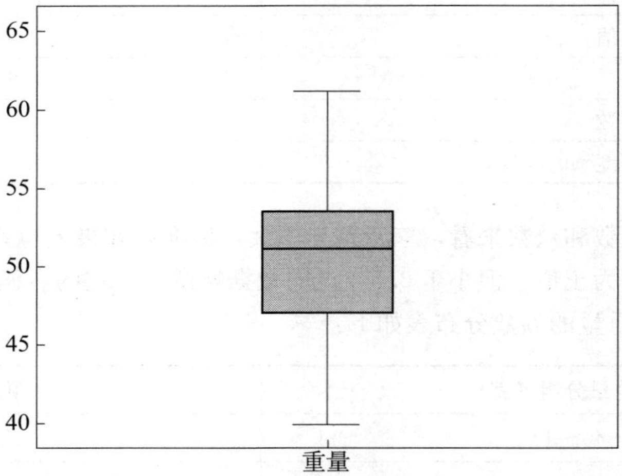

从箱线图也可以看出，食品重量的分布接近于对称分布。

(4) 有关的描述统计量如下：

均值		50.67
均值的 95% 置信区间	下限	49.76
	上限	51.58
5%修整均值		50.66
中值		51.00
方差		21.213
标准差		4.606
极小值		40
极大值		61
范围		21
四分位距		7
偏度		.099
峰度		-.533

偏度为正值，但仅为 0.099，说明数据略微有一定的右偏，但偏斜程度非常小。

2.10　各月份 PM2.5 日平均浓度分布的箱线图如下：

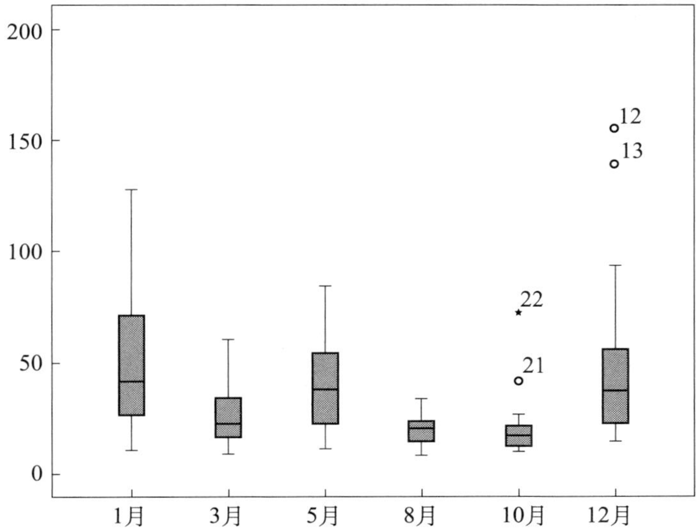

有关的描述统计量如下：

月份	N	全距	极小值	极大值	均值	标准差	方差	偏度	峰度
1	31	117	10	127	52.97	34.600	1 197.166	.810	—.365
3	31	52	8	60	26.13	14.488	209.916	1.013	.238
5	31	74	10	84	38.48	20.133	405.325	.647	—.665
8	31	25	8	33	19.23	6.746	45.514	.153	—.569
10	31	63	9	72	18.87	11.846	140.316	3.351	13.753
12	31	141	14	155	46.58	34.889	1 217.252	1.746	2.989

可以看出，1 月份和 12 月份的 PM2.5 日平均浓度偏高，10 月份的最低，所有月份的 PM2.5 日平均浓度分布都呈一定的右偏分布。

2.11　(1) 环形图如下（内环为甲班的成绩）：

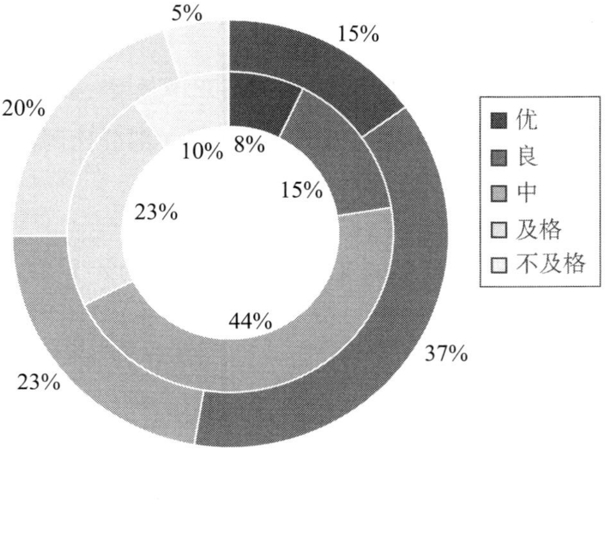

从环形图可以看出，甲班考试成绩在中等水平的人数较多，而优秀和良好的人数则较少，不及格的人数也比乙班要多。乙班则不同，考试成绩为优秀和良好的人数较多，而中等以下的人数则较少。这说明乙班学生的平均成绩比甲班要好。从环形图的百分比中也可以清楚地看出这一点。

（2）两个班考试成绩的雷达图如下：

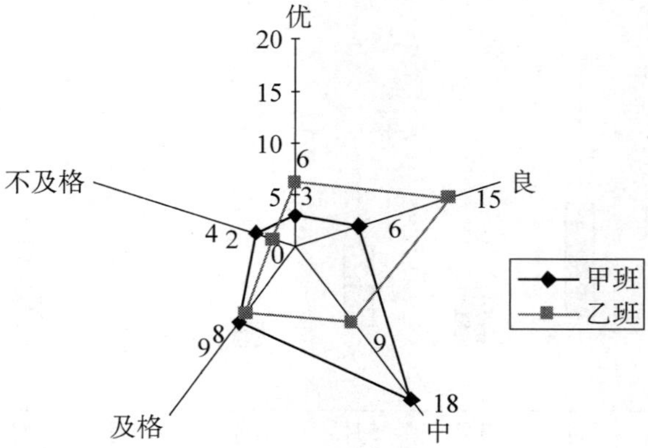

从雷达图的形状可以看出，两个班考试成绩没有相似性。

2.12 （1）北京和上海全年不同空气质量天数的环形图如下（内环为北京）：

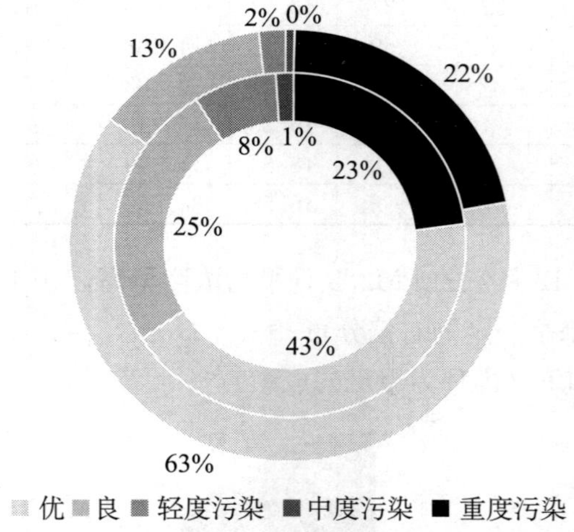

可以看出，两个城市优良空气质量的天数都占绝对大部分比例，但北京的优良天数相对较少，轻度至重度污染的天数比上海多。

（2）北京和上海全年不同空气质量天数的雷达图如下：

可以看出，两个城市的空气质量还是存在较为明显的差异的，与前面的分析结论一致。

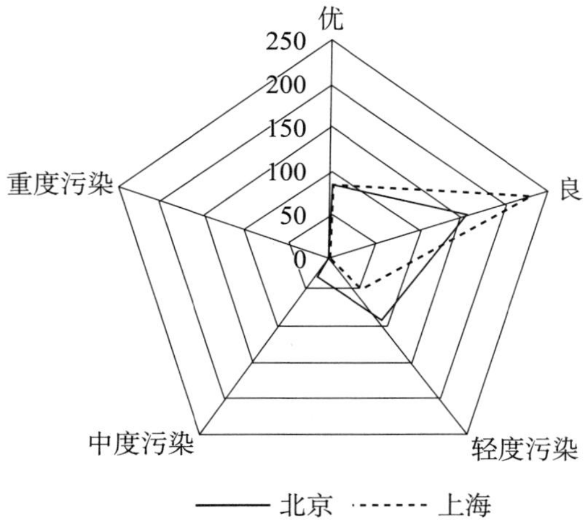

2.13

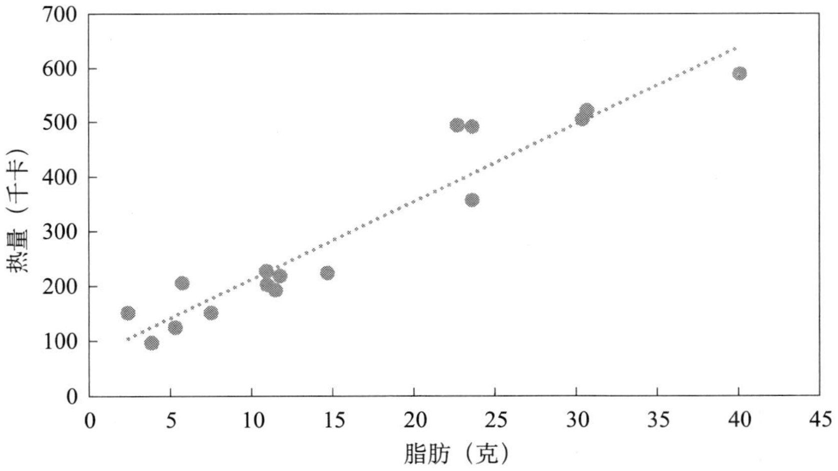

可以看出，这 16 种食物每百克中的脂肪含量和热量之间存在较为明显的线性相关关系。

2.14　众数；均值；中位数。

2.15　(1) 甲、乙两家基金公司 10 款理财产品收益率的均值分别为 7.26%，6.86%；标准差分别为 1.32%，1.31%。

(2) 甲、乙两家基金公司 10 款理财产品收益率的离散系数分别为 0.18，0.19，因此，应该选择甲公司，其收益率的均值较高，波动较小。

2.16　(1) 要比较男女学生体重的离散程度，应该采用离散系数。女生体重的离散系数为 $v_{女}=\frac{5}{50}=0.1$，男生体重的离散系数为 $v_{男}=\frac{5}{60}=0.08$，所以女生的体重差异大。

(2) 假定体重为对称分布，根据经验法则，在平均数加减 1 个标准差范围内的数据个数大约为 68%。因此，男生中大约有 68%的人体重在 55～65 千克之间。

（3）假定体重为对称分布，根据经验法则，在平均数加减2个标准差范围内的数据个数大约为95%。因此，女生中大约有95%的人体重在40～60千克之间。

2.17　通过标准分数来判断，各天的标准分数如下：

日期	周一	周二	周三	周四	周五	周六	周日
标准分数 Z	3.0	−0.6	−0.2	0.4	−1.8	−2.2	0

根据经验法则，周一和周六两天失去了控制。

第3章　用概率分布描述随机变量

3.1～3.5（略）

3.6　（1）0.209+0.223+0.178+0.114=0.724；

（2）0.041+0.130=0.171；

（3）0.061+0.028+0.011+0.004+0.001=0.105。

3.7　根据题意，每次下单抽奖相当于一次试验，由于感兴趣的是“中奖”的次数，因此将“中奖”定义为“成功”，中奖概率即为“成功”的概率 p。每次下单抽奖都是相互独立的，并且中奖概率在每次试验中保持不变，这就是 n 次伯努利试验。因此，按照上述方式3次下单中奖次数 X 服从二项分布 $B(3, 0.3)$。

（1）$P(X=0)=0.343$；（2）$P(X=1)=0.441$；（3）$P(X\geqslant 2)=P(2)+P(3)=0.216$。

3.8　由于感兴趣的是“每分钟内”打进电话订购商品的顾客人数，因此将“单位时间”定义为1分钟。平均每10分钟有40个顾客打进电话订购商品，那么单位时间打进电话订购商品的顾客平均人数为40÷10=4个。理论上可以假设，每分钟内打进电话订购商品的顾客人数 X 服从泊松分布 $P(4)$，那么每分钟内至少有3个顾客打进电话订购的概率是 $P(X\geqslant 3)=1-P(0)-P(1)-P(2)=0.761\,897$。

3.9　（1）NORMSDIST(1.2) −NORMSDIST(0)=0.384 930；

（2）NORMSDIST(0)−NORMSDIST(−0.48)=0.184 386；

（3）1−NORMSDIST(1.33)=0.091 759。

3.10　根据题意，$X\sim N(12, 2^2)$，有：

（1）$P(X\geqslant 10) = 1-P(X<10)=0.841\,345$；

（2）$P(7\leqslant X\leqslant 17)= P(X\leqslant 17)-P(X<7)=0.987\,581$；

（3）$P(X>18)= 1-P(X\leqslant 18)=0.001\,35$。

3.11　（1）200；（2）5；（3）正态分布。

3.12　（1）0.050，0.035，0.022，0.016；

（2）当样本量增大时，样本比例的标准差越来越小。

3.13　（1）$\mu=62.75$，$\sigma^2=33.937\,5$；

（2）共有 64 个样本；

（3）所有样本的样本均值如下：

54.0	54.5	56.5	58.5	59.0	61.0	61.5	62.0
54.5	55.0	57.0	59.0	59.5	61.5	62.0	62.5
56.5	57.0	59.0	61.0	61.5	63.5	64.0	64.5
58.5	59.0	61.0	63.0	63.5	65.5	66.0	66.5
59.0	59.5	61.5	63.5	64.0	66.0	66.5	67.0
61.0	61.5	63.5	65.5	66.0	68.0	68.0	69.0
61.5	62.0	64.0	66.0	66.5	68.5	69.0	69.5
62.0	62.5	64.5	66.5	67.0	69.0	69.5	70.0

（4）样本均值的直方图如下：

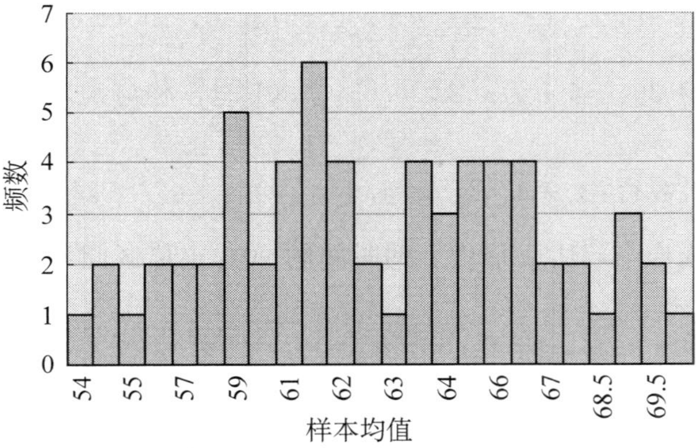

从图中可以看出，样本均值的抽样分布趋于对称。

（5）$\mu_{\bar{x}}=62.75$，$\sigma_{\bar{x}}^2=16.968\ 75=\dfrac{33.9375}{2}$。样本均值的平均数等于总体平均数，样本均值的方差等于总体方差的 $1/n$。

第 4 章　用样本推断总体

4.1～4.7（略）

4.8　(1) 已知：总体服从正态分布，$\sigma=500$，$n=15$，$\bar{x}=8\ 900$，$\alpha=0.05$，$z_{0.05/2}=1.96$。

由于总体服从正态分布，所以总体均值 μ 的 95%置信区间为：$\bar{x}\pm z_{\alpha/2}\dfrac{\sigma}{\sqrt{n}}=8\ 900\pm 1.96\times\dfrac{500}{\sqrt{15}}=8\ 900\pm 253.03$，即（8 646.97，9 153.03）。

(2) 已知：总体不服从正态分布，$\sigma=500$，$n=35$，$\bar{x}=8\ 900$，$\alpha=0.05$，$z_{0.05/2}=1.96$。

虽然总体不服从正态分布，但由于$n=35$为大样本，所以总体均值μ的95%置信区间为：$\bar{x}\pm z_{\alpha/2}\dfrac{\sigma}{\sqrt{n}}=8\ 900\pm1.96\times\dfrac{500}{\sqrt{35}}=8\ 900\pm165.65$，即(8 734.35，9 065.65)。

(3) 已知：总体不服从正态分布，σ未知，$n=35$，$\bar{x}=8\ 900$，$s=500$，$\alpha=0.1$，$z_{0.1/2}=1.645$。

虽然总体不服从正态分布，但由于$n=35$为大样本，所以总体均值μ的90%置信区间为：$\bar{x}\pm z_{\alpha/2}\dfrac{s}{\sqrt{n}}=8\ 900\pm1.645\times\dfrac{500}{\sqrt{35}}=8\ 900\pm139.03$，即(8 760.97，9 039.03)。

(4) 已知：总体不服从正态分布，σ未知，$n=35$，$\bar{x}=8\ 900$，$s=500$，$\alpha=0.01$，$z_{0.01/2}=2.58$。

虽然总体不服从正态分布，但由于$n=35$为大样本，所以总体均值μ的99%置信区间为：$\bar{x}\pm z_{\alpha/2}\dfrac{s}{\sqrt{n}}=8\ 900\pm2.58\times\dfrac{500}{\sqrt{35}}=8\ 900\pm218.05$，即(8 681.95，9 118.05)。

4.9　已知：$n=36$，当α为0.1，0.05，0.01时，相应地，$z_{0.1/2}=1.645$，$z_{0.05/2}=1.96$，$z_{0.01/2}=2.58$。

根据样本数据计算得：$\bar{x}=3.32$，$s=1.61$。

由于$n=36$为大样本，所以平均上网时间的90%置信区间为：$\bar{x}\pm z_{\alpha/2}\dfrac{s}{\sqrt{n}}=3.32\pm1.645\times\dfrac{1.61}{\sqrt{36}}=3.32\pm0.44$，即(2.88，3.76)。

平均上网时间的95%置信区间为：$\bar{x}\pm z_{\alpha/2}\dfrac{s}{\sqrt{n}}=3.32\pm1.96\times\dfrac{1.61}{\sqrt{36}}=3.32\pm0.53$，即(2.79，3.85)。

平均上网时间的99%置信区间为：$\bar{x}\pm z_{\alpha/2}\dfrac{s}{\sqrt{n}}=3.32\pm2.58\times\dfrac{1.61}{\sqrt{36}}=3.32\pm0.69$，即(2.63，4.01)。

4.10　已知：总体服从正态分布，但σ未知，$n=18$为小样本，$\alpha=0.1$，$t_{0.1/2}(18-1)=1.740$。

根据样本数据计算得：$\bar{x}=13.56$，$s=7.80$。

网络公司员工平均每周加班时间的90%置信区间为：

$$\bar{x}\pm t_{\alpha/2}\frac{s}{\sqrt{n}}=13.56\pm1.740\times\frac{7.80}{\sqrt{18}}=13.56\pm3.20$$

即(10.36，16.76)。

4.11　已知：$n=200$，$p=0.23$，α为0.1和0.05时，相应地，$z_{0.1/2}=1.645$，$z_{0.05/2}=1.96$。总体比例π的90%置信区间为：

$$p\pm z_{\alpha/2}\sqrt{\frac{p(1-p)}{n}}=0.23\pm1.645\sqrt{\frac{0.23(1-0.23)}{200}}=0.23\pm0.05$$

即（0.18，0.28）。

总体比例 π 的 95%置信区间为：

$$p\pm z_{\alpha/2}\sqrt{\frac{p(1-p)}{n}}=0.23\pm1.96\sqrt{\frac{0.23(1-0.23)}{200}}=0.23\pm0.06$$

即（0.17，0.29）。

4.12　（1）根据题意，需要构造全国男大学生篮球队队员平均身高即总体均值 μ 的 99%置信区间。样本量 $n=35$，$\alpha=0.01$，总体方差未知，因此用样本均值 $\bar{x}$ 作为估计量，用样本标准差 s 代替 σ。大样本情形下构造得到 99%置信区间为：

$$\bar{x}\pm z_{\alpha/2}\frac{s}{\sqrt{n}}=180.46\pm2.58\times\frac{1.77}{\sqrt{35}}$$

即 179.69～181.23cm。

（2）根据题意，需要构造全国男大学生篮球队队员身高方差即总体方差 σ^2 的 99%置信区间。样本量 $n=35$，$\alpha=0.01$，总体服从正态分布，因此用样本方差 s^2 作为估计量，构造得到 99%置信区间为 $\left(\frac{(n-1)s^2}{\chi^2_{\alpha/2}},\frac{(n-1)s^2}{\chi^2_{1-\alpha/2}}\right)=\left(\frac{34\times1.77^2}{58.96},\frac{34\times1.77^2}{16.5}\right)$，即（1.81，6.46）。

4.13　根据题意，需要构造两个班辅导的所有学生最终平均考试成绩差值（$\mu_1-\mu_2$）的 95%置信区间。随机抽取了两个独立大样本，样本量 $n_1=40$，$n_2=35$，$\alpha=0.05$，两个总体方差未知，因此用两个样本均值之差（$\bar{x}_1-\bar{x}_2$）作为估计量，用两个样本方差 s_1^2 和 s_2^2 分别代替总体方差 σ_1^2 和 σ_2^2。构造得到 95%置信区间为 $(\bar{x}_1-\bar{x}_2)\pm z_{\alpha/2}\sqrt{\frac{s_1^2}{n_1}+\frac{s_2^2}{n_2}}=(108-102)\pm1.96\times\sqrt{\frac{3.8^2}{40}+\frac{5.5^2}{35}}$，即 3.83～8.17 分。

4.14　根据样本数据计算得：

$$\bar{d}=\frac{110}{10}=11,\quad s_d=\sqrt{\frac{\sum_{i=1}^{n}(d_i-\bar{d})^2}{n_d-1}}=\sqrt{\frac{384}{10-1}}=6.53$$

当 $\alpha=0.05$ 时，$t_{0.05/2}(10-1)=2.262$。两种方法平均自信心得分之差 $\mu_d=\mu_1-\mu_2$ 的 95%置信区间为：

$$\bar{d}\pm t_{\alpha/2}(n-1)\frac{s_d}{\sqrt{n}}=11\pm2.262\times\frac{6.53}{\sqrt{10}}=11\pm4.67$$

即（6.33，15.67）。

4.15　根据题意，需要构造全美秃头的男性中患心脏病的比例和不秃头的男性中患心脏病的比例之差即总体比例之差（$\pi_1-\pi_2$）的 90%置信区间。样本量 $n_1=1\ 000$，$n_2=1\ 200$，样本比例 $p_1=0.55$，$p_2=0.43$，$\alpha=0.1$。独立大样本情形下构造得到 90%

置信区间为 $(p_1-p_2)\pm z_{\alpha/2}\sqrt{\frac{p_1(1-p_1)}{n_1}+\frac{p_2(1-p_2)}{n_2}}=(0.55-0.43)\pm 1.64\times\sqrt{\frac{0.55\times(1-0.55)}{1\ 000}+\frac{0.43\times(1-0.43)}{1\ 200}}$，即7%～17%。

4.16　根据样本数据计算得：

$s_1^2=0.058\ 375$，$s_2^2=0.005\ 846$

当 $\alpha=0.05$ 时，由 Excel 的“FINV”函数计算的 $F_{\alpha/2}(n_1-1,\ n_2-1)=F_{0.025}(20,\ 20)=2.46$，$F_{1-\alpha/2}(n_1-1,\ n_2-1)=F_{0.95}(20,\ 20)=0.41$。

两个总体方差比 σ_1^2/σ_2^2 的95%置信区间为：

$$\frac{s_1^2/s_2^2}{F_{\alpha/2}}\leqslant\frac{\sigma_1^2}{\sigma_2^2}\leqslant\frac{s_1^2/s_2^2}{F_{1-\alpha/2}}$$

$$\Rightarrow\frac{0.058\ 375/0.005\ 846}{2.46}\leqslant\frac{\sigma_1^2}{\sigma_2^2}\leqslant\frac{0.058\ 375/0.005\ 846}{0.41}$$

$$4.06\leqslant\frac{\sigma_1^2}{\sigma_2^2}\leqslant 24.35$$

4.17　依题意提出假设：H_0：$\mu\geqslant 82$；H_1：$\mu<82$。

由 Excel 中的 ZTEST 函数得到的检验 P 值 $=1-$ZTEST(A1：A32，82)$=0.008\ 5<\alpha=0.01$，拒绝 H_0，该城市空气中悬浮颗粒的平均值显著低于过去的平均值。

4.18　依题意提出假设：H_0：$\mu=25$；H_1：$\mu\neq 25$。

由于是小样本，采用 t 检验。计算得到的统计量为：$t=1.039\ 905$。由 Excel 中的 TDIST 函数得到的检验 P 值为：$P=$TDIST(1.039 905，19，2)$=0.311\ 437>\alpha=0.05$，不拒绝 H_0，没有证据表明该企业生产的金属板不符合要求。

4.19　依题意提出假设：H_0：$\pi\leqslant 17\%$；H_1：$\pi>17\%$。

$$\text{检验统计量为：}z=\frac{p-\pi_0}{\sqrt{\frac{\pi_0(1-\pi_0)}{n}}}=\frac{0.209-0.17}{\sqrt{\frac{0.17\times(1-0.17)}{550}}}=2.44$$

$P=1-$NORMSDIST (2.44)$=0.007<\alpha=0.05$，拒绝 H_0，该生产商的说法是属实的。

4.20　依题意提出假设：H_0：$\mu_1-\mu_2\geqslant 0$；H_1：$\mu_1-\mu_2<0$。利用【数据分析】工具中的【t-检验：成对双样本均值分析】得到的检验结果为：

	变量1	变量2
平均	6.000	5.375
方差	3.428 6	2.553 6
观测值	8	8

续表

	变量 1	变量 2
泊松相关系数	.724 2	
假设平均差	0	
df	7	
t Stat	1.357 2	
P（T<=t）单尾	.108 4	
t 单尾临界	1.894 6	
P（T<=t）双尾	.216 8	
t 双尾临界	2.364 6	

由于“P（T<=t）双尾”$=0.216\ 8>\alpha=0.05$，不拒绝 H_0，没有证据表明广告提高了平均潜在购买力得分。

4.21　依题意提出假设：H_0：$\mu_1-\mu_2=0$；H_1：$\mu_1-\mu_2\neq 0$。按照两个独立小样本均值检验的基本步骤，需要首先检验两个总体方差是否相等，再构造相应的 t 检验统计量，SPSS 的输出结果为：

独立样本检验

		方差方程的 Levene 检验		均值方程的 t 检验				
		F	Sig.	t	df	Sig.（双侧）	均值差值	标准误差值
测试分数	假设方差相等	.258	.616	−5.199	25.000	.000	−8.767	1.686
	假设方差不相等			−5.218	24.034	.000	−8.767	1.680

上表输出结果的前两列给出了两个总体方差的假设检验（原假设为 $\sigma_1^2=\sigma_2^2$）结果，P 值≈0.616，远大于显著性水平 0.05，不能拒绝原假设，即没有理由怀疑两个总体方差相等的假设。因此，接下来的两个总体均值检验应在总体方差相等的假设前提下完成，即以第一行的均值 t 检验结果为准。两个总体均值之差检验的 P 值≈0.000，小于指定的显著性水平 0.05，拒绝原假设，即有理由相信“两种方法的培训效果存在显著差异”。

4.22　根据题意，建立该问题的原假设和备择假设：H_0：$\sigma^2\leqslant 4$；H_1：$\sigma^2>4$。样本量 $n=20$，$\sigma_0^2=4$，$\alpha=0.05$，总体服从正态分布，标准化后的检验统计量值为 $\chi^2=\dfrac{(n-1)s^2}{\sigma_0^2}=\dfrac{(20-1)\times 6.689\ 8}{4}=31.776\ 4$，该检验的拒绝域为 $\chi^2>30.14$。由于 χ^2 的值落入了拒绝域，因此，拒绝原假设，即有理由怀疑该电子商务平台关于“每包零食重量

的标准差不超过2克”的说法不属实。此外，检验的P值=0.03，显然，P值<α，拒绝原假设，结论一致。

4.23　根据题意，建立该问题的原假设和备择假设：H_0：$\sigma_1^2/\sigma_2^2=1$；H_1：$\sigma_1^2/\sigma_2^2\neq 1$。样本量$n_1=n_2=20$，$\alpha=0.05$，两个总体均服从正态分布，检验统计量值为$F=\frac{s_1^2}{s_2^2}\cdot\frac{\sigma_2^2}{\sigma_1^2}=\frac{5\,096.197\,4}{15\,905.944\,7}\times 1=0.32$，该检验的拒绝域为$F>2.53$或$F<0.4$。由于$F$的值落入了拒绝域，因此，拒绝原假设，即有理由认为“两家厂商生产的节能灯泡使用寿命的方差存在显著差异”。此外，检验的P值=0.017，显然，P值<α，拒绝原假设，结论一致。

Excel中的【数据分析】工具输出结果如下：

F-检验 双样本方差分析

	变量1	变量2
平均	3 117.25	3 113.45
方差	5 096.197	15 905.94
观测值	20	20
df	19	19
F	.320 396	
P（F<=f）单尾	.008 484	
F单尾临界	.395 812	

双侧检验的P值=0.008 484×2≈0.017，与上述计算结果一致。

第5章　类别变量分析

5.1～5.3（略）

5.4　提出假设：

H_0：销售量服从均匀分布

H_1：销售量不服从均匀分布

由SPSS输出的检验结果如下：

销售量

	观察数	期望数	残差
1370	1370	1542.5	-172.5
1380	1380	1542.5	-162.5
1410	1410	1542.5	-132.5
1490	1490	1542.5	-52.5
1550	1550	1542.5	7.5
1560	1560	1542.5	17.5
1580	1580	1542.5	37.5
1600	1600	1542.5	57.5
1610	1610	1542.5	67.5
1620	1620	1542.5	77.5
1660	1660	1542.5	117.5
1680	1680	1542.5	137.5
总数	18510		

检验统计量

	销售量
卡方	80.924[a]
df	11
渐近显著性	.000

a. 0 个单元 (.0%) 具有小于 5 的期望频率。单元最小期望频率为 1 542.5。

由于 P 值接近 0，拒绝原假设，表明各月份的销售量不服从均匀分布。

5.5　提出假设：

H_0：男性观众喜欢该档娱乐节目的比例和女性一致

H_1：男性观众喜欢该档娱乐节目的比例和女性不一致

由 SPSS 输出的检验结果如下：

男性

	观察数	期望数	残差
5	5	5.3	-.3
6	6	7.0	-1.0
12	12	10.5	1.5
16	16	13.2	2.8
25	25	28.1	-3.1
总数	64		

检验统计量

	男性
卡方	1.317[a]
df	4
渐近显著性	.858

a. 0个单元(.0%)具有小于5的期望频率。单元最小期望频率为5.3。

由于 P 值＝0.858＞0.05，不拒绝原假设，表明男性观众喜欢该档娱乐节目的比例和女性一致。

5.6　提出假设：

H_0：上市公司的类型与对股价波动的关注程度独立

H_1：上市公司的类型与对股价波动的关注程度不独立

由SPSS输出的检验结果如下：

企业类型*关注度 交叉制表

			关注度		合计
			不关注	关注	
企业类型	创业板企业	计数	5	20	25
		期望的计数	11.8	13.2	25.0
	中小板企业	计数	15	30	45
		期望的计数	21.3	23.7	45.0
	主板企业	计数	70	50	120
		期望的计数	56.8	63.2	120.0
合计		计数	90	100	190
		期望的计数	90.0	100.0	190.0

卡方检验

	值	df	渐进 Sig.(双侧)
Pearson 卡方	16.854[a]	2	.000
似然比	17.557	2	.000
有效案例中的 N	190		

a. 0单元格(.0%)的期望计数少于5。最小期望计数为11.84。

Chi-Square Tests

	Value	df	Asymp. Sig. (2-sided)
Pearson Chi-Square	16.854[a]	2	.000
Likelihood Ratio	17.557	2	.000
N of Valid Cases	190		

a. 0 cells (.0%) have expected count less than 5. The minimum expected count is 11.84.

由于 P 值接近 0，拒绝原假设，表明上市公司的类型与对股价波动的关注程度不独立。

5.7 提出假设：

H_0：地区与所购买的汽车价格独立

H_1：地区与所购买的汽车价格不独立

由 SPSS 输出的检验结果如下：

汽车价格*地区 交叉制表

计数

		地区			合计
		东部地区	西部地区	中部地区	
汽车价格	10～20万元	50	50	60	160
	10万元以下	20	40	40	100
	20～30万元	30	20	20	70
	30万元以上	40	10	20	70
合计		140	120	140	400

卡方检验

	值	df	渐进 Sig.(双侧)
Pearson 卡方	29.991[a]	6	.000
似然比	30.683	6	.000
有效案例中的 N	400		

a. 0 单元格(.0%) 的期望计数少于 5。最小期望计数为 21.00。

由于 P 值接近 0，拒绝原假设，表明地区与所购买汽车的价格不独立。

5.8 由 SPSS 输出的检验结果如下：

对称度量

		值	近似值 Sig.
按标量标定	φ	.298	.000
	Cramer 的 V	.298	.000
	相依系数	.285	.000
有效案例中的 N		190	

三个系数的检验结果均显著，表明上市公司的类型与对股价波动的关注程度之间有显著的关系。

5.9 由 SPSS 输出的检验结果如下：

对称度量

		值	近似值 Sig.
按标量标定	φ	.274	.000
	Cramer 的 V	.194	.000
	相依系数	.264	.000
有效案例中的 N		400	

三个系数的检验结果均显著，表明地区与所购买的汽车价格之间有显著的关系。

第6章　类别变量对数值变量的影响

6.1～6.5（略）

6.6　设不同层次的管理者的平均满意度评分分别为μ_1，μ_2，μ_3。

提出假设：H_0：$\mu_1=\mu_2=\mu_3$；H_1：μ_1，μ_2，μ_3不全相等。

由Excel输出的方差分析表如下：

方差分析

差异源	SS	df	MS	F	P-value	F crit
组间	29.609 52	2	14.804 76	11.755 73	.000 849	3.682 32
组内	18.890 48	15	1.259 365			
总计	48.5	17				

P-value=0.000 849<α=0.05，拒绝原假设，表明不同层次的管理者的平均满意度评分之间有显著差异。

6.7　设3个企业生产的电池的平均寿命分别为μ_A，μ_B，μ_C。

提出假设：H_0：$\mu_A=\mu_B=\mu_C$；H_1：μ_A，μ_B，μ_C不全相等。

由Excel输出的方差分析表如下：

方差分析

差异源	SS	df	MS	F	P-value	F crit
组间	615.6	2	307.8	17.068 39	.000 31	3.885 294
组内	216.4	12	18.033 33			
总计	832	14				

P-value=0.000 31<α=0.05，拒绝原假设，表明3个企业生产的电池的平均寿命之间有显著差异。

6.8　设3种培训方式组装产品所花的平均时间分别为μ_A，μ_B，μ_C。

提出假设：H_0：$\mu_A=\mu_B=\mu_C$；H_1：μ_A，μ_B，μ_C不全相等。

由Excel输出的方差分析表如下：

方差分析

差异源	SS	df	MS	F	P-value	F crit
组间	5.349 156	2	2.674 578	8.274 518	.001 962	3.422 132
组内	7.434 306	23	.323 231			
总计	12.783 46	25				

P-value＝0.001 962＜α＝0.05，拒绝原假设，表明不同培训方式对产品的组装时间有显著影响。

6.9　根据题意，分别用μ_1、μ_2、μ_3表示不同学历应届毕业生的总体平均起薪，建立该问题的原假设和备择假设：H_0：$\mu_1=\mu_2=\mu_3$；H_1：μ_i不全相等（i＝1，2，3）。Excel 输出的方差分析表如下：

差异源	SS	df	MS	F	P-value	F crit
组间	38 140 447	2	19 070 223	894.087 5	2.13E-25	3.354 131
组内	575 890	27	21 329.26			
总计	38 716 337	29				

结果显示检验的 P 值接近 0，拒绝原假设，即有理由认为不同学历对应届毕业生起薪有显著影响。

6.10　(1) 设低速、中速、高速的平均磨损程度分别为$\mu_{低速}$，$\mu_{中速}$，$\mu_{高速}$。

提出假设：H_0：$\mu_{低速}=\mu_{中速}=\mu_{高速}$；$H_1$：$\mu_{低速}$，$\mu_{中速}$，$\mu_{高速}$不全相等。

由 Excel 输出的方差分析表如下：

方差分析

差异源	SS	df	MS	F	P-value	F crit
供应商	1.549 333	4	0.387 333	21.719 63	0.000 236	7.006 077
车速	3.484	2	1.742	97.682 24	2.39E－06	8.649 111
误差	0.142 667	8	0.017 833			
总计	5.176	14				

P-value＝2.39E-06＜α＝0.01，拒绝原假设，表明不同车速对磨损程度有显著影响。

(2) 设不同供应商轮胎的平均磨损程度分别为μ_1，μ_2，μ_3，μ_4，μ_5。

提出假设：H_0：$\mu_1=\mu_2=\mu_3=\mu_4=\mu_5$；$H_1$：$\mu_1$，$\mu_2$，$\mu_3$，$\mu_4$，$\mu_5$不全相等。

由方差分析表可知，P-value＝0.000 236＜α＝0.01，拒绝原假设，表明不同供应商生产的轮胎的磨损程度有显著差异。

6.11　根据题意，同时研究城市（因素 A）和年级（因素 B）对教师工作量的影响，因素 A 的水平（处理）有 8 个，因素 B 的水平（处理）有 3 个。由于两个因子不同水平组合下的观测值都只有 1 个，该问题属于无重复双因素方差分析。用μ_{Ai}表示第 i 个城市的教师平均工作量，μ_{Bj}表示第 j 个年级的教师平均工作量，建立的原假设和备择假设为：

因素 A：

H_0：$\mu_{A1}=\mu_{A2}=\cdots=\mu_{A8}$

H_1：μ_{Ai}不全相等（i＝1，2，…，8）

因素 B：

H_0：$\mu_{B1}=\mu_{B2}=\mu_{B3}$

H_1：μ_{Bj} 不全相等（$j=1$，2，3）

Excel 输出的方差分析表如下：

差异源	SS	df	MS	F	P-value	F crit
行	865.978 8	7	123.711 3	67.736 18	1.01E-09	4.277 882
列	291.856 7	2	145.928 3	79.900 79	2.2E-08	6.514 884
误差	25.569 17	14	1.826 369			
总计	1 183.405	23				

显然，行因素（城市）检验的 P 值（1.01E-09）和列因素（年级）检验的 P 值（2.2E-08）均接近 0，通过了检验，说明有理由相信两个因素对教师每周的工作小时数都存在显著的影响效应，即不同城市和不同年级的教师平均工作量都存在显著差异。

6.12　设不同地区的平均销售量分别为 μ_{A_1}，μ_{A_2}，μ_{A_3}。

提出假设：H_0：$\mu_{A_1}=\mu_{A_2}=\mu_{A_3}$；$H_1$：$\mu_{A_1}$，$\mu_{A_2}$，$\mu_{A_3}$ 不全相等。

设不同包装的平均销售量分别为 μ_{B_1}，μ_{B_2}，μ_{B_3}。

提出假设：H_0：$\mu_{B_1}=\mu_{B_2}=\mu_{B_3}$；$H_1$：$\mu_{B_1}$，$\mu_{B_2}$，$\mu_{B_3}$ 不全相等。

由 Excel 输出的方差分析表如下：

方差分析

差异源	SS	df	MS	F	P-value	F crit
地区	22.222 22	2	11.111 11	.072 727	.931 056	6.944 272
包装	955.555 6	2	477.777 8	3.127 273	.152 155	6.944 272
误差	611.111 1	4	152.777 8			
总计	1 588.889	8				

P-value=0.931 1>α=0.05，不拒绝原假设，没有证据表明不同的地区对该食品的销售量有显著影响。P-value=0.152 2>α=0.05，不拒绝原假设，没有证据表明不同的包装方法对该食品的销售量有显著影响。

6.13　根据题意，同时研究工作日（因素 A）和背景音乐（因素 B）对营业额的影响，因素 A 的水平（处理）有 5 个，因素 B 的水平（处理）有 4 个。由于两个因子不同水平组合下的观测值都只有 1 个，该问题属于无重复双因素方差分析。用 μ_{Ai} 表示第 i 个工作日的平均营业额，μ_{Bj} 表示播放第 j 种背景音乐下的平均营业额，建立的原假设和备择假设为：

因素 A：

H_0：$\mu_{A1}=\mu_{A2}=\cdots=\mu_{A5}$

H_1：μ_{Ai} 不全相等（$i=1$，2，…，5）

因素 B：

H_0：$\mu_{B1}=\mu_{B2}=\mu_{B3}=\mu_{B4}$；

H_1：μ_{Bj}不全相等（$j=1$，2，3，4）

Excel 中的【数据分析】工具输出结果如下：

差异源	SS	df	MS	F	P-value	F crit
行	.272	4	.068	3.457 627	.042 349	3.259 167
列	.034	3	.011 333	.576 271	.641 527	3.490 295
误差	.236	12	.019 667			
总计	.542	19				

在 0.05 的显著性水平下，行因素（工作日）检验的 P 值$=0.042\ 349<\alpha$，通过了检验，说明有理由相信不同工作日的平均营业额存在显著差异；而列因素（背景音乐）检验的 P 值$=0.641\ 527>\alpha$，不能拒绝原假设，即没有理由认为背景音乐对营业额存在显著影响。

6.14　由 Excel 输出的方差分析表如下：

方差分析

差异源	SS	df	MS	F	P-value	F crit
样本	288.3	1	288.3	70.331 37	1.36E-08	4.259 677
列	180.514 7	2	90.257 33	22.018 46	3.71E-06	3.402 826
交互	.024	2	.012	.002 927	.997 077	3.402 826
内部	98.38	24	4.099 167			
总计	567.218 7	29				

P-value$=1.36\text{E-}08<\alpha=0.05$，拒绝原假设，表明不同时段对行车时间有显著影响。

P-value$=3.71\text{E-}06<\alpha=0.05$，拒绝原假设，表明不同路段对行车时间有显著影响。

P-value$=0.997\ 077>\alpha=0.05$，不拒绝原假设，没有证据表明时段和路段对行车时间有交互影响。

6.15　由 Excel 输出的方差分析表如下：

方差分析

差异源	SS	df	MS	F	P-value	F crit
广告方案	344	2	172	10.75	.010 386	5.143 253
广告媒体	48	1	48	3.00	.133 975	5.987 378
交互	56	2	28	1.75	.251 932	5.143 253
内部	96	6	16			
总计	544	11				

P-value＝0.010 4＜α＝0.05，拒绝原假设，表明广告方案对销售量有显著影响。

P-value＝0.134 0＞α＝0.05，不拒绝原假设，没有证据表明广告媒体对销售量有显著影响。

P-value＝0.251 9＞α＝0.05，不拒绝原假设，没有证据表明广告方案和广告媒体对销售量有交互影响。

第7章　利用变量间的关系进行预测

7.1～7.11（略）

7.12 （1）散点图如下：

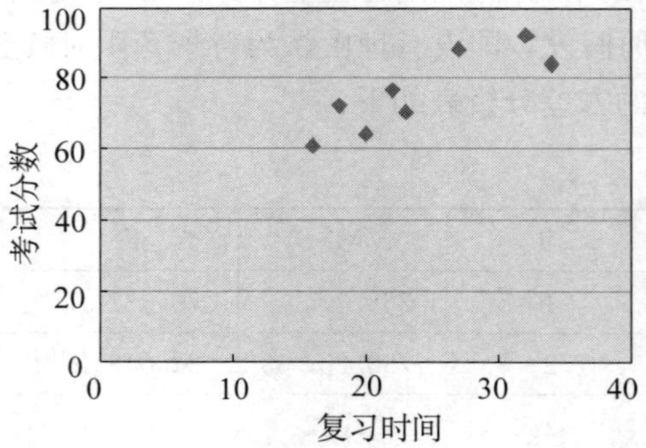

从散点图可以看出，复习时间与考试分数之间为正的线性相关关系。

（2）相关系数为 r＝0.862，表明复习时间与考试分数之间有较强的正线性相关关系。

（3）回归方程为：$\hat{y}=40.082+1.497x$。回归系数 $\hat{\beta}_1=1.497$ 表示复习时间每增加1小时，考试分数平均约增加1.5分。

7.13 （1）散点图如下：

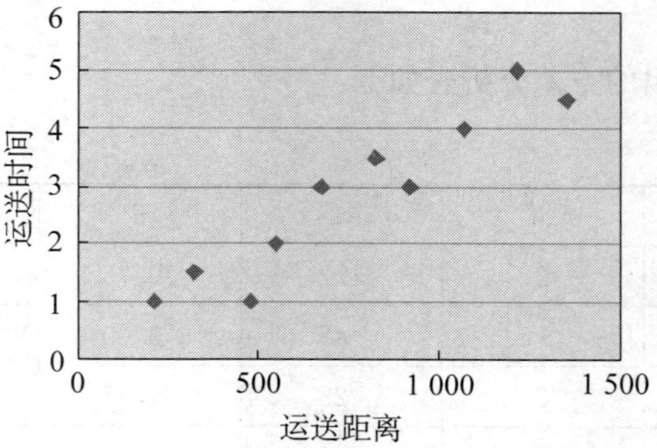

从散点图可以看出，运送距离与运送时间之间为正的线性相关关系。

（2）相关系数为 r＝0.949，表明运送距离与运送时间之间有较强的正线性相关关系。

(3) 回归方程为：$\hat{y}=0.118+0.004x$。回归系数 $\hat{\beta}_1=0.004$ 表示运送距离每增加 1 公里，运送时间平均增加 0.004 天。

7.14 (1) 散点图如下：

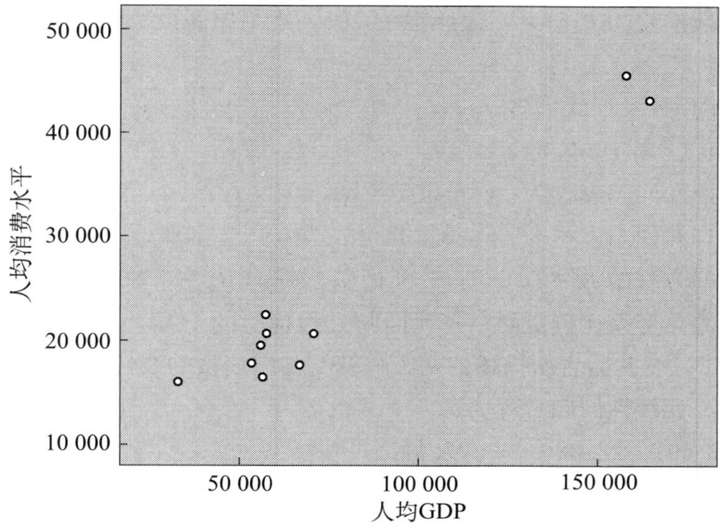

从散点图可以看出，人均 GDP 与人均消费水平存在一定的正线性相关关系。

(2) 相关系数为 $r=0.975$，表明人均 GDP 与人均消费水平之间有非常强的正线性相关关系。

(3) 回归方程为：$\hat{y}=5\ 502.157+0.238x$。回归系数 $\hat{\beta}_1=0.238$ 表示人均 GDP 每增加 1 元，人均消费水平平均增加 0.238 元。

(4) 决定系数 $R^2=0.951$，表明在人均消费水平的变差中，有 95.1%是由人均 GDP 决定的。

(5) 首先提出如下假设：H_0：$\beta_1=0$；H_1：$\beta_1\neq0$。

由于检验的 P 值接近 0，拒绝原假设，表明人均 GDP 与人均消费水平之间的线性关系显著。

(6) $\hat{y}_{50\ 000}\approx17\ 383.683$（元）。

(7) 置信区间为：(15 161.79，19 605.575)。

预测区间为：(11 050.03，23 717.336)。

7.15 (1) 散点图如下：

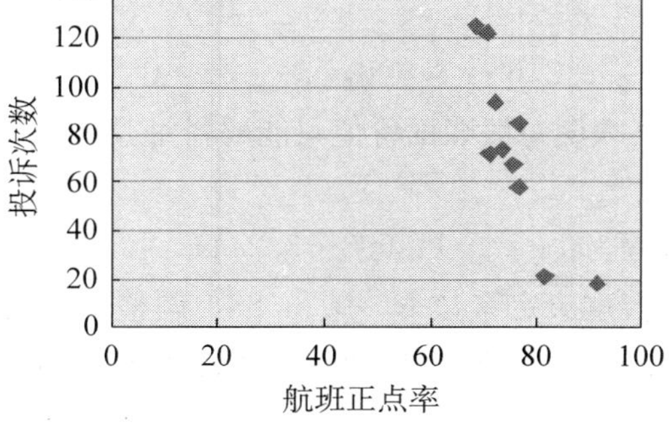

从散点图可以看出，航班正点率与顾客投诉次数之间存在一定的负线性相关关系。

（2）回归方程为：$y=430.189-4.7x$。回归系数 $\hat{\beta}_1=-4.7$ 表示航班正点率每增加1个百分点，顾客投诉次数平均下降4.7次。

（3）回归系数检验的 P 值 $=0.001<\alpha=0.05$，拒绝原假设，回归系数显著。

（4）$\hat{y}_{80}=54.2$（次）。

（5）置信区间为：（37.7，70.7）。

预测区间为：（7.6，100.8）。

7.16 （1）一元回归方程为：$y=88.638+1.604x_1$。

（2）估计的二元回归方程为：$y=83.23+2.290x_1+1.301x_2$。

（3）一元回归方程的 $R^2=0.653$，二元回归方程的 $R_a^2=0.887$，表明二元回归方程能够解释的销售额的总变差比例更高；一元回归方程检验的 P 值 $=0.015$，二元回归方程检验的 P 值 $=0.002$，表明后者所描述的两个自变量与因变量的线性关系更为显著。

7.17 （1）二元线性回归方程为：

$$\hat{y}=-0.591+22.386x_1+327.672x_2$$

（2）$R_a^2=0.987$，表明该回归方程能够解释的早稻收获量的总变差比例达到了98.7%。

（3）理论上，从降雨量和温度与收获量的关系看，两个变量与收获量之间都存在较强的关系，而且温度与降雨量之间也存在较强的关系，因此，模型中可能存在多重共线性。从回归分析结果看，整个回归方程的检验 P 值接近于0，但两个自变量的回归系数的 P 值分别为0.08和0.029，在5%的显著性水平下，降雨量没有通过显著性检验，也说明二者之间可能存在一定的共线性。

7.18 （1）估计的多元回归方程为：

$$\hat{y}=148.701+0.815x_1+0.821x_2+0.135x_3$$

（2）多重决定系数 $R^2=0.898$，调整的决定系数 $R_a^2=0.878$，表明在销售价格的总变差中，被估计的回归方程所解释的比例为87.8%。

（3）回归方程检验的 P 值接近于0，线性关系显著。

（4）β_1 的 P 值 $=0.131>\alpha=0.05$，不显著；β_2 的 P 值 $=0.001<\alpha=0.05$，显著；β_3 的 P 值 $=0.057>\alpha=0.05$，不显著。

7.19 （1）每股价格与每股账面价值的相关系数为0.724，每股价格与净资产收益率的相关系数为0.477，说明每股价格与后者都存在一定的正线性相关关系，与每股账面价值的相关性似乎更强。

（2）一元回归方程为：$\hat{y}=2.65+3.008x_1$。

决定系数 $R^2=0.524$，表明每股账面价值只能解释每股价格50%左右的变异部分，拟合优度一般。

（3）二元线性回归方程为：$\hat{y}=-11.593+3.244x_1+0.832x_2$

二元线性回归方程的多重决定系数 $R^2=0.0.83$，调整的决定系数 $R_a{}^2=0.8$，拟合优度更高，每股账面价值和净资产收益率对每股价格的整体解释能力更强。整个回归方程和

各偏回归系数的 P 值都接近于 0，通过了检验，说明每股价格与每股账面价值、净资产收益率整体上的线性关系是显著的，各个自变量对因变量的影响总体上也都是显著的。

7.20 (1) 相关系数：$r_{yx_1}=0.309$；$r_{yx_2}=0.001$。均未通过显著性检验，因此没有证据表明销售价格与购进价格、销售价格与销售费用之间存在线性关系。

(2) 没有用。

(3) 回归方程为：$\hat{y}=375.602+0.538x_1+1.457x_2$。由于回归方程检验的 P 值$=0.074>\alpha=0.05$，线性关系不显著。

(4) $R^2=35.25\%$；$R_a^2=24.45\%$。所得结论与问题 (2) 一致。

(5) 相关系数 $r_{x_1x_2}=-0.853$，表明两个自变量高度负相关，可能存在多重共线性。建议将一个自变量从模型中剔除。

7.21 (1) 运输费用与货物类型之间的线性方程为：$\hat{y}=4.543+7.082x$。

(2) $\beta_1=7.082$ 表示易碎品的预期运输费用比非易碎品的预期运输费用多 7.082 元。

(3) 由于回归方程检验的 P 值接近 0，线性关系显著。

7.22 (1) 一元回归方程为 $\hat{y}=249.698+327.159x_1$。

决定系数 $R^2=0.215$，表明工龄只能解释月薪 21.5%左右的变异部分，还有重要的影响因素没有考虑进来。

(2) 二元线性回归方程为 $\hat{y}=732.061+111.22x_1+458.684x_2$。

调整的决定系数 $R_a^2=0.872$，表示在月薪的变差中能够被工龄和性别所解释的比例为 87.2%，回归方程拟合的程度较高。

回归方程检验的 P 值接近于 0，表明月薪与工龄和性别之间的线性关系显著。工龄所对应的回归系数检验的 P 值大于 $\alpha=0.05$，表明月薪与工龄的关系不显著。性别所对应的回归系数检验的 P 值小于 $\alpha=0.05$，表明月薪与性别的关系显著。

(3) 性别的回归系数表示，当工龄相同时，男性的平均月薪比女性要高 458.684 元。

7.23 (1) 一元回归方程为：$\hat{y}=99.599+0.012x_1$。

决定系数 $R^2=0.268$，表明居民人均消费支出只能解释销量变化的 26.8%，还有重要的影响因素没有考虑进来。

(2) 由于季度是类别变量，取值水平为 4 个，所以以一季度为参照水平，设定 3 个虚拟变量 x_2，x_3，x_4（居民人均消费支出为自变量 x_1）：

$$x_2=\begin{cases}1, & \text{二季度}\\0, & \text{其他}\end{cases},\quad x_3=\begin{cases}1, & \text{三季度}\\0, & \text{其他}\end{cases},\quad x_4=\begin{cases}1, & \text{四季度}\\0, & \text{其他}\end{cases}$$

(3) 引入虚拟变量后的多元线性回归方程为：

$$y=24.394+0.006x_1+144.095x_2+278.782x_3+403.286x_4$$

方程的多重决定系数 R^2 提高到 0.983，调整的决定系数也达到 0.977，说明增加季度这个自变量使得回归方程对因变量变化的整体解释能力大大提升。整个回归方程和所有自变量回归系数显著性检验的 P 值都接近于 0，均通过了检验，说明不仅居民人均消费支出对销量有显著影响，不同季度的平均销量也存在显著差异。

β_2 =144.095，表示当居民人均消费支出相同时，二季度的销量比一季度平均高出144.095万吨；β_3 =278.782，表示当居民人均消费支出相同时，三季度的销量比一季度平均高出278.782万吨；β_4 =403.286，表示当居民人均消费支出相同时，四季度的销量比一季度平均高出403.286万吨。

第8章 根据过去的模式预测未来

8.1～8.2（略）

8.3 （1）第19个月的3期移动平均预测值为：

$$F_{19}=\frac{587+644+660}{3}=\frac{1\,891}{3}=630.33$$

（2）由Excel输出的指数平滑预测值如下表所示：

月份	营业额	预测 $\alpha=0.3$	误差平方	预测 $\alpha=0.4$	误差平方	预测 $\alpha=0.5$	误差平方
1	295						
2	283	295.0	144.0	295.0	144.0	295.0	144.0
3	322	291.4	936.4	290.2	1 011.2	289.0	1 089.0
4	355	300.6	2 961.5	302.9	2 712.3	305.5	2 450.3
5	286	316.9	955.2	323.8	1 425.2	330.3	1 958.1
6	379	307.6	5 093.1	308.7	4 949.0	308.1	5 023.3
7	381	329.0	2 699.4	336.8	1 954.5	343.6	1 401.6
8	431	344.6	7 459.6	354.5	5 856.2	362.3	4 722.3
9	424	370.5	2 857.8	385.1	1 514.4	396.6	748.5
10	473	386.6	7 468.6	400.7	5 234.4	410.3	3 928.7
11	470	412.5	3 305.6	429.6	1 632.9	441.7	803.1
12	481	429.8	2 626.2	445.8	1 242.3	455.8	633.5
13	449	445.1	15.0	459.9	117.8	468.4	376.9
14	544	446.3	9 547.4	455.5	7 830.2	458.7	7 274.8
15	601	475.6	15 724.5	490.9	12 120.5	501.4	9 929.4
16	587	513.2	5 443.2	534.9	2 709.8	551.2	1 283.3
17	644	535.4	11 803.7	555.8	7 785.2	569.1	5 611.7
18	660	567.9	8 473.4	591.1	4 752.7	606.5	2 857.5
合计	—	—	87 514.7	—	62 992.5	—	50 236

α=0.3时的预测值：

F_{19}=0.3×660+（1−0.3）×567.9=595.5

误差平方=87 514.7

$\alpha=0.4$ 时的预测值：

$F_{19}=0.4\times660+(1-0.4)\times591.1=618.7$

误差平方＝62 992.5

$\alpha=0.5$ 时的预测值：

$F_{19}=0.5\times660+(1-0.5)\times606.5=633.3$

误差平方＝50 236

比较各误差平方可知，$\alpha=0.5$ 更合适。

（3）趋势方程为：$\hat{y}_t=239.73+21.928\ 8t$，估计标准误差 $s_e=31.662\ 8$。

8.4　（1）趋势图如下：

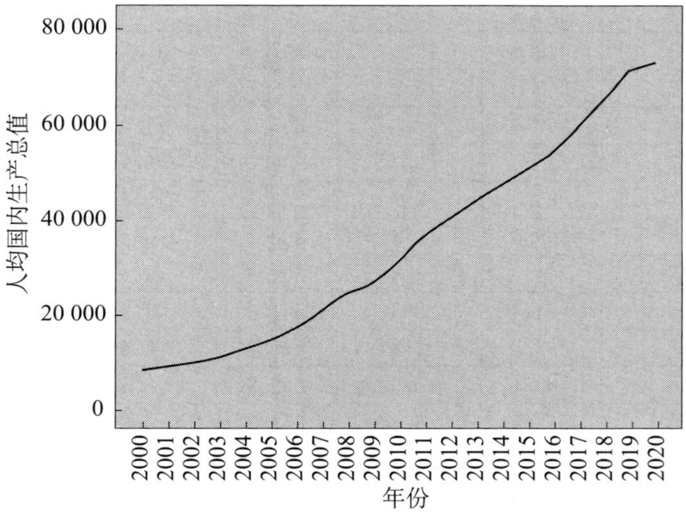

（2）从趋势图可以看出，人均国内生产总值似乎呈现一定的指数增长趋势，因此，考虑选择指数曲线（读者也可以考虑拟合线性趋势方程进行比较）。得到的指数曲线方程为：$\hat{y}_t=7\ 405.105e^{0.118t}$。2021 年的预测值为 99 773.092（元）。

8.5　在求二阶曲线和三阶曲线时，首先将其线性化，然后用最小二乘法按线性回归进行求解。用 Excel 求得的趋势直线、二阶曲线和三阶曲线的系数如下：

直线		二阶曲线		三阶曲线	
Intercept	374.161 3	Intercept	381.644 2	Intercept	372.561 7
X Variable 1	−0.613 7	X Variable 1	−1.827 2	X Variable 1	1.003 0
		X Variable 2	0.033 7	X Variable 2	−0.160 1
				X Variable 3	0.003 6

各趋势方程为：

直线：$\hat{y}=374.161\ 3-0.613\ 7t$

二阶曲线：$\hat{y}=381.644\ 2-1.827\ 2t+0.033\ 7t^2$

三阶曲线：$\hat{y}=372.561\ 7+1.003\ 0t-0.160\ 1t^2+0.003\ 6t^3$

根据趋势方程求得的预测值和预测误差如下表所示：

时间 t	观测值 Y	直线		二阶曲线		三阶曲线	
		预测	误差平方	预测	误差平方	预测	误差平方
1	372	373.5	2.4	379.9	61.6	373.4	2.0
2	370	372.9	8.6	378.1	66.0	374.0	15.6
3	374	372.3	2.8	376.5	6.1	374.2	0.1
4	375	371.7	10.8	374.9	0.0	374.2	0.6
5	377	371.1	34.9	373.4	13.3	374.0	8.9
6	377	370.5	42.5	371.9	26.1	373.6	11.6
7	374	369.9	17.1	370.5	12.2	373.0	1.1
8	372	369.3	7.6	369.2	7.9	372.2	0.0
9	373	368.6	19.0	367.9	25.7	371.2	3.1
10	372	368.0	15.8	366.7	27.6	370.2	3.3
11	369	367.4	2.5	365.6	11.4	369.0	0.0
12	367	366.8	0.0	364.6	5.9	367.7	0.6
13	367	366.2	0.7	363.6	11.6	366.4	0.3
14	365	365.6	0.3	362.7	5.4	365.1	0.0
15	363	365.0	3.8	361.8	1.4	363.7	0.5
16	359	364.3	28.5	361.0	4.2	362.3	11.1
17	358	363.7	32.8	360.3	5.4	361.0	8.9
18	359	363.1	16.9	359.7	0.5	359.7	0.5
19	360	362.5	6.3	359.1	0.8	358.4	2.4
20	357	361.9	23.9	358.6	2.5	357.3	0.1
21	356	361.3	27.8	358.1	4.6	356.3	0.1
22	352	360.7	75.0	357.8	33.2	355.4	11.3
23	348	360.0	145.1	357.5	89.3	354.6	43.7
24	353	359.4	41.4	357.2	17.7	354.0	1.1
25	356	358.8	7.9	357.0	1.1	353.7	5.5
26	356	358.2	4.9	356.9	0.9	353.5	6.3
27	356	357.6	2.5	356.9	0.8	353.6	5.9
28	359	357.0	4.1	356.9	4.4	353.9	25.8
29	360	356.4	13.2	357.0	9.0	354.5	29.8
30	357	355.7	1.6	357.2	0.0	355.5	2.3
31	357	355.1	3.5	357.4	0.2	356.7	0.1
32	355	354.5	0.2	357.7	7.2	358.3	11.0
33	356	353.9	4.4	358.1	4.2	360.3	18.4
34	363	353.3	94.2	358.5	20.4	362.7	0.1
35	365	352.7	151.8	359.0	36.2	365.4	0.2
合计	—	—	854.9	—	524.7	—	232.1

比较各预测误差可知，直线的误差最大，三阶曲线的误差最小。从不同趋势方程的预测图也可以看出，三阶曲线与原序列的拟合最好。

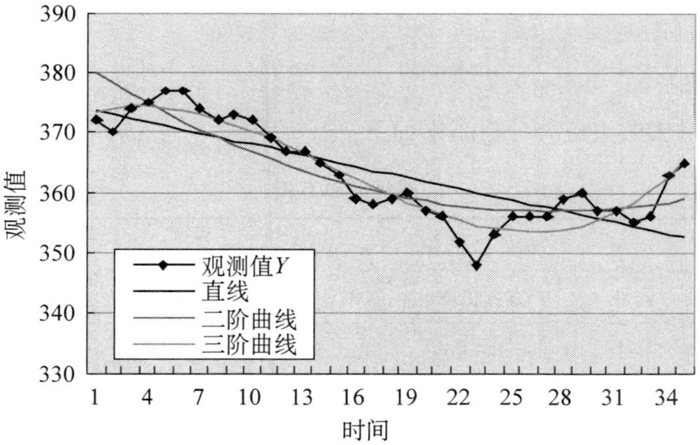

8.6 各季节指数如下：

季度	1 季度	2 季度	3 季度	4 季度
季节指数	0.751 7	0.851 3	1.234 3	1.162 7

季节变动图如下：

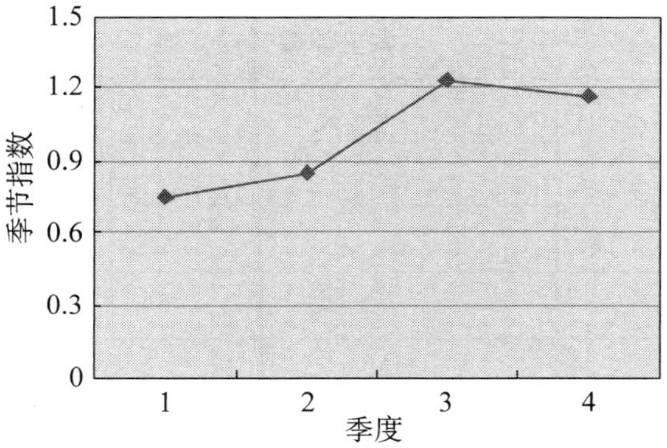

根据分离季节因素后的数据计算的趋势方程为：$\hat{y}_t = 2043.92 + 163.7064t$。进而预测得到该电子商务平台 2020 年各季度的销售额为：

季度	1 季度	2 季度	3 季度	4 季度
销售额	6 581.8	7 593.2	11 211.5	10 751.5

第9章　用少数变量代表多个变量

9.1～9.3（略）

9.4　SPSS输出的主成分分析结果如下：

解释的总方差

成分	初始特征值			提取平方和载入		
	合计	方差的％	累积％	合计	方差的％	累积％
1	3.518	58.626	58.626	3.518	58.626	58.626
2	1.144	19.073	77.698	1.144	19.073	77.698
3	.595	9.911	87.610			
4	.304	5.066	92.675			
5	.257	4.282	96.958			
6	.183	3.042	100.000			

提取方法：主成分分析。

成分矩阵[a]

	成分	
	1	2
杀人罪	.666	—.619
强奸罪	.885	—.156
抢劫罪	.822	.185
斗殴罪	.833	—.321
偷盗罪	.764	.344
汽车犯罪	.580	.694

提取方法：主成分。
a. 已提取了2个成分。

9.5　SPSS输出的因子分析结果如下：

旋转成分矩阵[a]

	成分	
	1	2
杀人罪	.909	—.020
强奸罪	.765	.472
抢劫罪	.491	.685
斗殴罪	.836	.314
偷盗罪	.342	.765
汽车犯罪	—.027	.904

提取方法：主成分。
旋转法：具有 Kaiser 标准化的正交旋转法。
a. 旋转在 3 次迭代后收敛。

成分得分系数矩阵

	成分	
	1	2
杀人罪	.501	—.278
强奸罪	.279	.065
抢劫罪	.067	.276
斗殴罪	.363	—.052
偷盗罪	—.038	.369
汽车犯罪	—.280	.563

提取方法：主成分。
旋转法：具有 Kaiser 标准化的正交旋转法。

9.6 SPSS 输出的主成分分析结果如下：

解释的总方差

成分	初始特征值			提取平方和载入		
	合计	方差的%	累积%	合计	方差的%	累积%
1	6.736	74.843	74.843	6.736	74.843	74.843
2	.822	9.136	83.979			
3	.453	5.036	89.014			
4	.305	3.387	92.402			

续表

成分	初始特征值			提取平方和载入		
	合计	方差的%	累积%	合计	方差的%	累积%
5	.285	3.168	95.570			
6	.172	1.909	97.479			
7	.092	1.025	98.504			
8	.079	.877	99.381			
9	.056	.619	100.000			

提取方法：主成分分析。

成分矩阵[a]

	成份
	1
农林牧渔业	.822
制造业	.941
电热水气生产供应业	.765
建筑业	.824
住宿餐饮业	.882
金融业	.828
房地产业	.854
教育业	.905
文娱体育业	.948

提取方法 ：主成分。
a. 已提取了 1 个成分。

9.7～9.8（略）

第 10 章　把对象分成不同的类别

10.1～10.4（略）

10.5　这里给出以平方欧氏距离度量点间距离，以 Ward 法度量类间距离的聚类结果。

结合实际，可以选择把这 15 个地区分成三类，其中，北京、广东、上海为一类，这类地区的主要特点是人口密度大，人均道路面积较少；安徽、新疆、山东为一类，这类地区的人均道路面积、人均公园绿地面积以及每万人拥有的汽电车辆都较高；而其他 9 个地区各指标相对处于中等水平。

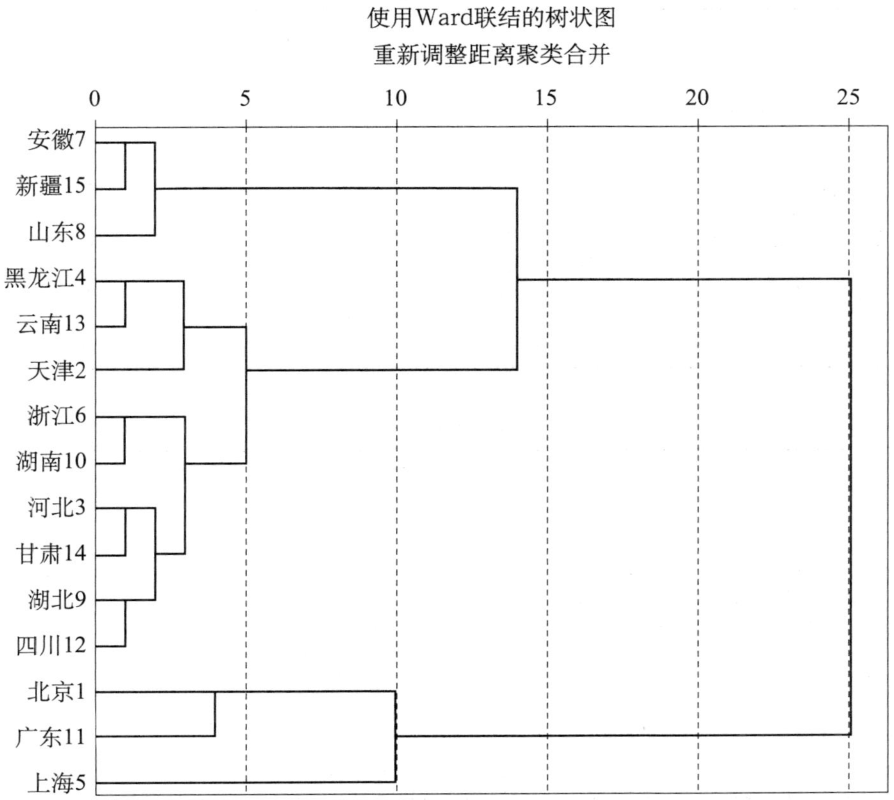

10.6（略）

10.7　SPSS 的判别分析输出结果见第 10 章正文。由最后的分类函数系数表可以得到下面的判别式：

$$F_1=-263.975+95.719x_2+0.313x_5+4.609x_6$$

$$F_2=-281.116+82.912x_2+0.162x_5+8.694x_6$$

把需要判别的这名新运动员的相应成绩代入到上面两个表达式中，可以计算得到 $F_1=247.29575$，$F_2=237.9763$，由于 $F_1>F_2$，因此可以判定这名运动员为一级标枪运动员。

10.8　SPSS 的判别分析输出结果为（此处给出不筛选变量的结果，逐步判别分析的分类结果相同，读者可自行比较）：

特征值

函数	特征值	方差的 %	累积 %	正则相关性
1	12.093a	95.9	95.9	.961
2	.510a	4.1	100.0	.581

a. 分析中使用了前 2 个典型判别式函数。

典型判别式函数系数

	函数	
	1	2
出生时预期寿命	.239	−.161
预期受教育年限	.216	−.372
平均受教育年限	.241	.413
人均国民总收入	.000	.000
（常量）	−24.853	12.080

非标准化系数。

分类函数系数

	人类发展水平		
	极高	高	中等
出生时预期寿命	10.099	9.137	8.099
预期受教育年限	7.198	6.610	5.349
平均受教育年限	9.279	7.595	7.373
人均国民收入	.000	7.137E-5	−7.418E-5
（常量）	−542.461	−427.448	−333.390

Fisher 的线性判别式函数。

分类结果 b，c

		人类发展水平	预测组成员			合计
			极高	高	中等	
初始	计数	极高	6	0	0	6
		高	0	8	0	8
		中等	0	1	5	6
		未分组的案例	1	1	0	2
	%	极高	100.0	.0	.0	100.0
		高	.0	100.0	.0	100.0
		中等	.0	16.7	83.3	100.0
		未分组的案例	50.0	50.0	.0	100.0

续表

		人类发展水平	预测组成员			合计
			极高	高	中等	
交叉验证 a	计数	极高	6	0	0	6
		高	0	8	0	8
		中等	0	1	5	6
	%	极高	100.0	.0	.0	100.0
		高	.0	100.0	.0	100.0
		中等	.0	16.7	83.3	100.0

a. 仅对分析中的案例进行交叉验证。在交叉验证中，每个案例都是按照从该案例以外的所有其他案例派生的函数来分类的。

b. 已对初始分组案例中的 95.0% 个进行了正确分类。

c. 已对交叉验证分组案例中的 95.0% 个进行了正确分类。

SPSS 自动分类结果显示，中国的等级分别为高（读者也可以利用输出的分类函数系数表手动计算中国到已知的三个等级类别的距离，以此判定其应该归属哪个等级）。

第 11 章　不依赖于分布的检验

11.1～11.6（略）

11.7　符号检验和 Wilcoxon 符号秩检验的 SPSS 输出结果分别如下：

符号检验结果

二项式检验

		类别	N	观察比例	检验比例	精确显著性（双侧）
寿命	组 1	<=3 000	3	.38	.50	.727
	组 2	>3 000	5	.63		
	总数		8	1.00		

Wilcoxon 符号秩检验结果

检验统计量[b]

	检验值——寿命
Z	−1.260[a]
渐近显著性（双侧）	.208
精确显著性（双侧）	.250
精确显著性（单侧）	.125
点概率	.027

a. 基于正秩。

b. Wilcoxon 带符号秩检验。

在显著性水平 $\alpha=0.05$ 下，符号检验和 Wilcoxon 符号秩检验都不能拒绝这种节能灯使用寿命的中位数等于 3 000 小时的原假设。

11.8　符号检验和 Wilcoxon 符号秩检验的 SPSS 输出结果分别如下：

符号检验结果

二项式检验

		类别	N	观察比例	检验比例	精确显著性（双侧）
长度	组 1	<=15	10	.63	.50	.454
	组 2	>15	6	.38		
	总数		16	1.00		

Wilcoxon 符号秩检验结果

检验统计量[b]

	检验值——长度
Z	−1.573[a]
渐近显著性（双侧）	.116
精确显著性（双侧）	.126
精确显著性（单侧）	.063
点概率	.007

a. 基于负秩。

b. Wilcoxon 带符号秩检验。

在显著性水平 $\alpha=0.05$ 下，符号检验和 Wilcoxon 符号秩检验都不能拒绝该企业生产零件的中位数等于 15 厘米的原假设。

11.9　符号检验和 Wilcoxon 符号秩检验的 SPSS 输出结果分别如下：

符号检验结果

二项式检验

	类别	N	观察比例	检验比例	精确显著性（双侧）
预期寿命	组 1	<=70	3	.30	.50
	组 2	> 70	7	.70	
	总数		10	1.00	

Wilcoxon 符号秩检验结果

检验统计量[b]

	检验值——预期寿命
Z	−1.070[a]
渐近显著性（双侧）	.285
精确显著性（双侧）	.322
精确显著性（单侧）	.161
点概率	.023

a. 基于正秩。

b. Wilcoxon 带符号秩检验。

在显著性水平 $\alpha=0.05$ 下，符号检验和 Wilcoxon 符号秩检验均不能拒绝男性预期寿命小于等于 70 岁的原假设，即没有理由认为亚洲国家男性平均预期寿命大于 70 岁。

11.10　Wilcoxon（Mann-Whitney）秩和检验的 SPSS 输出结果如下：

检验统计量[b]

	人均 GDP
Mann-Whitney U	4.000
Wilcoxon W	40.000
Z	−3.079
渐近显著性（双侧）	.002
精确显著性 [2＊（单侧显著性）]	.001[a]
精确显著性（双侧）	.001
精确显著性（单侧）	.000
点概率	.000

a. 没有对结进行修正。
b. 分组变量：地区。

在显著性水平 $\alpha=0.05$ 下，可以拒绝亚洲国家和欧洲国家 2019 年的人均 GDP 没有显著差别的原假设。

11.11　Wilcoxon（Mann-Whitney）秩和检验的 SPSS 输出分别如下：

检验统计量[b]

	销售量
Mann-Whitney U	20.500
Wilcoxon W	41.500
Z	−.452
渐近显著性（双侧）	.651
精确显著性 [2＊（单侧显著性）]	.662[a]
精确显著性（双侧）	.686
精确显著性（单侧）	.343
点概率	.023

a. 没有对结进行修正。
b. 分组变量：城市。

在显著性水平 $\alpha=0.05$ 下，不能拒绝该品牌的彩电在这两个城市的销售量没有显著差异的原假设。

11.12　Wilcoxon（Mann-Whitney）秩和检验的 SPSS 输出结果如下：

检验统计量[b]

	装修成本
Mann-Whitney U	27.000
Wilcoxon W	82.000
Z	−1.156
渐近显著性（双侧）	.248
精确显著性［2＊（单侧显著性）］	.274[a]
精确显著性（双侧）	.264
精确显著性（单侧）	.132
点概率	.009

a. 没有对结进行修正。
b. 分组变量：房间。

在显著性水平 $\alpha=0.05$ 下，不能拒绝厨房的装修成本与主卧室的装修成本没有显著差异的原假设。

11.13　符号检验和 Wilcoxon 符号秩检验的 SPSS 输出结果分别如下：

符号检验结果

检验统计量[b]

	新方法－旧方法
精确显著性（双侧）	.109[a]
精确显著性（单侧）	.055
点概率	.044

a. 已使用的二项式分布。
b. 符号检验。

Wilcoxon 符号秩检验结果

检验统计量[b]

	新方法－旧方法
Z	−2.296[a]
渐近显著性（双侧）	.022
精确显著性（双侧）	.021
精确显著性（单侧）	.011
点概率	.005

a. 基于负秩。
b. Wilcoxon 带符号秩检验。

在显著性水平 $\alpha=0.05$ 下，符号检验不能拒绝新旧两种方法下所生产的产品数量没有显著差异的原假设，但 Wilcoxon 符号秩检验拒绝了该原假设，可以认为新旧两种方法所生产的产品数量不同。

11.14　符号检验和 Wilcoxon 符号秩检验的 SPSS 输出结果分别如下：

符号检验结果

检验统计量[b]

	每股收益 2020—每股收益 2019
精确显著性（双侧）	.109[a]
精确显著性（单侧）	.055
点概率	.044

a. 已使用的二项式分布。
b. 符号检验。

Wilcoxon 符号秩检验结果

检验统计量[b]

	每股收益 2020—每股收益 2019
Z	−2.194[a]
渐近显著性（双侧）	.028
精确显著性（双侧）	.025
精确显著性（单侧）	.013
点概率	.003

a. 基于负秩。
b. Wilcoxon 带符号秩检验。

在显著性水平 $\alpha=0.05$ 下，符号检验不能拒绝 2020 年的每股收益小于或等于 2019 年每股收益的原假设，但 Wilcoxon 符号秩检验拒绝了该原假设，可以认为 2020 年股票的每股收益有所提高。

11.15　符号检验和 Wilcoxon 符号秩检验的 SPSS 输出结果分别如下：

符号检验结果

检验统计量[b]

	配方 B—配方 A
精确显著性（双侧）	.227[a]
精确显著性（单侧）	.113
点概率	.081

a. 已使用的二项式分布。
b. 符号检验。

Wilcoxon 符号秩检验结果

检验统计量[b]

	配方 B—配方 A
Z	−2.179[a]
渐近显著性（双侧）	.029
精确显著性（双侧）	.026
精确显著性（单侧）	.013
点概率	.002

a. 基于负秩。
b. Wilcoxon 带符号秩检验。

在显著性水平 $\alpha=0.05$ 下，符号检验不能拒绝这两种去污配方在清除污渍所需的时间方面没有显著差异的原假设，但 Wilcoxon 符号秩检验拒绝了该原假设，可以认为这两种去污配方在清除污渍所需的时间方面有显著差异。

11.16　符号检验和 Wilcoxon 符号秩检验的 SPSS 输出结果分别如下：

符号检验结果

检验统计量[b]

	婚后5年—婚前
精确显著性（双侧）	.727[a]
精确显著性（单侧）	.363
点概率	.219

a. 已使用的二项式分布。
b. 符号检验。

Wilcoxon 符号秩检验结果

检验统计量[b]

	婚后5年—婚前
Z	−.631[a]
渐近显著性（双侧）	.528
精确显著性（双侧）	.578
精确显著性（单侧）	.289
点概率	.031

a. 基于负秩。
b. Wilcoxon 带符号秩检验。

在显著性水平 $\alpha=0.05$ 下，符号检验和 Wilcoxon 符号秩检验都不能拒绝女性在结婚前后的集体意识没有显著差异的原假设。

11.17　Spearman 秩相关检验的 SPSS 输出结果如下：

相关系数

			质量排名	销售价格
Spearman 的 rho	质量排名	相关系数	1.000	−.467
		Sig.（双侧）	.	.103
		N	9	9
	销售价格	相关系数	−.467	1.000
		Sig.（双侧）	.103	.
		N	9	9

在显著性水平 $\alpha=0.05$ 下，不能拒绝这 9 个厂家生产的 VCD 的销售价格和质量排名之间没有相关关系的原假设。

11.18　Spearman 秩相关检验的 SPSS 输出结果如下：

相关系数

			口试成绩	笔试成绩
Spearman 的 rho	口试成绩	相关系数	1.000	.833**
		Sig.（单侧）	.	.005
		N	8	8
	笔试成绩	相关系数	.833**	1.000
		Sig.（单侧）	.005	.
		N	8	8

**. 在置信度（单侧）为 0.01 时，相关性是显著的。

在显著性水平 $\alpha=0.05$ 下，可以拒绝这 8 名学员的英语口试和笔试成绩之间没有相关关系的原假设，它们之间存在显著的正相关关系。

参考书目

[1] 吴喜之．统计学：从数据到结论．2 版．北京：中国统计出版社，2006.

[2] 埃维森，格根，吴喜之．统计学：基本概念和方法．北京：高等教育出版社，2000.

[3] 安德森，斯威尼，威廉斯，等．商务与经济统计：第 12 版．北京：机械工业出版社，2015.

[4] 贾俊平，何晓群，金勇进．统计学．6 版．北京：中国人民大学出版社，2015.

[5] 谭英平，李小虎．商务统计．北京：高等教育出版社，2008.

图书在版编目（CIP）数据

应用统计学/谭英平编著. --4版. --北京：中国人民大学出版社，2022.5
（MBA精品系列）
ISBN 978-7-300-30586-8

Ⅰ.①应… Ⅱ.①谭… Ⅲ.①应用统计学—研究生—教材 Ⅳ.①C8

中国版本图书馆CIP数据核字（2022）第065457号

MBA精品系列
应用统计学（第4版）
谭英平　编著
Yingyong Tongjixue

出版发行	中国人民大学出版社		
社　　址	北京中关村大街31号	**邮政编码**	100080
电　　话	010－62511242（总编室）		010－62511770（质管部）
	010－82501766（邮购部）		010－62514148（门市部）
	010－62515195（发行公司）		010－62515275（盗版举报）
网　　址	http://www.crup.com.cn		
经　　销	新华书店		
印　　刷	天津鑫丰华印务有限公司	**版　　次**	2005年5月第1版
规　　格	185 mm×260 mm　16开本		2022年5月第4版
印　　张	17 插页2	**印　　次**	2022年5月第1次印刷
字　　数	379 000	**定　　价**	49.00元

中国人民大学出版社　管理分社

教师教学服务说明

中国人民大学出版社管理分社以出版经典、高品质的工商管理、统计、市场营销、人力资源管理、运营管理、物流管理、旅游管理等领域的各层次教材为宗旨。

为了更好地为一线教师服务，近年来管理分社着力建设了一批数字化、立体化的网络教学资源。教师可以通过以下方式获得免费下载教学资源的权限：

★ 在中国人民大学出版社网站 www.crup.com.cn 进行注册，注册后进入"会员中心"，在左侧点击"我的教师认证"，填写相关信息，提交后等待审核。我们将在一个工作日内为您开通相关资源的下载权限。

★ 如您急需教学资源或需要其他帮助，请加入教师 QQ 群或在工作时间与我们联络。

中国人民大学出版社　管理分社

教师 QQ 群：64833426（仅限教师加入）

联系电话：010-82501048，62515782，62515735

电子邮箱：glcbfs@crup.com.cn

通讯地址：北京市海淀区中关村大街甲 59 号文化大厦 1501 室（100872）